普通高等教育应用创新系列规划教材

大学生创业基础

主　编　王　坤　李星北

副主编　李耘涛　裴淑媛

科学出版社

北　京

内 容 简 介

本书结合最新的创新创业趋势，深入挖掘创业的本质与内在规律，总结提炼了创业的一般过程，力求做到既有理论深度、又有实操办法，从而提升本书的专业性与应用性。本书分为9章：创业导论、环境分析、自我评估、团队管理、需求探索、产品打磨、资源整合、模式设计、商业呈现。上述9章具有较强的内在逻辑性，特别适合创业初学者学习；上述9章所阐述的相关内容都属于创业过程中关键议题，掌握这些内容对于创业初学者理解创业的精髓具有至关重要的作用。

本书适用于经济管理类专业的学生使用，对于其他专业创业初学者也具有重要的参考价值。

图书在版编目（CIP）数据

大学生创业基础 / 王坤，李星北主编. —北京：科学出版社，2018.2

普通高等教育应用创新系列规划教材

ISBN 978-7-03-055867-1

Ⅰ. ①大… Ⅱ. ①王… ②李… Ⅲ. ①大学生-创业-高等学校-教材 Ⅳ. ①G647.38

中国版本图书馆 CIP 数据核字（2017）第 304669 号

责任编辑：兰 鹏 / 责任校对：彭 涛
责任印制：霍 兵 / 封面设计：蓝正设计

科学出版社 出版
北京东黄城根北街 16 号
邮政编码：100717
http：//www.sciencep.com

文林印务有限公司 印刷

科学出版社发行 各地新华书店经销

*

2018 年 2 月第 一 版 开本：787×1092 1/16
2018 年 2 月第一次印刷 印张：12 1/2
字数：296 000

定价：36.00 元

（如有印装质量问题，我社负责调换）

前　言

自国家2015年提出“大众创业，万众创新”的口号以来，中国大地掀起了一股创新创业浪潮。创新创业越来越成为中国经济持续成长的核心动力。教育部也要求普通高等学校开设创业教育必修课程，借此推动高校学生的创新创业意识训练和创新创业能力提升。基于新时代的要求，我们编写了《大学生创业基础》这本教材。希望通过这本通俗易懂、注重实战的教材，帮助高校经管类低年级学生形成对创新创业现象的基本认识，深刻把握创新创业内涵，不仅学会如何去开办企业，更要学习如何在生活中让自己真正具有创新意识和行动能力。

本书编写的特点如下：第一，按照教育部对创业教育课程的基本教学要求的精神来编写教材，在深入理解该教学要求精神的前提下结合学生的特点进行了发展和创新；第二，按照创业核心任务来构思教材框架，主要内容包括环境分析、自我评估、团队管理、需求探索、产品打磨、资源整合、模式设计、商业呈现等；第三，按照简洁、精练、系统的原则进行教材编写，结合大量创新创业故事与行动指南，帮助学生真正理解创新创业的本质，掌握创新创业的方法。

本书由王坤、李星北提供编写大纲，并进行最后统稿。本书各章编写如下：第1、5、6章由王坤、李星北完成，第2、3、4章由李耘涛完成，第7、8、9章由裴淑媛完成。

感谢科学出版社对本书出版的大力支持，使得本书能够及时与读者见面。感谢天津商业大学商学院王庆生院长对于本书出版的督促和支持。由于编者水平有限，书中难免有疏漏和不足之处，恳请各位读者批评指正，共同推动大学生创业教育事业的发展。

编　者

2018年1月

目　录

第1章 创业导论

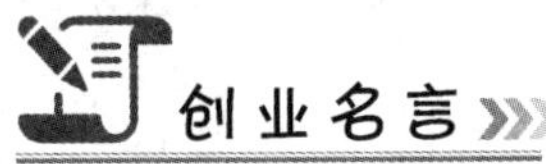

创业名言

如果你想建立成功的、可持续的事业，不要问自己“在接下来的 10 年里，会有怎样的变化影响你的公司”，而是问问自己，什么是 10 年后依旧如一的，然后将你全部的精力倾注于此。

——亚马逊创始人贝佐斯

学习目标

通过本章的学习，你应该能够：

1. 理解创新创业浪潮的时代背景。
2. 对于创业本质有比较清晰的认识。
3. 了解创业特征与类型。
4. 明确创业思维与技能要求。

专栏：开篇案例

松哥油焖大虾来啦！

深圳知名小龙虾网红品牌松哥油焖大虾于 2017 年 8 月 15 日宣布，已完成近亿元的 A 轮融资。松哥油焖大虾采取线上线下结合的方式，被此轮融资的领投方天图资本认为具有向全国铺开的潜力。

据悉，此次融资除了领投方天图资本以外，志拙资本进行跟投，华峰资本担任本次交易的独家财务顾问。而对于松哥油焖大虾接下来的发展规划，创始人徐松也公开表示，预计将在一年内新增门店 50 家，未来三年将进一步铺开，并力争将门店数量拓展至 150 家。天图资本方面的相关人士也表示，松哥油焖大虾与一些传统的小龙虾经营者有所不同，并不是单纯经营实体店或者单纯的互联网品牌，而是将线上线下进行结合。该负责人还认为松哥油焖大虾具有成为全国性品牌的潜力，并将这一观点称作天图资本投资松哥油焖大虾的主要原因。

据业内分析，目前中国市场小龙虾的火爆程度很高，多家小龙虾经营企业也都获得了资本的青睐，小龙虾的经营规模也在持续扩大。据全国水产技术推广总站、中国水产学会编写的《中国小龙虾产业发展报告（2017）》公布的数据显示，2016 年全国小龙虾产业的经济总产值达到 1 466.1 亿元，全产业链从业人员近 500 万人。业内人士表示，在如此庞大的从业规模下，松哥油焖大虾的差异性优势或许就体现在互联网基因上。首先企业的骨干团队有大量来自华为、BAT 等著名互联网企业，在品牌和企业管理上更能适应当下的互联网趋势；其次，作为互联网行业出身的创始人在餐饮行业也有多年创业经历，或许能够将互联网与餐饮进行更深入的结合。此外，志拙资本相关负责人也认为，松哥油焖大虾凭借堂食与外卖两驾马车驱动的商业模式，为企业奠定了一定的竞争基础。

另据公开数据显示，目前松哥油焖大虾的外卖日订单数已突破 6 000 单，在深圳小龙虾外卖市场中占据了较高份额，在华南地区的门店数量为 16 家。

资料改编自：徐慧，薛晨. 松哥油焖大虾靠线上线下融合获近亿元融资[EB/OL]. http://www.ce.cn/cysc/sp/info/201708/23/t20170823_25229195.shtmlm, 2017.

问题思考：

1. 通过阅读开篇案例，你觉得松哥油焖大虾的创新之处在哪里？
2. 松哥油焖大虾如果能取得巨大成功，你觉得原因会有哪些？

1.1 创新创业时代浪潮

2014 年 9 月，李克强总理在第八届夏季达沃斯论坛上发表致辞时表示，借改革创新的“东风”，在中国 960 万平方公里土地上掀起一个“大众创业”“草根创业”的新浪潮。“大众创业，万众创新”被写入当年的政府工作报告，并提升到中国经济转型和稳增长的“双引擎”之一的高度。围绕着大众创业、万众创新的新政，政府自上而下，通过简政放权的“减法”，激发社会创新创造热情。通过取消行政审批事项、规范审批行为，以持续不断的自我革命，为创业兴业开路，为企业发展松绑，为扩大就业助力。

2014 年 6 月，北京“海淀图书城步行街”更名为“中关村创业大街”，吸纳了车库咖啡、3W 咖啡等 13 家创业服务机构入驻。6 月 4 日，国务院总理李克强推出“大众创业，万众创新”的政策“工具箱”，包括鼓励地方设立创业基金，创新投贷联动、股权众筹等融资方式，取消妨碍人才自由流动的户籍、学历限制等举措，再次重申并力推创业。此后，领导层支持、风险资本介入，让创新、创业、创客如火如荼。

阿里巴巴集团旗下的阿里研究院认为互联网作为一种全新的基础性技术，在中国地区先后激发了三次大规模的创新创业浪潮，并且正在酝酿第四次浪潮：第一次浪潮——“商业化”，第二次浪潮——“生态化”，第三次浪潮——“互联网+”，正在酝酿的第四次浪潮——“智慧化”。

1.1.1　第一次浪潮——“商业化”

1994 年，中国引入互联网，国家邮电部正式向社会开放互联网接入业务，第一次互联网创业浪潮开始酝酿。1995 年，网景公司（Netscape Communications Corporation）在美国上市，引发众多创业者开始关注互联网创业。在互联网起步时期，一方面，只有少数从美国能够接触到互联网技术或专业学习电子信息技术的人员，才能够较为深入了解“互联网”这一新生事物；另一方面，该阶段 PC（个人计算机）尚未实现普及，互联网在大众当中尚未形成概念，应用方面也只发展出了邮件、聊天等少数几种。此时，让互联网这样一种技术转变成为能够实现商业回报的产业，并让更多的人能够迅速地接触、了解和使用互联网，蕴含着巨大的机遇，也成为这一阶段互联网创新创业的主旋律。

2000 年以前，“门户”网站大批出现，成为第一次浪潮的标志性的服务形态。早期的门户网站以人工编辑的方式为主，快速地推出各类资讯和专题，第一次让网民快速而直观地感受到互联网带来的巨大便利和丰富。其中，中华网（1999 年 7 月上市）、新浪（2000 年 4 月上市）、网易（2000 年 6 月上市）、搜狐（2000 年 7 月上市）等一批门户网站通过提供丰富的资讯和应用，实现了快速发展，成为中央级的新闻门户代表，同时它们的上市也推动了“中国概念股”这一概念的诞生。这个阶段，在门户网站的大力推动下，上网“冲浪”开始成为中国的一种新时尚，网络文化也开始成行，伊妹儿（e-mail）、猫（modem）、娇娃（Java）等新鲜的词汇开始涌现。

随着以新浪为代表的“榜样”的上市成功，诸多细分领域、区域领域的门户网站创新创业快速涌现。例如，“上海热线”“武汉热线”等地方区域门户，旅行领域的“携程”、招聘领域的“51job”、财经领域的“金融界”、电子商务领域的“慧聪”等纵深化门户，以及以“百度”为代表的搜索引擎式门户成为新的创新创业方向，后来成长成为行业领先者的阿里巴巴、腾讯、盛大、天涯等互联网公司也均是在这个阶段开始创立的……与此同时，北京、上海、深圳成为中国互联网创业的发源地和前沿地，很多创业者以及一些传统行业的从业者也都开始涌入互联网的创业大潮中来。

2000 年前后，在这次浪潮中出现了一次短暂的全球互联网泡沫，据 Webmergers 统计，互联网泡沫破灭，令全球至少有 4 854 家互联网公司被并购或者关门。不过，最后坚持下来的公司，到了今天都已经获得了巨大的发展。

随着第一次互联网创新创业浪潮的深入，互联网的需求升级，竞争加剧，因此网站的功能开始发展得越来越丰富、复杂，信息分类、社区论坛、个人博客、搜索系统、积分系统、商业交互等系统模块纷纷开始上线，逐渐开始进入生态化的第二次浪潮。

1.1.2　第二次浪潮——“生态化”

第二次浪潮以“平台”的广泛应用的出现为标志型代表，中国诞生了以 BAT（百度、阿里巴巴、腾讯）为代表的世界级互联网平台企业，并激发了以“网商”为代表的数以千万计的中小企业掀起新的创新创业浪潮。

对比全球的互联网市值 20 年的变化，可以发现 1995 年的领先公司和 2015 年的领先公司有一个很大的不同。2015 年，一方面，市值最高的互联网公司基本上都变成了平台型公司；另一方面，优秀互联网公司的市值获得了极快的成长，互联网行业相应地成为全球成长最快的行业。

回顾平台型互联网公司的发展历程发现，每次在关键产品或技术实现突破之后，平台型互联网公司往往能够利用领先优势快速增加双边市场的客户数量。而且互联网产品几乎可以“零边际成本”扩张的特点，让竞争和对比变得简单、直接，也容易实现优秀平台对市场的“天然主导”。因此，随着扩展的范围越来越大、服务的客户越来越多，平台逐渐成为新的商业基础设施。

新的基础设施带来了两个方面的深层次影响：一方面，平台提供丰富的工具、客户、服务，能够大幅降低新创企业的早期固定成本投入，让小企业起步的成本实现了大幅的降低。例如，义乌工商职业技术学院专程开设创业班，培训学生入学时在淘宝上开网店，仅仅以 500 元人民币资金起步，经过数年努力，很多学生在毕业时，公司可获得年销售规模数千万人民币的良好发展。另一方面，平台型市场能够大幅地降低市场交易费用，企业内外部的互动更加直接，企业与市场的边界越来越模糊，当市场交易成本低于企业内部交易成本时，大企业纷纷开始裂变为小企业，或纷纷开始鼓励企业内部创新创业。

新的商业基础设施的出现，也让原本商业逻辑发生了巨大变化。平台提供的“标准化、模块化、API 化”的市场接入方式，快速形成了跨国界的新型大市场，让原来中国复杂的市场环境突然变得公开、透明，也为有创意、有干劲的企业家提供了绝佳的发展土壤。互联网平台市场的出现，既能够加强企业间的竞争，更能够更好地激励创新、深化分工、提升企业的自由度。

1.1.3 第三次浪潮——“互联网+”

2015 年，“互联网+”出现在中国的政府工作报告中，很快成为街知巷闻的热词。随后颁布的一系列国家及地方“互联网+”行动计划，更是掀起了全国范围的大规模实践浪潮。以此为标志，中国互联网时代的创新创业，迎来了第三次浪潮。

“互联网+”的兴起依赖于信息技术取得的持续突破。2015 年 10 月，美国股市传递出惊人的市场信号。由于云计算业务成长迅速，亚马逊、微软等公司股价飙升，而传统的 IT 公司股价呈现断崖式下跌。云计算已经走出概念炒作阶段，以其低成本、高灵活性和强计算能力，支撑了各行业的创新创业企业，并持续释放出“通用目的技术”的巨大威力。中国国内以阿里云为代表的云计算服务企业，也获得了业界的普遍认可。

依托云计算平台，数据量日益膨胀。根据互联网络数据中心报告，2010 年全球数据量突破泽比特（ZB）之后，以指数级态势继续成长，预计 2020 年将达到 44ZB。如此量级的数据，已成为生成新财富必需的生产要素。2020 年中国的数据量也将占据全球 18% 的份额，成为举足轻重的力量。

“互联网+”是中国经济步入“新常态”后寻求增长动力的新选择。在单纯刺激需求端（消费、投资、出口）、只加大传统生产要素投入（劳动力、资本、资源）、依赖中国特色因素（扭曲生产要素价格、增加建设支出等）效果减弱的局面下，新增长动力将转向技术革命，当前即面向互联网的信息技术。在中国互联网企业已居于全球领先地位的基础上，实现互联网与传统产业融合（“互联网+”），切实提高供给端的实力、兼顾需求端的成长，已成为顺理成章的选择。无论是在创新主体的培育、传统生产要素的有效投入上，还是在制度变革、结构优化、生产要素的升级、存量的调整和增量的培育上，“互联网+”都可以发挥积极影响，从而推动供给侧结构性改革。

“互联网+”浪潮下，中国一批高成长、高估值的“独角兽”企业成长起来，它们正在成为与百度、阿里巴巴、腾讯一样具有影响力的新领军者。如深耕智能终端制造的小米、魅族，现代化物流企业顺丰，互联网金融的实践者蚂蚁金服、陆金所，出行服务的滴滴，O2O 本地服务的 58 同城、饿了么，等等，它们为创新创业者树立了良好的榜样。

1.1.4　正在酝酿的第四次浪潮——“智慧化”

“互联网+”热潮威力渐显，人们尚怀疑其发展极限，会不会出现“断点”。而“智慧化”技术和商业又再起风云，2025 年或许迎来增长高峰。人工智能的布道者库兹韦尔曾预言，按照目前的发展态势，2045 年人类将迎来“计算机智能超越人类智慧”的一个奇点。但大多数人将信将疑，而这一局面却被“AlphaGo 与围棋世界冠军李世石的五局大战”撼动。

据新浪科技报道，2016 年 3 月 15 日下午，谷歌围棋人工智能 AlphaGo 以 4∶1 的总比分，结束了与韩国棋手李世石的最后一轮较量，AlphaGo 赢得胜利。AlphaGo 的创造者、DeepMind 的联合创始人德米斯·哈萨比斯表示，他下一步的工作目标是让 AlphaGo 不接受人类输入的特定知识，也能做到自主学习。DeepMind 的应用范围也将扩展至智能手机助手、医疗健康和机器人等领域，其基本原理也能用于解决现实问题。美国政府发布《为未来人工智能做好准备》和《美国国家人工智能研究与发展策略规划》，表达了对这一技术的战略性关注。尽管短期内人工智能可能被高估，但将视野扩展至 10 年的跨度，其带来的技术、商业、社会的变局仍不可小觑。

“智慧化”商业模式乍现。数据处理和分析技术不断进步，开采数据资源富矿的时机已经到来。我们不仅看到数据总量上的增长，更看到各类数据丰裕程度的提高。社交关系、语音、商品等数据资源持续产生，依托数据驱动的强大算法，透过在线化、移动化的产品界面，向人类提供智慧服务。商业不再是根据 BI 得出的历史经验作趋势性的外推，而是根据动态数据自动地优化算法，用实时产生的智慧，更有效率、更低成本地满足用户的需求。蚂蚁金服的“秒级”“自动化”网络小额贷款发放，是这种“智慧化”商业的明显例证。

“智慧化”经济更是“知本”超越“资本”、知识变现的新时代。继“盈利模式清晰”的在线广告、电子商务、网络游戏之后，知识服务领域的攻城略地又在拓展着新疆域。从互联网早起的文献检索，到之后的在线百科、知识社区、技能众包、MOOC、读书众筹、技能分享、内容订阅、付费直播和有偿问答，知识变现的商业模式越加成熟、渠道更为畅通，将极大激发经济成长的活力。

专栏：创业者感悟

过去总是有人不断琢磨未来 10 年的变化是什么，却很少有人问不变的是什么，其实在商业里面更重要的不是那些天天在变的所谓风口的东西，而是不变的东西。母婴行业有两个恒量：人群价值、产业价值。人群价值指母婴是一个人群，这个恒量是不变的。每年有 2 000 万新生婴儿；产业价值指母婴行业是一个包罗万象、各个领域都在一起的行业。这个产业一直都不缺机会，并且是一个持续刚需、高频、高消费的产业。

——贝贝网创始人张良伦

1.2 创业内涵与本质

如今创业热潮正在世界各地兴起，许多国家和地区的政府都把鼓励民众创业作为一项重要的政策。许多民众也把创业作为实现自我人生价值的重要手段。对于大学生来说，要理性对待创业实践，必须从了解创业及创业精神的内涵开始。

1.2.1 创业的含义

创业是一种普遍的社会现象和人类活动，学者们对创业的定义有很多。从狭义看，创业指创建并运营新企业的过程。其活动主体更多是个体或团队。从广义看，可以把创业理解为开创新事业。其活动主体可以是个体、团队，也可以是已建成的公司，还可以是政府和公益组织等机构。总体来说，创业活动可以采取四种形式：独立创业、公共创业、公司创业和社会创业。独立创业一般指个体或团队创建的中小企业。公共创业涉及政府机构，主要关注顾客满意度和服务效率。公司创业主要关注顾客和创新，以便将新的产品/服务推向市场，或者为公司开拓新的市场。公司创业最著名的例子包括苹果公司的 iPhone 手机产品。而社会创业是关于创建新的慈善机构和民间组织，包括尤努斯在孟加拉创建的 Grameen 银行和国内明星李连杰发起创立的壹基金基金会。

虽然关于创业的定义有很多，但我们更倾向于选择哈佛大学史蒂文森教授（1985）对创业的定义。他认为创业是不拘泥于当前资源条件的限制去追求机会，将不同的资源组合以利用和开发机会并创造价值的过程。这个定义更加强调：追求机会、资源组合和创造价值。这是所有创业活动的共同特征。

为进一步深入理解创业的内涵，我们还必须冷静对待下面的一些认识误区。

1. 缺乏足够的资金就无法创业

2009 年 5 月中国青年报与新浪网联合开展了一次关于大学生创业融资难题的调查，结果发现：有 35.2%的人认为缺少资金，融资困难是大学生自主创业面临的最大困难。但其实资金可以从朋友、亲戚那里获取，也可以从银行、天使投资者那里筹集，只要你能提供强有力的理由。应对这个难题的关键是：创业者必须具有资源整合的心态，善于与外部合作伙伴开展积极沟通，借助外部力量来实现自己的梦想。

2. 经济衰退时无法创业

由于经济周期的原因，自 2008 年至今，世界经济一直处于衰退阶段。在经济衰退期创立的企业由于缺乏资金，没办法装修办公室，也没有足够的资金用于广告宣传。而这些挑战恰恰给新创企业带来了学习的机会，使得它们可以更好地处理将来可能遇到的资金短缺或困难。从历史上看，许多世界 500 强公司都是在经济危机中诞生的。其中著名的有通用电气（1876 年）、美国西南航空（1967 年）、联邦快递（1973 年）。20 世纪 60 年代中期，香港经济不景气，地产低迷，而李嘉诚恰恰是在地产危机中用低价收购了当时全港大量的烂尾楼，并成就了后来赫赫有名的长江地产。因此，经济危机中依然存在大量的创业机会。在经济危机时期，创业者的洞察力和远见显得特别重要。

3. 一旦失败就无法重来

由于自身能力或外部环境的原因，创业者经常面临失败的困境。1989 年，史玉柱以 4 000 元借债起家，短短 5 年位居福布斯“大陆富豪排行榜”第 8 位，由于投资巨人大厦失败，1997 年他沦落为负债 2.5 亿元的“中国首穷”。之后他又以惊人的致富速度，凭借着 500 亿身价在 2007 年摘得“IT 首富”。事后史玉柱反思：“一个人倒下去之后，这个人的价值应该是增加的，因为教训能够使一个人成熟，成功能够使一个人头脑发昏，失败能使一个人更有价值。”的确，许多今天成功的企业家都像史玉柱一样经历过失败，但失败的经历成为他们成长的宝贵财富。

4. 学生缺乏创业所需的技能

开办一家医疗机构，对于本科生来说是非常困难的。但是依然有许多学生拥有一定的创业技能。如果你有谈判技巧和销售能力，你可以在校园中进行 T 恤衫、背包、教材等销售活动；如果你是编程高手，你可以自己创建一个网站（如 Facebook 和雅虎的创建者那样）。创青春创业计划大赛和“互联网+”创业大赛分别为已经开展商业创业活动或愿意进行创业活动的学生提供了一个展示创业才华的舞台。当然当你拿到本书时，你已经准备通过课程学习或阅读书籍来提升自己的创业技能，这会有助于开展创业实践活动。

5. 有了发明创造就能创业成功

创业概念经常与发明概念联系在一起。发明是技术领域中的概念，它指把一个想法转化为具体结果，如一个产品或者一个系统。而创业是管理领域中的概念，它强调通过行动把一个想法转化为收入和利润。发明是许多创业活动的起源。但技术上新颖的发明并不能保证创业成功。因为有时好的发明离现实的顾客需求差距比较遥远。创业活动根本特征在于创新，创新并不一定是发明创造，而更多是对已有技术和要素的重新组合。与发明创造相比，创业更强调顾客需求、价值创造和大胆行动。

1.2.2　创业活动过程

创业活动包含许多要素和过程，一般基于阶段性来认识创业活动过程。具体来说，创业活动包括以下五个步骤。

1. 决定成为创业者

创业活动的主体是创业者。创业活动首先取决于个人是否决定成为创业者。一个人决定成为创业者往往是因为创业能给其带来大量的回报。依据美国创业动态跟踪项目研究小组的报告，几乎所有的创业者都提到了三类重要的回报——灵活性、足够维持生计的收入以及个人成长。灵活性指创业者可以按照最适宜自己的方式来规划生活的能力。

收入指通过经营自己的公司赚取的钱。个人成长指人们在面对挑战、战胜挑战，或从挑战中吸取教训的过程中的收获。除此之外，内在的个人特质以及外部创业机会的存在都会影响个体是否做出创业决定。具有创业精神的个体更有可能选择创业活动。社会转型、技术进步等多方面的因素会增加外部创业机会，同时也降低了创业门槛，进而有助于形成更大的创业浪潮。

2. 识别和评价创业机会

机会的识别和评价是一项非常难的工作。对于个体来说，大部分好机会不会突然出现，而是源于创业者对某种可能性的警觉，或者通过建立机制来识别潜在的机会。例如，有一位创业者在每次聚会上总是询问大家什么产品尚不能满足他们的需求，这个人总是在寻求机会来创造更好的产品。在现实中用心观察和思考是识别机会的重要前提。在机会识别之后，必须进行仔细的筛选和评价。机会的评价是创业过程中最为关键的步骤，因为它使创业者对具体的产品或服务产生的收益和所需要的资源进行对比评估。该评价过程涉及考虑机会的时间长短、感知价值、风险和收益、与创业者目标和个人技术的匹配、在竞争环境中的独特或差异优势等因素。

3. 获取和整合资源

创业者要开发机会，实现机会价值，必须确定创业过程中所需的资源。首先要评价创业者的当前资源，发现资源缺口。创业者必须小心谨慎，不要低估所需资源的数量和种类，应该评估出由资源不足或不合适而引起的风险。接下来就是及时获得所需资源，并尽可能地对其进行控制。创业者应该最大可能地保持所有者身份，尤其是在初创阶段。对创业者来说，最重要的是善于整合外部的资源，来实现自己的创业理想。在创业资源中，资金经常是最重要的资源。创业者为收集资金所做的努力被称为创业融资过程。如何在创业初期吸引投资者关注，成为创业者经营活动的最大挑战之一。

4. 创建新企业

新企业的创建是衡量创业者创业行为的最明显标志，有人甚至直接把是否创建新企业作为个体是否从事创业活动的衡量标准。创建新企业需要完成许多事情，包括选址、企业名称设计、法律形式选择、企业注册、选择进入市场的方式、招募第一批员工等。这些事情都会影响后续的企业经营，有的甚至会直接关系到企业的成败。例如，对于餐饮企业来说，选址显得尤其重要，必须考虑交通便利性、人流量、周围配套设施等因素。创业者还需要特别重视企业的利益分配机制设计问题。虽然最初创业阶段盈利不多，但随着企业发展壮大，如果利益分配机制考虑不周全，可能会带来内部的矛盾斗争，继而导致关键人员的流失问题。

5. 管理并使创业企业成长

与创建新企业相比，管理一个企业并使其能不断成长，并做到基业长青，并不是一件容易的事情。管理一个企业既需要做好内部的各项管理工作，包括战略管理、人力资源管理、市场管理、财务管理等，也需要应对成长过程中遇到的各种风险和挑战。某些风险和挑战值得特别关注，如资金短缺风险、管理能力不足风险、市场竞争风险等。管理新创企业时创业者还面临个体压力和时间管理等问题。这要求创业者不断学习和提升自己管理技能，学会授权。总体来说，在创业企业成长道路上，创业者及后继接班人能不断对内获取员工忠诚、对外赢得顾客忠诚，这成为企业不断发展壮大的源泉。

专栏：创业者感悟

创业者要有自己独有的创新点。它要足够有潜力，有利可图，能带来增值，能让人兴奋。创业者不要去做一些别人已经做成功的事情，而是要 think different（思考不同点），从刚性需求中做出创新。有了创业型商业模式后，还要从用户服务、产品创新等维度，把护城河加深，提高竞争壁垒。

——360 创始人周鸿祎

1.3 创业特征与类型

1.3.1 创业特征

“美国创业教育之父”杰弗里・A.蒂蒙斯认为创业是一种思考、推理和行为方式，它为机会所驱动，需要在方法上全盘考虑并拥有和谐的领导能力。创业必须贡献出时间、付出努力，承担相应的财务的、精神的和社会的风险，并获得金钱的回报、个人的满足和独立自主。对于一个真正的创业者，创业过程不但充满激情、艰辛、挫折、忧虑、痛苦和徘徊，而且还需要付出坚持不懈的努力，当然，渐进的成功也将带来无穷的欢乐与分享不尽的幸福。具体来说，创业具有以下特征。

1. 创业是一个复杂的创造过程

创业创造出某种有价值的新事物。这种新事物必须是有价值的，不仅对创业者本身有价值，而且对社会也要有价值。价值属性是创业的重要社会性属性，同时也是创业活动的意义和价值。

2. 创业必须贡献必要的时间和努力

要完成整个创业过程，要创造新的有价值的事物，就需要大量的时间，而要获得成功，没有付出极大的努力是不可能的，而且很多创业活动是在非常艰苦的环境下进行的。

3. 创业要承担必然的风险

创业的风险可能有各种不同的形式，取决于创业的领域和创业团队的资源。但通常的创业风险主要是人力资源风险、市场风险、财务风险、技术风险、外部环境风险、合同风险、精神方面的风险等几个方面。创业者应具备超人的胆识，甘冒风险，勇于承担多数人望而却步的风险事业。

4. 创业将给创业者带来回报

作为一个创业者，最重要的回报可能是从创业活动中获得独立自主，以及随之而来的个人的物质财富的满足。对于追求利润的创业者，金钱的回报无疑是重要的，对其中的许多人来说，物质财富是衡量成功的一种尺度。通常，风险与回报成正相关关系。创业带来的回报，既包括物质的回报，也包括精神的回报，它是创业者进行创业的动机和动力。

1.3.2 创业类型

从不同角度可以将创业分为不同类型。

1. 基于创业初始条件的分类

芝加哥大学教授阿玛尔·毕海德曾在哈佛商学院讲授创业课程，为了整理出清晰的授课计划，他带领学生对 1996 年进入美国 Inc. 500（Inc 杂志评选出的成长速度最快的 500 家企业）的企业主进行深入访谈，并于 2000 年出版了专著《新企业的起源与演变》。在该书中，他从不确定性和投资两个维度构建了一个投资、不确定性与利润的动态模型。毕海德教授强调创业并不单纯指企业家或创业团队创建新的企业，大企业同样有创业行为。在这个模型中，毕海德教授将原创性的创业概括为五种类型，分别是边缘企业、冒险型的创业、与风险投资融合的创业、大公司的内部创业、革命性的创业。

2. 基于价值创造的分类

学者克里斯汀等人依照创业对市场和个人的影响程度，把创业分为四种基本类型，即复制型创业、模仿型创业、安家型创业和冒险型创业。

1）复制型创业

这种创业模式是在现有经营模式基础上的简单复制。例如，某人原先担任某家电公司部门主管，后来他自行离职，创建了一家与原家电公司相似的新家电公司，且新组建公司的经营风格也基本与离职前的那家公司相同。现实中这种复制型企业的例子特别多，且由于前期生产经营经验的积累而使得新组建公司成功的可能性更高。但这种类型的创业模式，创新贡献较低，也缺乏创业精神的内涵，并不是创业管理研究的主流。

2）模仿型创业

模仿型创业虽然很少给顾客带来新创造的价值，创新的成分也不算太高，但对创业者本身命运的改变还是较大的。如某煤矿公司的经理辞职后，模仿别人新组建一家网络公司。相对来说，这种创业具有较大的不确定性，学习过程较长，经营失败的可能性也比较大。不过，如果创业者具有创新精神，能够得到专门化的系统培训，注意把握市场进入契机，创业成功的可能性也比较大。

3）安家型创业

这种形式的创业，创业者个人命运的改变并不大，所从事的仍旧是原先熟悉的工作，但他的确不断地在为市场创造新的价值，为消费者带来实惠。例如，企业内部的研发小组在开发完成一项新产品后，继续在该公司开发另一种新产品项目。安家型企业所强调的是个人创业精神的最大限度实现，而并不对原有组织结构进行重新设计和调整。

4）冒险型创业

冒险型创业模式，有可能会改变个人的命运，从事一项全新的产品经营，个人前途的不确定性也很大，并且由于是创造新价值的活动，失败的可能性也很大。尽管如此，因为这种创业预期的报酬较高，对那些充满创新精神的人来说仍旧极富有诱惑力。冒险型企业需要创业者具备较强的个人能力、适当的创业时机、合理的创业方案、科学的创业管理，才有可能获得成功。

3. 基于创业效果的分类

学者戴维森基于创业效果在组织层面和社会层面的产出对创业进行了分类。组织层面和社会层面都是负的创业行为属于失败创业，如破产的污染企业；组织层面为负而社会层面为正的创业行为属于催化剂式创业，如万燕 VCD 的创业，虽然失败，但催化出中国一个巨大的新兴产业；组织层面为正而社会层面为负的创业行为属于重新分配式创业，如目前国内钢铁行业的低水平的重复建设；组织层面和社会层面都为正的创业行为属于成功创业，如星巴克开创了一个全新的休闲方式，戴尔带来了一种全新的经营模式等，取得了企业、消费者和社会层面等多赢效果。社会应该赞赏成功的创业，而重新分配式的创业不可避免，同时催化剂式的创业更需鼓励。

4. 基于创业主体的分类

根据创业活动的主体差异，创业活动可以分为个体创业和公司创业。个体创业主要指与原有组织实体不相关的个体或团队的创业行为，而公司创业主要指由已有组织发起的组织的创造、更新与创新活动。虽然在创业本质上，公司创业和个体创业有许多共同点，但是由于起初的资源禀赋不同、组织形态不同、战略目标不同等，在创业的风险承担、成果收获、创业环境、创业成长等方面也有很大的差异。

专栏：创业者感悟

我创业办企业，其实一路上没少走弯路，但我不后悔，我知道只要方向对，在一个领域里不停地磨炼自己，必能看见春暖花开。多年的人生阅历告诉我，只要方向正确，什么投机都不如坚持。创业不是朝着正确的方向去做的过程，而是朝着对错误的否定去寻找正确方向的过程。

——极客帮创投创始合伙人王峰

1.4　创业思维与技能

1.4.1　创业思维

创业思维是指在一个人的主观世界中，那些具有开创性的思想、观念、个性、意志、作风和品质等。它经常表现出机会导向、创新冒险和坚毅进取等特征。创业思维不仅适用于创业领域，也适用于普通人生活与就业领域。从创业领域看，机会导向指创业者具有敏锐的市场洞察力，能看到一般人所发现不了的机会，并能积极采取行动去实现机会价值；创新冒险指创业者在追求机会过程中需要应对各种不确定性及风险，需要创业者采取创新的方式去应对；坚毅进取指面对行动过程中的困难甚至失败，创业者体现出来的迎难而上、失败中崛起的精神面貌。总体上来看，创业思维是一种独特的心态，这种心态对机会和资源十分重视，它鼓励创造和创新，喜欢改变游戏规则，创造独特。简单地说，创业思维就是要挑战现存状态，寻找新的做事方式，即我们的做事方式如何区别于当前的标准做法，从而变得更加有效率或效果。创业思维是一个与愿景、变革和创造有关的动态过程。创业思维要求人们充满活力、满怀热情地创造并实施新想法和创造性的解决方案。

在中国，温州人被认为具有极强的创业精神。温州人的创业精神，主要表现为“三强”和“四敢”。

温州人创业精神的“三强”指创新意识特别强、创业欲望特别强、吃苦精神特别强。具体来说，温州人具有第一个“吃螃蟹”的冒险精神，曾经涌现出“胆大包天”“胆大包地”“胆大包海”“胆大包江”等一批典型；“人人想当老板，人人争当老板，人人都有创业冲动”，使他们能够义无反顾地打拼天下。哪里有市场哪里就有温州人，哪里有温州人哪里就有市场；“白天当老板，晚上睡地板”“白天吃冷馒头，晚上睡车站码头”，是温州人艰苦创业的真实写照。

温州人创业精神的“四敢”指敢想、敢干、敢闯、敢为人先。在敢想方面，温州人能想别人不敢想、行别人不敢行、做别人不敢做的事，自然就能发现别人视而不见的商机，赚别人赚不了的钱，钱来源于头脑，钱会往有头脑的人口袋里钻。在敢干方面，“不唯书，只唯实”。温州人兴办企业，做生意赚钱，不看伟人讲了没有，也不看别人做过没有，只看实践中需不需要，实践中能不能做得通。只要是实践中需要而且又能做通的，是法律明文没有禁止的，他们都会千方百计地去做。在敢闯方面，温州人血液中流淌的都是“时间就是金钱”“时间就是效率”“时间就是商机”等信条，因而其创业意识与众不同：敢闯敢试。不管做什么生意，只要能使企业生存发展，只要能赚到钱，不管别人怎么讲，都要试一试、闯一闯。在敢为人先方面，温州企业家认为，创业本身就是一项冒险活动，需要有胆量，有赚钱的强烈意愿，也要有不怕输的心理素质，敢拼的人最适合创业。凭着“胆大敢为，高人一筹的见识”，温州人先后创造了一个又一个“全国第一”。

以色列是一个创业的国家，该国创业精神已蔚然成风——以色列人似乎总是在急急忙忙地创造、坚持不懈地创业，同时对于创业失败给予了很大的包容。正是这种文化氛围，使得以色列成为中东地区最容易诞生新公司的地方，同时也成为全球最适合投资组建公司的地区之一。以色列的国土面积约为 2 万平方千米，人口 800 万，还没有北京和上海人多。但在 2009 年之前，以色列一直是美国之外在纳斯达克拥有上市公司最多的国家，共有 64 家上市公司，到 2010 年才被中国超越。今天，以色列拥有近 6 000 家科技创业公司，初创企业总数仅次于美国硅谷，人均创业密集度全球第一，近 400 家知名跨国企业在以色列设有研发中心，英特尔、谷歌、微软等企业的不少颠覆性技术在这里萌芽。

专栏：创业者感悟

决定创业成败的是资源。什么是资源呢？广泛的人脉、拥有的技术、积累的客户。对于年轻人来说，你的勤奋，你的悟性，你的灵感，你的激情，才是你真正的资源和优势。而其中至为重要的，就是你的创业激情！当你激情消失的时候，没有了就没有了。再多的钱，再多的资金，再多的经验，再多的人际关系，没有激情，这个企业是终究难以创办成功的。

——阿芙精油、河狸家、雕爷牛腩、三体空气净化、薛蟠烤串品牌创始人孟醒

1.4.2 创业技能

创业技能指拥有发现或创造一个新的领域，致力于理解创造新事物（新产品，新市场，新生产过程或原材料，组织现有技术的新方法）的能力，能运用各种方法去利用和开发它们，然后产生各种新的结果。一个好的创业者一般需要具备五项技能：强烈的欲望、超乎想象的忍耐力、开阔的眼界、善于把握趋势又通人情事理、拓展人脉。

1. 强烈的欲望

“欲”，实际就是一种生活目标，一种人生理想。创业者的欲望与普通人的欲望不同之处在于，创业者的欲望往往需要打破他们现在的立足点，打破眼前的樊笼，才能够实现。所以，创业者的欲望往往伴随着行动力和牺牲精神。这不是普通人能够做到的。因为想得到，而凭自己现在的身份、地位、财富得不到，所以要去创业，要靠创业改变身份，提高地位，积累财富，这构成了许多创业者的人生“三部曲”。

2. 超乎想象的忍耐力

在创业的路上，付出怎样的代价，付出怎样的努力，忍受了多少别人不能够忍受的憋闷、痛苦，甚至是屈辱，这种心情只有创业过的人最清楚！有多少人愿意付出与他们一样的代价！对一般人来说，忍耐是一种美德，对创业者来说，忍耐却是必须具备的品格。

3. 开阔的眼界

对于创业者来说，必须见多识广。广博的见识，开阔的眼界，才能有效地拉近自己与成功的距离，使创业活动少走弯路。众多成功创业者创业思路有以下几个共同来源。

（1）职业。俗话说，不熟不做，由原来所从事的职业下海，对行业的运作规律、技术、管理都非常熟悉，人头、市场也熟悉，这样的创业活动成功的概率很大。这是最常见的一种创业思路的来源。

（2）阅读，包括书、报纸、杂志等。比亚迪老总王传福的创业灵感来自一份国际电池行业动态，一份简报似的东西。1993 年的一天，王传福在一份国际电池行业动态上读到，日本宣布本土将不再生产镍镉电池，王传福立刻意识到这将引发镍镉电池生产基地的国际大转移，意识到自己创业的机会来了。果然，随后的几年，王传福利用日本企业撤出留下的市场空隙很快将自己的事业做大。很多人将读书与休闲等同，但对创业者

来说，阅读就是工作，是工作的一部分，一定要有这样的意识。

（3）行路。俗话说，“读万卷书，行千里路”。行路，各处走走看看，是开阔眼界的好方法。眼界意味着什么？如果你是一个创业者，开阔的眼界意味着你不但在创业伊始可以有一个比别人更好的起步，有时候它甚至可以挽救你和你企业的命运。眼界的作用，不仅表现在创业者的创业之初，而且会一直贯穿于创业者的整个创业历程。

（4）交友。很多创业者最初的创业 idea（主意）是在朋友启发下产生的，或干脆就是由朋友直接提出的。所以，这些人在创业成功后，都会更加积极地与从前的朋友保持联系，并且广交天下友，不断地开拓自己的社交圈子。与朋友们进行头脑风暴，就能够不断地有新思路、新点子。

4. 善于把握趋势又通人情事理

势，就是趋向。势分大势、中势、小势。创业的人，一定要跟对形势，要研究政策。这是大势。中势指的就是市场机会。市场上现在时兴什么，流行什么，人们现在喜欢什么，不喜欢什么，可能就标明了你创业的方向。俞敏洪如果不是赶上全国性的英语热和出国潮，他就是使再大的劲、洒再多的泪、流再多的汗，也不会有今天的成功。小势就是个人的能力、性格、特长。创业者在选择创业项目时，一定要找那些适合自己能力、契合自己兴趣、可以发挥自己特长的项目，这样才有利于你持久地全身心地投入经营。一个创业者要懂得人情事理。老话说：“世事洞明皆学问，人情练达即文章。”创业是一个在夹缝里求生存的活动，尤其处于社会转轨时期，各项制度、法律环境都不十分健全，创业者只有先顺应社会，才能避免在人事关节上出问题。

5. 拓展人脉

创业不是引“无源之水”，栽“无本之木”。每一个人创业，都必然有其凭依的条件，也就是其拥有的资源。一个创业者的素质如何，看一看其建立和拓展资源的能力就可以知道。创业者资源可分为外部资源和内部资源两种。内部资源主要是创业者个人的能力，其所占有的生产资料，拥有的知识技能和家族资源等。拥有一份良好的内部资源，对创业者个人来说无疑是重要的。但外部资源的创立同样不可或缺，其中最重要的一点是人脉资源的创立，即创业者构建其人际网络或社会网络的能力。一个创业者如果不能在最短时间之内建立自己最广泛的人际网络，那他的创业一定会非常艰难，即使其初期能够依靠领先技术或者自身素质，如吃苦耐劳或精打细算，获得某种程度上的成功，我们也可以断言他的事业一定做不大。

专栏：大学生创业故事

手绘天商地图：为天商代言

即将毕业的刘家瑞是手绘地图创意的发起人。爱旅行的他独自去了厦门，到了美景似画的厦门大学。刘家瑞买了一套漂亮精致的校园明信片做纪念：美丽的校园风景被笔法细腻地描绘出来，艺术与现实的交融远远超出了建筑物本身，黄色牛皮纸拿在手中让人产生厚重的历史感。他顿时回想起天商校园风景，随即便用无形的铅笔在脑海勾勒学校轮廓。

杨筱就读插画专业，一次旁听了一节双学位创业管理课，自由的课堂氛围、老师对创业的细致解析让杨筱坚定了创业的志向。刚刚接手 I do 班服制作工作室的她便向该老师求释疑解惑。“你不去创业太浪费啦！”鼓励大学生创业的课程老师邀请她去给刘家瑞所在的班级做实例分享，这是队员中唯一的女生杨筱第一次同刘家瑞见面。“听杨筱说自己是艺术学院插画专业的，当时就是急需绘画技术型人才呀！”刘家瑞兴奋地和组员张涛邀请杨筱加入，三个人一拍即合。后来杨筱找到平时爱绘画、功底扎实的“好哥们”马骏驰进了团队。“手绘天商”项目团队雏形便形成了。

“我们精益求精，更带着一种校园人的责任。”张涛说，为了赶在毕业生离开前能收到一份特殊礼物，他们决定在排球场做市场调查并免费派送“天商 · 记忆”“天商 · 语录”等 500 张明信片，并收集来自不同年级专业的信息，最终整理出“学在天商”“玩在天商”“舌尖上的天商”等明信片精品推荐。主笔马骏驰常常为了追求更精确的产品定位，熬夜至凌晨绘画成了家常便饭；其他队员经常会贴心地给他送饭；在最后关键时期，因为内存太大、只能借用组装别人的台式电脑，重新装软件、倒入制成的文件，终于置入却发现电脑崩溃存盘失败，无奈只能再重新存过。

手绘最终定型之后开始联系 58 同城上的打印业务，打了不下 30 多次的电话，最终选定最实惠的武清区印刷厂。在经过 6 个月的制作和最后熬夜的封装检测，明信片终于以其独特的意义在校园的各个商铺里出售。想象中的爆买情形在现实中上演。

可是总有突如其来的意外却又蕴含着惊喜。一次偶然，张涛走到邮局发现他们团队制作的明信片像一个个打蔫的茄子躺在被退回来的盒子里，他二话不说就单枪匹马找到邮局“要说法”。最后他不仅争取到让退回来的明信片能继续寄出去，而且还和邮局洽谈，确定日后与邮局开展进一步的合作——印刷出版全天津市的手绘地图。这是很大的意外之喜。

“我们做了全天津市第一份手绘校园的高校明信片，没有之一。”这是一件值得炫耀的事情。当他们去南开大学、天津大学交流时顺手给对方送上一份自己做的校园手绘地图，别人眼里充满了羡慕之情，甚至一名南开的教授主动递上了一张自己的名片。在这之后他们成立了京津印象工作室，手绘天商的道路越走越远。6 张代表天津城市景点的明信片，五大道、小白楼等也在一一绘制和发行中。正是这种说干就干的气魄和诸多经历，让他们的就业道路也显得格外开阔和平坦，毫无疑问，他们在做的是独一无二而又具有创造性的事。无论他们毕业后未来走向何方，坚持拼搏的信念会成为他们心中挥舞的画笔，在梦想的蓝天上挥舞出最精彩的一笔。

资料改编自：肖米西. 手绘天商[N]. 天津商业大学报，2013-04-15.

专栏：行动指南

大学生创业可享受的优惠政策

为鼓励高校毕业生自主创业，以创业带动就业，国务院出台了一系列鼓励大学生自主创业的优惠政策。核心内容如下。

1. 大学生创业税收优惠

持人社部门核发《就业创业证》的高校毕业生在毕业年度内（指毕业所在自然年，

即1月1日至12月31日）创办个体工商户、个人独资企业的，3年内按每户每年8 000元为限额依次扣减其当年实际应缴纳的城市维护建设税、教育费附加和个人所得税。对高校毕业生创办的小型微利企业，按国家规定享受相关税收支持政策。

2. 创业担保贷款和贴息

符合条件的大学生自主创业的，可在创业地按规定申请创业担保贷款，贷款额度为10万元。鼓励金融机构参照贷款基础利率，结合风险分担情况，合理确定贷款利率水平，对个人发放的创业担保贷款，在贷款基础利率基础上上浮3个百分点以内的，由财政给予贴息。

3. 免收有关行政事业性收费

毕业2年以内的普通高校学生从事个体经营（除国家限制的行业外）的，自其在工商部门首次注册登记之日起3年内，免收管理类、登记类和证照类等有关行政事业性收费。

4. 社会保险补贴

对大学生创办的小微企业新招用毕业年度高校毕业生，签订1年以上劳动合同并交纳社会保险费的，给予1年社会保险补贴。

资料改编自：国务院：大学生创业可享受十二项优惠政策[EB/OL]. http://edu.163.com/15/1118/06/B8MCIDJG00294MPB.Html, 2015.

本章小结

（1）互联网在中国先后激发了三次大规模的创新创业浪潮，并且正在酝酿第四次浪潮：第一次浪潮——“商业化”，第二次浪潮——“生态化”，第三次浪潮——“互联网+”，正在酝酿的第四次浪潮——“智慧化”。

（2）创业是不拘泥于当前资源条件的限制去追求机会，将不同的资源组合以利用和开发机会并创造价值的过程。为进一步深入理解创业的内涵，我们还必须冷静对待一些认识误区：缺乏足够的资金就无法创业、经济衰退时无法创业、一旦失败就无法重来、学生缺乏创业所需的技能、有了发明创造就能创业成功。

（3）创业活动过程包括五个步骤：决定成为创业者、识别和评价创业机会、获取和整合资源、创建新企业、管理并使创业企业成长。创业是一个复杂的创造过程，创业必须贡献必要的时间和努力，创业要承担必然的风险，创业将给创业者带来回报。

（4）基于创业初始条件，创业可划分为五种类型，分别是边缘企业、冒险型的创业、与风险投资融合的创业、大公司的内部创业、革命性的创业。基于价值创造，创业可分为四种类型，即复制型创业、模仿型创业、安家型创业和冒险型创业。基于创业效果，创业可分为四种类型：失败创业、催化剂式创业、重新分配式创业、成功创业。根据创业活动的主体差异，创业活动可以分为个体创业和公司创业。

（5）创业思维是指在一个人的主观世界中，那些具有开创性的思想、观念、个性、意志、作风和品质等。它经常表现出机会导向、创新冒险和坚毅进取等特征。创业技能指拥有发现或创造一个新的领域，致力于理解创造新事物的能力，能运用各种方法去利用和开发它们，然后产生各种新的结果。一个好的创业者需要具备五项技能：强烈的欲望、超乎想象的忍耐力、开阔的眼界、善于把握趋势又通人情事理、拓展人脉。

专栏：课后个人练习

1. 请上网查阅“创业者与打工者”的差异，从中体味创业的本质以及创业思维。
2. 请对 OFO 和摩拜单车进行比较，分析两个共享单车项目的优势和劣势。
3. 阅读相关媒体，理解个体创业和公司创业的不同内涵与表现形式。
4. 去你所在学校的众创空间参观一下，了解鼓励大学生创业的相关政策和规定。
5. 请了解一下人工智能、云计算、大数据等相关技术，并试着寻找其中商业机会。

专栏：课后团队练习

结合本章内容，设计一份访谈提纲，并采访 2 ~ 3 位身边的创业者，要求如下。

（1）将访谈时间设计在 1 ~ 1.5 个小时。避免时间过长，影响创业者的工作。

（2）集体讨论访问提纲。基于本章的知识点，也可以基于你们对创业者工作内容、具备能力素质、应对的挑战和困难、收获和回报等方面的兴趣，设计相关问题。

（3）确定访谈对象。既要符合创业者的身份要求，也需要考虑访谈的可操作性，主要考虑访问对象的可获得性、有空时间段、配合程度等。

（4）做好访问前的准备。包括团队角色分工、访问对象背景了解、访问设备准备、相关形象礼仪、访谈预约等活动。

（5）访谈过程中实现访问效果。掌握好访问技巧，善于积极挖掘，作好现场记录。

（6）访谈结束后及时整理访谈内容，并进行团队讨论，分享感受和收获。

专栏：课后学习材料

创业者最需要知道这样的思维模式

在创业世界中，要学习的新知识永远不会干涸。面对如此多的媒体网站：ProductHunt、Medium、twitter、quibb、TechCrunch、HackerNews、Quora、TheMacro…我们很难弄清楚哪些是真正基础的、有意义的知识。

下面介绍一些创业者最需要知道的重要心理模式，它们能够帮助你弄懂自己思考的方法。

1. 遗憾最小化框架（regret minimization framework）

提出者：杰夫 · 贝索斯（亚马逊 CEO）

遗憾最小化框架是亚马逊 CEO 杰夫 · 贝索斯提出的，它能让你在面向未来的基础上看待当下的现实，从而帮助你完成困难的决策。比如说，它会让你放弃现在的工作，去追求你已经想了两年半的一个梦想。杰夫在作决定时会将自己想象成 80 岁的模样，思考自己在一生中会感到遗憾的事件。

我知道，等我到了 80 岁，我绝不会后悔我做过的这些尝试。我不会后悔投入到互联网这个我认为将成大事的领域之中。我知道哪怕我失败了，我也不会遗憾，但我可能会因为没有尝试而最终后悔不已。

——杰夫 · 贝索斯

2. 创意迷宫（the idea maze）

提出者：Balaji S. Srinivasn（A16Z 成员）

创意迷宫是一种思维框架，能够帮助你思考并计划公司可能会走上的多种道路。成功的创业灵感通常会经过大量的优化，考虑到未来世界的变化而预测出多种发展道路，形成一个框架后再着手实施。

一个优秀的创始人应该能够预测到，在这个迷宫中，转哪些弯会为公司带来财富，哪些会将公司带向灭亡。一个糟糕的创始人则只会盲目地奔向一个写着电影、音乐、文件分享、P2P 或者是图片社交的迷宫入口，丝毫没有考虑这一产业的历史、迷宫内已有的玩家、过去的伤亡人数，也没有考虑是否有能力打破围墙、改变现状的科技。——Balaji S. Srinivasan

3. 厌恶性事务盲区（schlep blindness）

提出者：Paul Graham（YC 创始人）

厌恶性事务盲区会让创始人忽略各种创业点子。“Schlep”一词来源于意第续语，意思是乏味的、不受欢迎的苦差事。它的危险之处在于，人们往往认识不到这些事务的存在，仿佛下意识地将它忽略了，这就是“厌恶性事务盲区”。

一个企业将要从事的“苦差”也正定义着这个企业。苦差事就像是一个冰冷的游泳池，唯一的处理办法就是：跳进去。——Paul Graham

4. “百名脑残粉”（100 people love）

提出者：Paul Graham（YC 创始人）

与其让 100 万人对你的产品有好感，不如有 100 名忠实的脑残粉。这 100 名热爱着这一产品的客户或用户会不遗余力地向世界宣传你的产品，并且会持续给你带来反馈或建议，让你能够不断优化用户体验。

让一小部分人开心比让一大群人半开心来得好。——Paul Buchheit

5. 产品／市场匹配（product market fit）

提出者：Marc Andreessen（A16Z 创始人）

当你处于健康的市场之中，并且你的产品能够很好地满足市场需求时，就可以算是达成了产品与市场的匹配。这种匹配非常重要，因为缺乏市场就是最大的公司杀手。

JoshPorter 曾提出过一个利用用户来评估产品与市场匹配度的方法，当你的用户开始主动推销你的产品时，这种匹配就可以说是很完美了。

如果你想让你的产品与市场匹配，你需要做的就是注重与用户的交流。你得将产品/市场匹配作为首要工作，不计一切代价去追求它。要记住，这不仅仅是产品团队的工作，这应该是公司上下一致的目标。

6. 网络效应（network effects）

提出者：Robert Metcalfe（以太网发明者）

网络效应，就是指一个产品或服务的用户越多，价值越大。网络效应能够帮你建立一个更好的、发展更快、价值更高的产品，它是许多软件公司最关键的动力所在。

Metcalfe 法则的核心在于，当网络中的用户数增长时，这一网络的价值将会出现更加大量的增长。简而言之，在一个 10 人的网络中加入一个新用户，这个网络的增长不是 10%，而是将近 20%。网络效应的强大之处在于，一个新用户带来的新连接能够放大整个网络的潜力。

资料改编自：经纬创投. 帮你重塑思考方式！贝索斯、格雷汉姆、安德森等 13 位大牛的思维模式是这样的[EB/OL]. http://www.cyzone.cn/a/20160708/299822.html, 2016.

参 考 文 献

阿里商业评论. 2016. 阿里研究院：中国互联网创新创业的四次浪潮[EB/OL]. http://36kr. com/p/5056815. html.

蒂蒙斯. 2005. 创业学 [M]. 6 版. 北京：人民邮电出版社.

李开复. 2016. 什么样的人才适合创业？具备这十项能力[EB/OL]. http://www.cyzone.cn/a/20160729/301172. html.

刘志阳. 2008. 创业学[M]. 上海：格致出版社.

薛耀飞，严继文. 2007-05-10. 温州人的创业精神——敢想敢干敢闯敢为人先[N]. 榆林日报.

第2章 环境分析

创业名言

无论是一个企业，还是一个人，都一定是时势造英雄，千万不要英雄造时势。顺流而上，这是手法。形势好了，大家才有机会成为英雄。只有成为英雄后，才有可能去适应时势、改造时势。

——朱骏

学习目标

通过本章的学习，你应该能够：

1. 熟悉创业环境的概念，掌握创业环境的分析方法。
2. 熟悉创业宏观环境的概念，了解创业宏观环境的组成。
3. 熟悉创业产业环境的概念，掌握创业产业环境的组成。
4. 熟悉创业微观环境的概念，了解创业微观环境的组成。

专栏：开篇案例

勾英达创办野农优品

勾英达创办的野农优品于 2014 年 11 月 20 日上线，上线不久就获得了东北传统企业家投资的 50 万元资金。2015 年 2 月 16 日登上央视《朝闻天下》时长 5 分钟，2015 年 3 月 16 日登上央视《新闻联播》时长 2 分钟，2015 年 3 月 17 日登上《环球时报》封面，2015 年 5 月 22 日上了《创业英雄汇》。

据介绍，野农优品是一家向消费者提供优质产品的电商网站，在这里可以以最优惠的价格购买到最优质的产品，并可以参与他们土地培养。例如可以在农村养一只小羊，或者承包一亩地，在成熟的时候他们会把产品加工后配送到你家中。勾英达要做的就是整合农村的闲置的土地和闲置的人工进行标准化作业，供城市人选购和认养这种土地或者羊、猪。

野农优品的愿望是，唤醒中国青年关注农业。勾英达认为，现在在田里耕种的都是四五十岁的中年人。许多年轻人觉得农业很土，是没出息的人干的，宁可在大城市打工，也不愿意回家务农。其实，农业并不土、并不是没出息。我们与美国、法国等农业大国的差距还很大。现在的中国农业没有年轻人，像一个带病前行的巨人。农业改变需要青年人，在这个变革的年代，农业可能会因为年轻人的智慧、勤奋、激情而发生改变。勾英达表示他做的事即使失败，也是一次伟大的尝试。他希望唤醒中国青年关注农业，再造故乡。

资料改编自：http://www. fanganw. com/a67a2671a1.

问题思考：

勾英达创办野农优品能够成功，与我国现实国情有怎样的联系？

2.1 创业环境

2.1.1 创业环境的概念

创业环境是指能够影响创业者创业活动开展的一切外部条件的总称。它们的相互作用与制约关系到创业者的创业过程是否能够取得预期的效果。

从创业环境的概念中，我们可以发现创业环境的三个含义：①创业环境是创业者必须面对的处境。影响创业者创业活动开展的外部条件是不断变化的，它本质上是一个动态系统，处于不断的演变过程中，这就要求创业者在创业过程中不断面对变化的新环境解决出现的新问题，从而体现出不断的创造性。②创业环境制约着创业活动的范围。创业活动不能脱离创业外部条件而独立存在，它必须从现实状况出发，在环境的支配下进行，这使创业环境成为创业活动的约束条件，也使所有创业活动都成为明确而具体的活动。③创业环境是创业活动的前提。创业环境是创业活动的“物质基础”，它决定着创业活动的“上层建筑”，它通过为创业者的创业活动提供各种外部条件，对创业过程能否取得预期效果起到至关重要的作用。脱离了创业环境，仅凭创业理想和个人才智，是不可能取得创业成功的。

创业环境具有下述特征。

1. 系统性

创业环境是一个由影响创业活动开展的各种外部条件相互作用、相互制约而组成的整体系统。这就要求创业者在创业的时候，应该从全局的角度采取系统视角来看待创业环境，不能割裂各条件之间的联系，孤立考察创业环境的某个局部特征，而是要从创业环境的整体去剖析其中个体条件的表现。

2. 可变性

创业环境始终处于动态发展中，各种创业环境，如政府政策、经济结构、行业竞争态势、企业内部文化等都会处于随时变化的过程中，并随时影响创业的成败。如果创业者认识不到环境的可变性，采取僵化的观点对待创业环境，最终将因为创业行为不适应创业环境而被淘汰出局。

3. 主导性

在创业环境包含的各种要素中，虽然所有要素都对创业产生影响，但总有某些要素在某一阶段内对创业产生主导影响，成为决定该阶段创业成败的核心要素。创业者是否能剥离出核心要素，针对核心要素及时规划自身的创业行动，将是关系其创业走势的重中之重。

4. 差异性

创业环境也是具有地域差异性的。创业环境作为一个空间概念，创业者所在的区域不同，创业环境包含的内容也不尽相同。区域政治经济、社会文化等方面存在的差异，往往决定了创业环境的地域差异。

2.1.2 创业环境的分析方法

在进行创业环境分析的时候，可以借助机会矩阵、威胁矩阵和机会威胁综合矩阵的方法对创业环境因素进行具体分析。

1. 机会矩阵

如图 2-1 所示，横坐标表示机会的吸引力，即成功后获利大小，纵坐标表示机会出现的概率，并将机会出现概率和吸引力大致分为高低或大小两档。根据各环境因素的相应数据在坐标平面上的定点，就可以区分其重要程度。

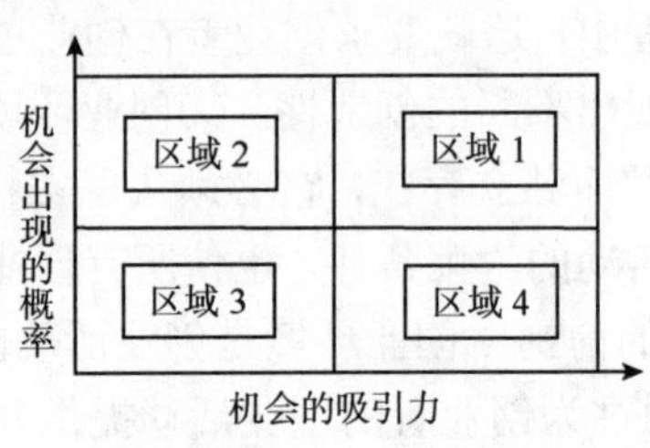

图 2-1 机会矩阵

区域 1：机会出现概率高，而且机会出现后获利较大，因此对创业者的吸引力大，是应该尽量利用的环境。

区域 2：机会出现概率高，但机会出现后获利较小，是创业者应该注意开发的环境。

区域 3：机会出现概率低，并且机会出现后获利较小，是创业者应该注意回避的环境。

区域 4：机会出现概率低，但一旦机会出现后获利较大，因而创业者应该注意创造条件，力争成功。

2. 威胁矩阵

如图 2-2 所示，横坐标表示威胁对企业经营影响的严重性，即威胁出现之后损失大小，纵坐标表示威胁发生的概率，并将发生的概率和严重性大致分为高低和大小两档。根据各环境因素的相应数据在坐标平面上的定点，就可以区分事件的影响程度及其性质。

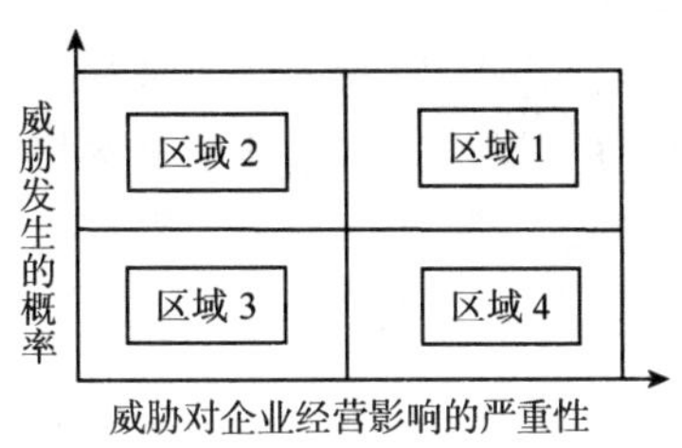

图 2-2　威胁矩阵

区域 1：威胁发生的概率高，而且发生后损失较为严重，因此创业者要予以特别关注。

区域 2：威胁发生的概率高，但发生后损失较小，创业者应该予以必要的关注。

区域 3：威胁发生的概率低，并且发生后损失较小，是创业者可以基本忽略的环境。

区域 4：威胁发生的概率低，但一旦发生损失较为严重，因而创业者不能掉以轻心。

3. 机会威胁综合矩阵

通过机会矩阵和威胁矩阵图的分析，可以判断创业者所面临的市场机会和环境威胁的位置，以便找出主攻方向。同时，对市场机会和环境威胁进行比较，还可以预测对创业者来说机会和威胁哪一个占主要地位。将两个方面的分析结果叠加，可以形成新的矩阵图，如图 2-3 所示，横坐标表示机会水平的高低，纵坐标表示威胁程度的强弱。这样，业务项目就可以分为四种类型。

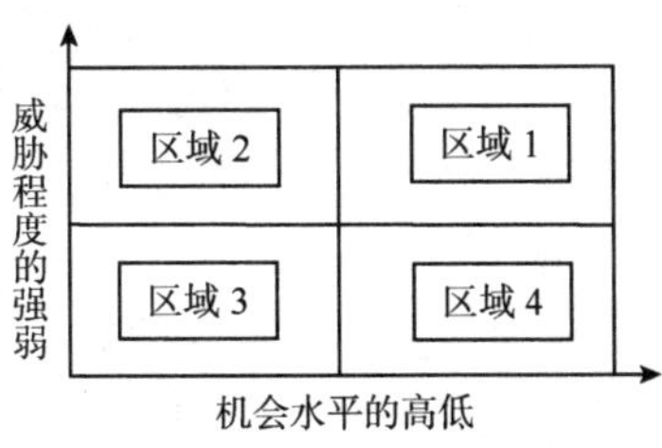

图 2-3　机会威胁综合矩阵

区域 1：威胁程度高，机会水平也高，两者势均力敌，处于这一区域的是风险型业务。

区域 2：威胁程度高，机会水平低，是最差的环境状态，处于这一区域的是困难型业务。

区域 3：威胁程度和机会水平均低，虽盈利能力不高，但也没有大风险，处于这一区域的是成熟型业务。

区域 4：威胁程度低，机会水平高，是最佳的环境状态，处于这一区域的是理想型业务。

2.2　创业宏观环境

2.2.1　创业宏观环境的概念

创业宏观环境是指一国或一个经济区域范围内的创业环境，这些环境是对企业定位和经营有巨大影响但企业又不能加以改变的创业大环境，尽管这些环境对企业不产生直接作用，但它们对企业的影响力不容忽视。创业宏观环境包含的因素很多，政治环境、经济环境、社会环境、技术环境、法律环境乃至自然环境都涵盖其中。

2.2.2 政治环境

影响创业活动的政治环境主要包括政局、国家政策等，它们构成了企业生存发展的前提条件。在创业时，要考虑的首要问题是新创企业所在国家和地区政局的稳定性与安全性，而后要着重考虑当地政府对新创企业的政策支持力度。

1. 政局

政局指一个国家或地区的整体政治局势，涵盖的范围很广，政治制度、外交政策、政府更迭、要员更迭、治安恶化、各种政治活动及社会民族动乱等都反映了一个国家的政局。

2. 国家政策

国家政策是所有企业都应遵循的强制性规范，当某项国家政策发生变化时，企业的经营目标和策略都需进行调整，从而影响企业的发展走向。在各种国家政策中，国家对企业的资金扶持政策和技术扶持政策与企业的联系尤为密切。国家对企业的信贷政策、税收政策、补贴政策等资金扶持政策对于企业获取创业所需资金、降低创业风险，进而顺利渡过创业初期的困难阶段具有非常重要的影响。国家对企业的孵化支持政策、技术法规支持政策对于推动企业积极进行技术创新、提高企业技术水平、促进高科技企业发展具有至关重要的作用。

目前，我国对企业的孵化支持政策主要体现为建立了多级企业孵化器。企业孵化器是由政府支持协助创建高新技术企业的平台，进驻孵化器的企业，双方签订孵化协议，由企业孵化器对企业提供有偿服务。企业孵化器一般可以分为四级：一级孵化又叫项目孵化，孵化对象是高新技术的研发成果，目的是使科研成果商品化、产业化，创建新的中小型高新技术产业；二级孵化又叫企业孵化，孵化对象是培育成功的中小科技型企业和创业者；三级孵化又叫大孵化，是从二级孵化阶段进入科技园区向大型科技企业发展；四级孵化又叫跨国孵化，是通过高新技术园区的国际企业孵化器及其海外孵化基地，孵化成外向型高新技术企业，引入国外尚未产业化的高新技术，实现跨国经营。

同时，我国也颁布了《中华人民共和国科学技术进步法》和《中华人民共和国促进科技成果转化法》，旨在促进我国高新技术企业发展和高新技术成果转化。

2.2.3 经济环境

影响创业活动的经济环境主要包括经济结构、经济周期、经济发展水平等，它们是直接影响企业生存和发展的国家经济特征及发展趋势，往往决定了企业未来的市场容量。

1. 经济结构

经济结构是指某地区国民经济各部门、各系统以及社会经济各环节的构成及其相互联系、相互制约的比例关系。经济结构包括产业结构、技术结构、规模结构、经济成分结构等，其中最重要的是产业结构。在调整产业结构的过程中，顺应产业结构调整趋势的领域总会出现较多的创业机会。

2. 经济周期

经济周期是指经济活动沿着经济发展的总体趋势所经历的有规律的扩张和收缩，往往表现为国民收入或总体经济活动扩张与紧缩的交替或周期性波动变化，一般将其分为繁荣、萧条、衰退和复苏四个阶段。总体而言，在经济繁荣或复苏阶段，总体经济活动扩张，国民收入上升，创业机会增多；在经济萧条或衰退阶段，总体经济活动紧缩，国民收入降低，创业机会相对减少。

3. 经济发展水平

经济发展水平高的地区，由于当地居民收入高，对商品的需求旺盛，故此企业销售形势较好，有利于企业开展业务，这既会促进现有企业发展，也会促使新企业进入。经济发展水平低的地区，则由于当地居民收入较低，对商品需求不旺，故此企业销售形势较差，不利于企业开展业务，这会阻碍现有企业发展，甚至导致企业外流。

专栏：篇中案例

2016 共享经济大热

移动互联网红利尾巴拖过的 2016 年里，众多互联网细分领域相继遭遇被市场看冷、在资本处遇冷的窘况，但在世界级巨头的示范效应和国家级利好政策的鼓励下，共享经济却成为国内少有的大热领域之一。

【房屋分享】途家网：构建短租行业新规则

跟随 Airbnb 的脚步，国内短租业也已探索了近 5 年，小猪短租、蚂蚁短租等一批民宿分享平台浮出水面，其更多是在将房东与房客进行信息撮合。但在 2016 年，途家网的一系列“大动作”却在搅动这一 C2C 为主的行业规则，并大获认可。

途家网更进一步的思考是：大力发展个人房源时，要看到国内普遍不高的个人房源质量与房客们较高服务要求之间的矛盾。基于此，途家网将一部分精力投向高质量闲置房源共享上。线下，途家网将五星级酒店式管理体系进一步统一推行，并先后收购蚂蚁短租，并购携程和去哪儿公寓民宿业务，整合提升优质房源；线上则推出途立方平台，为开发商和购房业主优化升级住宿分享解决方案。

市场对其的反馈则是，目前民宿市场份额中，途家高居榜首，房源质量认可度也最高，创下了单日订单破 56 000 间的行业纪录。更重要的是，途家网带来了“把闲置房屋做成高级酒店”的行业新规则。在 Airbnb 新模式带来的冲击下，这一更符合本土现状的新规则，或将让国内短租企业与巨头交手时胜算更大。

【知识分享】在行&分答：打破旧有知识传授模式

共享经济在知识域的分享早已不是新鲜事，前有知名的维基百科和国内的知乎。但 2016 年里，最值得称道的则是将知识分享进一步提升至知识传授的在行&分答，这对线下线上“双胞胎”，利用分享经济将知识传授变得更加有趣，也让知识更值钱。

通过在行，对任何领域存有疑惑的人，都可在支付一定费用后，与相关行业大名鼎鼎的行家大咖面对面真切交谈，听其答疑解惑，传授经验知识。在行的旗下纯线上产品——分答，则首创线上付费语音问答机制，有需求者付费邀约某一行家后，后者以语音形式回答问题。

在行和分答这种打破旧有受时空和社会环境限制的知识传授模式，受到空前热捧。目前，超过 1 万名行家入驻，每日交易 800 次，赢得多位知名资方巨额融资；“分答”在一个多月内收获全年最高热议度，吸引了王思聪、章子怡、李银河、茅于轼等各巨星大咖加入，并传来“上线 24 天获得过亿美金估值”的市场热议。

【单车分享】摩拜单车：“复活”公共自行车

早在滴滴之前，政府就推行过一项共享式出行方式：公共自行车。但并不好的使用体验让其尚未火起来就悄然沉寂了。2016 年 4 月，一辆辆橙色的摩拜单车一夜间活跃在一线城市里，8 个月后，成为人人点赞的酷炫出行方式：它复活了公共自行车。

摩拜单车的“复活秘诀”是将共享经济理念更进一步：它不设固定桩位，用户只需扫描二维码，就可自动给单车解锁、使用，到达目的地后再手动上锁即可。如此，用户可在任何规定位置内使用并停放单车，且骑行费用仅为半小时 1 元，微信或支付宝支付即可，体验流畅便捷。

大受用户欢迎的“小橙车”，迅速得到资本市场的青睐，获得了熊猫资本、愉悦资本、创新工场等数轮融资，其最新一轮的估值已达到数亿美元。而依据业内人士分析，摩拜复活公共自行车的非公益商业运营模式，才是值得探索的自行车共享方向。尽管初出茅庐的摩拜需要面对的问题有很多，但依旧可以乐观期待，在健康环保的自行车共享领域内，下一个 Uber 或滴滴正在诞生。

据专家预计，2025 年全球共享经济市场规模将达到 3 350 亿美元，年均复合增长率达到 36%，其中，中国的共享经济将在未来 3～5 年内达到全球第一。2016 年国内这些共享经济的成功者，更增加了这一数据的信服力。

资料来源：文庚淼. 共享经济大热 盘点 2016 年国内几大经典案例，http://baijia. baidu. com/s？old_id=731600, 2016.

2.2.4 社会环境

影响创业活动的社会环境主要包括人口统计、社会文化环境等，它们代表着社会民众的消费偏好和倾向，对企业的客户群体构成有极其重要的影响。

1. 人口统计

人口统计包含的范围很广，一个社会的人口规模、年龄、收入状况、就业、教育程度等都在人口统计的范围之内，而且随社会的发展这些因素也不断发生变化，进行影响企业商品的消费构成。例如，人口老龄化和年轻化将导致老龄消费与年轻人消费的增加，为相关的企业带来利好；教育程度较高的高收入人群更注重商品内在功能与品位，还有附加服务，以此人群为目标客户的企业必须考虑到这种变化。

2. 社会文化环境

社会文化环境包含的范围也很广，某个地域的价值观念、信仰、风俗习惯、行为方式等都涵盖其中。文化环境会影响到此背景中生活的人的生活习惯及信仰，使他们具有不同的消费倾向性，进而使其呈现出不同的消费行为。一个很明显的例子就是，世界各国和地区都会形成带有本地传统风俗特点的节日消费。这就要求企业必须在准确了解目标顾客群体所处社会文化环境的基础上，进行有针对性的经营安排，才可能在当地立足。

专栏：篇中案例

欧洲迪士尼乐园开园初期好梦难圆

欧洲迪士尼乐园耗资 44 亿美元于法国巴黎建造。在这项工程中迪士尼公司拥有 49%的股份，这是法国政府所能容忍的最大限度。这部分股份使公司投资了 1.6 亿美元，其他投资者投资了 12 亿美元。剩下的是政府、银行和融资租赁公司以贷款的形式进行投资。迪士尼公司的收益始于公园开放以后。公司获得 10%的门票收益和 5%的来自食品和其他商品的收入。这与迪士尼公司在日本的公园的安排相同。为适应游客需要，公园里有两种官方语言：英语和法语，但是来自荷兰、西班牙、德国和意大利的游客也能很容易地找到精通多国语言的向导。该迪士尼乐园根据法国科幻小说家凡尔纳的设想，建立了“发现岛”，一个具有 360 度屏幕的球幕电影剧场，目的是使游客了解整个欧洲的历史，就连白雪公主也说起了德语。然而，机灵的米老鼠最终还是在欧洲人面前栽了跟斗。法国的左派示威者用鸡蛋、番茄酱和写有“米老鼠回家去”的标语来回敬远道而来的美国人。一些知识阶层的人士甚至将刚刚诞生的米老鼠和米老鼠公司视为对欧洲文化的污染，他们称公园为可恶的美国文化。主流新闻界对该公园也持反对态度，他们幸灾乐祸地描绘着迪士尼的每一次失败。

鸡蛋、番茄酱都可以忍受，最让人烦恼的是财务上的亏空。自从 1992 年开放以来，收入令人难以置信地没有达到预定的目标。一是公园开放时正值欧洲严重的经济衰退期。欧洲的游客因此比美国的游客节俭得多。许多人自己带饭，不住迪士尼宾馆。而实际上，迪士尼最初对于公园门票和酒店的定价设定了收入目标，并假定任何价位都是可以被接受的，且因为欧洲没有第二个迪士尼，该公园的垄断地位有利于实施它的高价位策略。公园门票成人的票价是 42.25 美元——比在美国的公园门票的价钱还要高。公园门口的迪士尼宾馆一个房间一晚的价钱是 340 美元，相当于巴黎最高档的宾馆的价钱。

最让人不可思议的是迪士尼的决策者在游客数量预测上所犯的简单错误。他们轻易地照搬了迪士尼在美国的数据，认为佛罗里达迪士尼世界的游客通常要住上 4 天，而欧洲迪士尼乐园只有佛罗里达迪士尼世界的 1/3，游客怎么也得住上两天。实际情况却是：许多游客一大早来到公园，晚上在宾馆住下，第二天早晨先结账，再回到公园进行最后的探险。精明的欧洲游客不愿意把更多的时间、更多的金钱花在迪士尼昂贵的商品和服务上。结果使宾馆的住房率很快降到了 50%。所以，尽管欧洲迪士尼乐园看准了自己的垄断地位，认为它的需求曲线是缺乏弹性的，游客不会太在意门票价格和服务价格的高低，因此游客会忽略较高的价位而纷纷拥向公园。但是他们所没有估计到的是欧洲人的精明干练：由于价位太高他们会缩短停留的时间，避免长住酒店，自带食品和饮料，谨慎地购买迪士尼的商品。最终，大量节俭的欧洲游客并没有帮助迪士尼公司在收入和利润上达到目标以及弥补他们日益膨胀的管理费用。

迪士尼的决策者与欧洲游客在文化上也有很大差异。例如，一项在公园内不准饮酒的规定，引起了午餐和晚餐时都要喝酒的欧洲人的不满。迪士尼公司认为星期一比较轻松而星期五比较繁忙，因此也相应地安排了员工，但是情况却恰恰相反。他们还发现游客有高峰期和低峰期，高峰期的人数是低峰期的10倍。在低峰期减少员工的需求又违反了法国关于非弹性劳动时间的规定。另一个不愉快的问题是关于早餐。“我们听说欧洲人不吃早餐，因此我们缩小了餐馆的规模，”一位管理者回忆说，“你猜发生了什么？每一个人都需要早餐。我们要在只有350个座位的餐馆里提供2 500份早餐，队伍长得吓人。”

迪士尼还有一个未考虑到的需求，这就是来自旅游汽车司机的需求。为司机们建造的休息室只能容纳50个司机，但是在高峰期每天有2 000个司机需要休息。难怪有人以讥讽的口吻说：“从不耐烦的司机到抱怨的银行家，迪士尼乐园踩在欧洲人的脚趾上了。”

在1993年9月30日结束的财政年度里，这个娱乐公园已经损失了9.6亿美元，这意味着每天要损失250万美元，公园的前景值得怀疑。直到第二年春天，沃尔特·迪士尼不得不筹措了1.75亿美元来挽救欧洲迪士尼乐园。这个奄奄一息的公园所面临的最大问题就是沉重的利息负担。因为在44亿美元总投资中仅有32%是权益性投资，有29亿美元是从60家贷款银行借来的，并且贷款利率高达11%。因此企业负债沉重，已不能靠经营来弥补由于利率的上升而增加的管理费用，与银行之间关于债务重组、提供新贷款的交涉也就变得十分重要。

资料来源：董璐. 迪士尼兵败巴黎[M]. 企业改革与管理，2001（5）：37-38.（有部分删节修改）

2.2.5 技术环境

技术是与产业技艺、应用科学以及工程学相关的知识。技术环境包括社会科技发展水平、社会科技力量、创造性发明，以及与企业生产密切相关的新技术、新工艺、新材料的发展趋势和应用前景。技术的进步水平与社会生产力的发展程度息息相关，在给创业企业带来新机会甚至导致新行业出现的同时，也使另外一些企业面临威胁甚至被市场淘汰。数码成像技术的发展使原来的柯达公司倒闭、智能手机的发展使传统手机行业被淘汰都是非常明显的例子。

2.2.6 法律环境

法律作为规范企业经营行为的准则，必须被所有企业遵守。创业企业应当全面了解经营所在地所处的法律环境，尤其是对涉及行业规制、税收、专利、反垄断等方面的法规要摸深摸透。同时，企业还要熟知国际贸易规则与惯例，到国外进行经营时，要对国外的相关法律法规全面熟悉，不然很可能面临劳动用工、生产安全、垄断倾销等方面的指控。

2.2.7 自然环境

一方面，自然环境为创业企业的发展提供必要的自然资源，企业必须关注这些资源的可持续利用性。例如，农作物、树木属于可再生资源，而石油、天然气、矿产则属于不可再生资源。另一方面，自然环境也为创业企业的经营提供了一个必然与之共存的生态系统，企业在经营中需要与其和谐共容，注重环保，实现企业利益与社会公益责任的有效统一，只有如此才能保证企业真正做到可持续发展，为社会营造一个绿色安全的生态环境。

2.3　创业产业环境

2.3.1　创业产业环境的概念

产业是具有同类属性的经济活动的集合或系统。创业产业环境是指创业企业所在产业的竞争环境，是直接影响创业企业主要运行活动或为创业企业主要运行活动所影响的产业要素及相关权利要求者集团。根据著名管理学家迈克尔·波特的观点，在产业中存在决定竞争规模和程度的五种力量，分别为同产业内现有竞争者的竞争程度、潜在竞争者进入的能力、替代品的替代能力、供应商的讨价还价能力、购买者的讨价还价能力。五种力量综合起来影响产业的吸引力以及现有企业的竞争战略决策。分析创业产业环境，有助于明确产业竞争结构的主要特点，预测获利能力，确认机会是否具有开发价值；有助于弄清成就产业的关键因素，发现产业中哪一部分最有吸引力；有助于了解顾客需求，确定竞争战略，维持竞争优势。

2.3.2　同产业内现有竞争者的竞争程度

大部分同业竞争者相互间利益联系紧密，企业竞争战略目标都是使本企业获得相对于竞争对手的优势，故此在战略实施中必然会产生对抗冲突，形成现有企业间的竞争。

一般看来，下列情况意味着产业中现有企业竞争的加剧：产业进入障碍较低，势均力敌竞争对手较多，竞争参与者范围广泛；市场趋于成熟，产品需求增加缓慢；竞争者企图采用降价等手段促销；竞争者提供几乎相同的产品或服务，用户转换成本很低；一个战略行动如果取得成功，其收入相当可观；产业外部实力强大的公司在接收了产业中实力薄弱企业后，发起进攻性行动，结果使得刚被接收的企业成为市场主要竞争者；退出障碍较高，使退出竞争比继续参加竞争代价更高。

2.3.3　潜在竞争者进入的能力

每个产业均存在高低不同的进入壁垒。所谓进入壁垒，是指产业是否容易进入，表现为产业内现有企业对于新进入企业所具有的某种优势程度。创业企业既要跨越进入壁垒，其后还必须建立进入壁垒以阻止他人跟进。

竞争性进入威胁的严重程度取决于两方面的因素，即进入新领域的障碍大小与预期现有企业对于进入者的反应情况。前者主要包括规模经济、产品差异、资本需要、转换成本、销售渠道开拓、政府行为与政策、不受规模支配的成本劣势、自然资源、地理环境等方面，其中有些障碍是很难借助复制或仿造的方式来突破的。后者主要是采取报复行动的可能性大小，取决于有关厂商的财力情况、报复记录、固定资产规模、行业增长速度等。总之，潜在竞争者进入一个产业的可能性大小，取决于其主观估计进入所能带来的潜在利益、所需花费的代价与所要承担的风险这三者的相对大小情况。

2.3.4 替代品的替代能力

两个处于同产业或不同产业中的企业，可能会由于所生产的产品互为替代品，从而在它们之间产生相互竞争行为，这种源自替代品的竞争会以各种形式影响产业中现有企业的竞争战略。短期来看，替代品对现有企业产品售价以及获利潜力产生影响；长期来看，替代品有可能从根本上取消原产品。

对于创业者而言，需要避免陷入某些“替代者陷阱”。例如，当创业者是市场中第一个经营某种商品或者商品类型者时，容易产生“我们目前是独一无二”的心理优势，从而低估替代者的威胁，进而阻碍这些企业对替代者的快速反应。另外，如果某种产品要价过高，将迫使顾客转而购买替代产品，来自替代产品的价值吸引力越大，原产品的价格上限就越低。

2.3.5 供应商的讨价还价能力

供应商主要通过其提高投入要素价格与降低单位价值质量，来影响产业中现有企业的盈利能力与产品竞争力。供应商力量的强弱主要取决于他们所提供给买主的是什么投入要素，当供应商提供的投入要素价格构成买主产品总成本的较大比例、对买主产品生产过程非常重要或者严重影响买主产品的质量时，供应商对于买主的潜在讨价还价力量就大大增强。

一般来说，满足下列条件的供应商讨价还价能力最强：供应商销售的产品替代品很少，对于产业内的企业至关重要；创业企业不是供应商最重要的顾客；供应商的产品具有独特性和差异性，产业内的企业转移成本很高；供应商可以威胁进入创业企业所在的产业，运用其投入同现有企业直接竞争；创业企业无法进入供应商的产业，无法将自行制造投入品作为降价的战术。

2.3.6 购买者的讨价还价能力

购买者有可能是终端用户，也有可能是向终端用户进行分销的企业。它主要通过压价与要求提高产品或服务质量，来影响产业中现有企业的盈利能力。

一般来说，满足下列条件的购买者讨价还价能力最强：产业内有许多小公司提供特定的产品，购买者是大公司，并且购买者有限；购买者的购买量大；创业企业的大多数订单来自购买者；转移成本很低，购买者在供应商之间交互压价；购买者在不同供应商处进行购买，在经济上是可行的，能够找到很多相似产品；购买者本身就是创业企业的威胁之一，具备自己生产产品的能力；购买者熟知产品的生产成本、工艺以及产品的不足。

2.4　创业微观环境

2.4.1　创业微观环境的概念

创业微观环境是创业企业内部影响企业运行活动的要素，包括企业组织结构、企业文化、企业内部资源等。创业微观环境关系到企业应对外部宏观环境和产业环境变化的能力，对企业抵御外部风险、实现长期持续发展意义重大。因此，创业微观环境是创业企业自身实力的综合反映，是决定企业的战略意图能否成为现实的关键。

2.4.2　企业组织结构

企业组织结构是指企业内部的信息沟通、权力分配、产品或服务流的相互联结方式，也就是企业内部如何分派人员角色、处理好人员关系，以满足实现企业使命与目标要求的正式结构。对创业企业来说，组织机构是创业企业战略实施的载体，它具有能够具体地执行战略、衡量绩效、评估及纠正偏差、监测外部环境的变化等职能。现代组织中实际采用并占主导地位的企业组织结构包括简单结构、职能结构、事业部结构、矩阵结构、企业集团结构，创业企业可根据实际情况灵活采用。

2.4.3　企业文化

企业文化是在一定的条件下，企业生产经营和管理活动中所创造的具有该企业特色的精神财富和物质形态。创业企业的运营活动发生在特定的企业文化背景中，企业一切行为受到企业文化强大的作用与影响。

对创业企业来说，要做好如下企业文化建设工作：认清企业文化的现状，确定企业需要怎样的文化，了解特定企业文化的形成机制，以便从中找出企业在文化方面所存在的优势与弱点；明确企业现阶段需要怎样的文化，并根据行业性质、企业情况、职工文化程度等情况的不同制订适当的措施，使企业全体成员就需要抛弃、发展、创造怎样的企业文化等问题达成共识，从而在企业运营过程中妥善处理好企业文化因素的作用，对企业中出现的自发文化现象有意识地加以引导；弄清企业文化的形成机制，明确主导企业文化变化的因素，做到因势利导，对企业文化发挥积极培育引导作用。

2.4.4　企业内部资源

资源泛指企业从事生产活动或提供服务所需的人、财、物、技术与组织管理等方面的能力与条件。存在于企业内部资源条件方面的关键战略要素主要包括营销、理财、研究开发、生产制造和人力资源五个方面。

在营销方面，主要关注如何通过对市场需求的水平、时机、特点等进行适当的管理，帮助企业实现总体战略目标，核心在于进行企业市场定位与营销组合开发。创业企业要通过市场研究与市场细分化的方法，发现市场机会，找出最适合企业自身经营的市场，并采取措施使企业的产品在选定的市场上建立起应有的地位。同时，要根据企业的实际情况在产品、价格、渠道、促销等方面开发出合适的营销变量组合。

在理财方面，主要关注如何进行资金运作管理，即为企业找到最佳的融资渠道，并管好、用好企业的各类资金，支持和帮助企业实现整体战略。创业企业要通过理财分析，考察企业资金能否得到适当运用，企业外部的长短期资金来源与企业内部所能产生的资金来源，在时机与数量上能否满足企业战略管理过程的使用需要。

在研究开发方面，主要关注如何根据企业现阶段目标，提出企业技术战略并组织实施。具体包括选择可供企业使用的新技术、开发将新技术应用到新产品与新工艺中的方法、配置资源以保证新技术的成功应用等工作。企业中的研究开发涵盖范围较广，既包括实验室中的基础研究，也包括产品及产品包装改进方面的开发，还包括质量控制、生产规范、制造工艺等方面的工程应用工作。对于创业企业而言，需要根据企业目前采取的技术路线，如是自主研发还是仿制开发，确定重点研发领域，进行有针对性的实践。

在生产制造方面，主要关注如何开发与管理好产品生产或服务提供系统，以保证该系统能够以给定的成本、按一定的质量要求、在指定时间内生产出所需数量的产品。创业企业需要根据其确定的生产策略，选择适合自身的生产系统。例如，对于追求特殊市场地位和小批量生产的企业，适合采用间断性生产系统；对于追求大批量低成本生产的企业，适合采用连续性生产系统。

在人力资源方面，主要关注如何通过形成企业发展共同意愿，改善企业职工与其所从事工作之间的匹配程度，使职工感到工作满意、心情愉快，对企业具有向心力，从而能够创造出良好的工作业绩。创业企业可以通过职工态度调查与工作岗位分析，了解企业内部的人力资源条件是否能够满足战略管理的需要，为了实施企业战略需要对企业人力资源进行怎样的规划开发，为改善职工的工作生活质量应对企业工作岗位进行怎样的设计，并据此对企业内部人力资源的选拔、培训、绩效管理、薪酬福利等方面进行相应的安排。

专栏：大学生创业故事

大学生创业：走出“象牙塔”风雨创业路

近几年，国家对“双创”越来越重视，在政策上也给予诸多扶持。伴随着创客氛围愈发浓烈，越来越多的大学生选择自主创业，其中甚至不乏在校生。他们不安于走一条在父母眼中也许更加安稳的路，如考公务员、进入企事业单位等。自己当老板，听起来多高大上，但真的有那么好吗？

杨建军：“丑小鸭”能成为白天鹅吗

25 岁的杨建军坐在他小小的办公室里，看起来一点也不像“老板”。没有穿光鲜笔挺的西服，只是简单的 T 恤，言谈间却又给人以踏实干练的感觉。“大学生毕业创业当老板，没有外人想的那么潇洒，每天一大堆事情要亲力亲为，不过这也是创业的乐趣吧。”杨建军说。

大学毕业后，杨建军起先按父母意愿到公司上班，但 8 个月后，他辞职了。“趁还没结婚、有冲劲时，一定得干点事情。”杨建军说。在高中、大学期间，杨建军曾在学校做过小生意，这不仅让他赚到人生第一桶金，也积累了不少创业经验。

杨建军发现，专业的家电清洗在市区存在市场空白，一般的清洗工人都是“打游击”的个体户，且不注意服务质量。在口袋里只有 800 元的情况下，杨建军找亲朋好友凑足 5 000 元，创立漳州市丑小鸭网络科技有限公司，提供清洗空调、抽油烟机等家电保养服务，并建立自己的网站、微信公众号，让客户可以在网上下单。很快，“丑小鸭”在市区的家电保养服务行业占据一席之地，高峰期一天能清洗 50 台家电。“‘丑小鸭’干的都是同行没做过的事，这也就是我得以成功的一个基础吧。”杨建军说道。

张小新：从“技术宅”变成“百事通”

同样闲不住的还有即将上大二的张小新。张小新这个人，不仅在市民中，即便是漳州职业技术学院师生中，知名度也并不高。但说起漳大版《南山南》、“春秋赞果”公众号，十有八九都听说过。

学计算机专业的张小新，总说自己是个“技术宅”。若按专业对口，以后也许就是个程序员，但这种按部就班的生活并不适合他。

满脑子创意的张小新，大一刚入学就决定建立一个面向大学生的生活服务平台。来自泉州的他，初来漳州上学，人生地不熟，可他选择的第一个业务是卖水果。“刚开始，货源都不知道从哪儿找起。为了找好的货源，我连南靖、龙海都跑过，最后辗转找到漳州水果批发市场，一家一家讨价还价，才确定了供应商。”张小新说道。

从卖水果起步，如今张小新的“春秋赞果”O2O 平台已经积累了 8 000 粉丝，业务涉及大学生的学习、生活、娱乐各个方面，同时他也成为微豆全国高校自媒体联盟成员之一。张小新说：“从联系客商，到做宣传、管理团队等，创业就是一个不断处理问题、完善自己的过程，而我享受这个过程。”

是抱团，还是单飞

主营活动策划和动漫周边开发的新羽科技有限公司，由 3 个大一生和 1 个大三生组建。“刚开始合作方不太相信我们这样年轻的学生团队，我们只有不断沟通，然后用行动证明自己。”团队负责人吴旭辉说。

有一次在万达金街举办动漫展，活动开始前合作方的负责人突然变卦不让办了，这让处于创业初期的他们十分被动，最后经过多方沟通、解释，活动才顺利进行。“那天的活动最后获得好评，结束后当我站在舞台上，感觉一切努力都是值得的。创业的成就感和伙伴们的相互扶持是我们坚持下来的原因。”团队成员林少阳说。

与新羽科技有限公司相似的，还有专卖野生菌类、菇类的“菇菇家”。“菇菇家”由大学生创业者陈文清跟好友王莹一起创立，目前产品已进入漳州各大素菜馆。

“一开始在网上开店，为了打开线下市场还去摆过摊。”王莹说，一开始什么都不懂，摆摊秤都没带，又刚毕业，脸皮薄，也不敢吆喝。“创业有很多困难，我们彼此鼓励。同时我们也得到了许多帮助，比如第一次摆摊，旁边卖东西的阿姨借秤给我们，让我们感觉很温暖。”

有多少错可以重来

大学生创业者黄爱玲，一毕业便组建了自己的盛琳文化传媒公司，并入驻龙文众创空间。“进驻之后，空间为我们免除了场地租金和服务费，帮我们对接技术团队、营销团队等，举办分享会，同时内部也会互帮互助。”黄爱玲说。公司在海峡股权交易中心挂牌时，区科技局帮盛琳文化传媒公司减免不少费用，平常到工商局办理一些业务也能享受绿色通道。

黄爱玲表示“大学生创业之初，面临资金和经验上的局限，政府和创客空间对我们的进一步帮扶，是很重要的。”“丑小鸭”创办人杨建军表示，在创业的每个阶段，他都会将自己的目标一个个写下来，有计划地去完成。“创业想法很重要，但做法更重要。很多创业失败者是因为他们不知道自己要做的是什么。”杨建军说道。

资料来源：http://www. cyegushi. com/3362. html.（创业故事网，有删节）

专栏：行动指南

1. 大学生要实现自主创业需要分析的一些创业环境

现在大学生创业应该是有很多机会的，虽然有很多的困难，但是也会有很大的回报。不过创业环境对于大学生创业有十分重要的影响。在日益严峻的就业形势之下，大学生要实现自主创业就要认清这些创业环境。图 2-4 是有关大学生创业背景的一项调查结果，从中可以看出很多大学生在创业时并没有对创业环境进行认真思考。

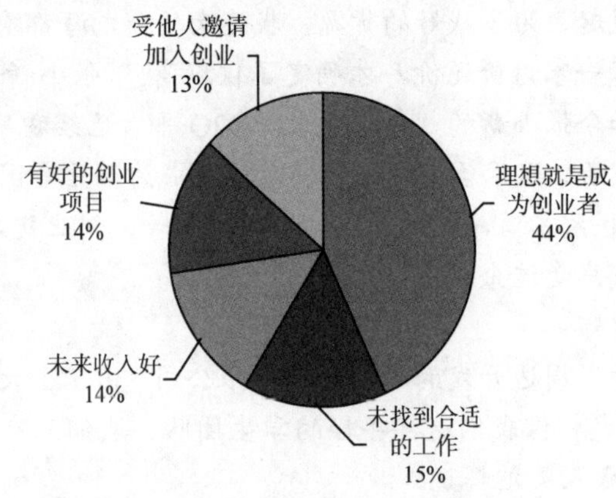

图 2-4 大学生创业背景的调查结果

大学生创业环境分析

大学生自主创业所面临的环境主要可概括为宏观和微观两方面。所谓创业环境，实际上就是创业活动的舞台。任何创业活动都是在一定的社会环境下进行的，在大学生迈向社会进入创业阶段的时候，呈现在面前的就是一个巨大的时空舞台。在这个舞台上，诸多事物和要素互动联系、碰撞，形成了一个面面俱到的现实环境系统，因此创业环境对大学生创业具有十分重要的影响。在大学生就业形势日益严峻的社会背景下，采取有效措施，为大学生创业营造良好的环境，对促进大学生创业并带动其就业具有十分重要的作用。

宏观环境分析

（1）国家的一些关于金融财政方面的资金支持。现在一些地方政府解决这一问题的通常方法是专项资金扶持和贴息贷款。通过这种途径在短期内扶持多数创业人。政府为大学生自主创业提供各方面的保障，主要可以采用经济、行政以及法律的手段。例如，简化不必要程序；建立创业教育培训中心免费为大学生提供项目风险评估和指导；尽快落实国家相关针对大学生创业的税收减免的优惠政策；大学生创办的企业被认定为青年就业见习基地的，就可享受市有关补贴等。

（2）创业的相关培训，这个也是比较重要的方面。政府部门除在资金上支持大学生创业外，还通过学校等教育机构对大学生进行创业培训。培训内容包括申请贷款程序、创业者应具备的心理素质、基本的金融知识等。通过系列培训，使创业大学生能坚持理想，贯彻计划，取得最终的成功。学校环境方面，学校可以提供政策鼓励支持，形成创业的文化；在学校建立配套科技园，加强创业教育，通过创业实践或比赛等多种形式，培养大学生创业能力。同时向大学生适度开放校内市场，以利于大学生创业实践，搭建创业服务平台。

（3）宽容地对待失败问题。任何人都无法保证一次创业就可以成功，对于创业失败的大学生，审查机构审查其非人为故意造成的，可以免除其所贷资金的利息，并可相应延长其还贷期限。对于希望重新创业并提交可行计划的，仍可在其未还清所欠贷款的情况下，再次提供其无担保贷款。以此营造宽容失败、鼓励创业的社会环境。大学生毕竟很年轻，即使失败了，他们也有一定的心理承受能力，家人也会理解和包容他们。

微观环境分析

大学生创业的微观环境主要就是自己的创业流程的一个详细分析。下面以开一个牛仔裤店具体分析。

（1）创业之初就需要制订一份切实可行的创业计划书。例如，要在市区开一个卖牛仔裤的店，开店之前要制订一份计划书。制订创业计划书时要将各个环节相互联系构成一个完整的内部环境，各个环节的分工是否科学，协作是否和谐，目标是否一致，都会影响营销决策和营销方案的实施。

（2）创业其实最终就是服务顾客，从顾客中获得一定的收益。顾客群的不同直接影响价格的定位，所以人流量是在创业前最看重的一点。例如，服装的主要客户人群非常广泛，不论男女，60 岁以下的人群和青年都适合，目标是让每一个进来的顾客都可以找到自己喜欢的牛仔裤。

（3）创业过程中，货品之类的选择以及进货的渠道至关重要。选货要掌握当地市场行情：出现哪些新品种，销售趋势如何，存量多少，价格涨势如何，购买力状况如何？进货时，首先到市场上转一转、看一看、比一比、问一问、算一算、想一想，以后再着手落实进货。少进试销，然后再适量进货。因为是新店开张所以款式一定要多，给顾客的选择余地大。

（4）供应商的选择也是创业过程中需要注意的方面。供应商是指为企业及其竞争者提供生产经营所需资源的企业或个人，包括提供原材料、设备、能源、劳务和其他用品等。因为大学生的资金比较匮乏，没有很大的进货量，所以供应商的选择应当适合自己的店面大小。

（5）产品的价格定位。因为大学生开始创业的时候并没有太大的社会人脉，也就是说没有固定的消费者，要想着吸引到消费者就需要在价格上做文章。

资料来源：搜狐网. 大学生要实现自主创业需要分析的一些创业环境 [EB/OL]. http://www.sohu.com/a/140916296_620671, 2017.（有删节修改）

2. 大学创业，何不从“互联网+校园”开始

眼下，“互联网+”不仅仅在社会中流行，同样也如春风般吹拂着每一个大学校园，各种校园 O2O 也如雨后春笋般地涌现出来。目前针对校园 O2O，有的选择从物流切入，有的选择从零售切入，还有的选择从社交切入。每一个不同的切入方式都诞生了一些不错的平台，它们共同撑起着校园 O2O 这片天空。这些不同的模式也能给大学生创业一些很好的指导与借鉴。

1）从便利店切入

如今的校园大学生都是以 90 后为主，这部分学生有个非常明显的特点，就是宅，而且是相当宅。正是这个宅催生了校园懒人经济的火爆，以 59store、宅米、8 天在线、俺来也等为代表的自营便利店校园 O2O 平台纷纷崛起。那么这类平台有哪些成功经验值得大学生借鉴呢？

其一，59store、宅米、8 天在线、俺来也这四个平台都采用了自营便利店的模式，这样有两个好处：一方面，每个大学附近的商品便利店商品重合度较高，而自营便利店就只需要经营一些学生购买频次较高的商品就能轻松满足学生们的需求；另一方面，采用自营，就能直接从厂家那里采购商品，提升盈利能力和对商品的把控能力。

其二，学生居住比较集中，这对于零售配送来说就可以同时配送更多订单，节约了配送成本。59store 和宅米通过采用自建配送+楼长代理人的方式，而 8 天在线、俺来也则完全采用兼职学生配送的方式，8 天在线会根据特定的排班系统进行配送，俺来也则借用了让学生抢单配送的方式，充分利用了学生兼职这个廉价的劳动力，大大节约了配送成本，同时学生帮忙配送也解决了有些大学宿舍零距离到达的限制。

其三，地面推广是 O2O 产品触达消费者的重要通道，如果这条通道转化率极低，那么之前所有的工作将无法落地，借用学生配送的方式在某种程度上很好地解决了 O2O 线上线下结合的问题和宣传问题。

其四，这类便利店抓住了学生们晚上庞大的零食需求。例如，59store 就砍掉了日用品，专注做晚间零食业务，推出“夜猫店”品牌；而宅米网则规定楼长每天保证营业 5 小时，其中晚上 9 点到 11 点半营业是硬性规定。

那么，大学生如果也选择从便利店切入校园 O2O 的话需要注意哪些？

（1）成本将会非常高，这对于很多在创业前期没有太多资金的学生来说无疑是难上加难。当然如果前期有一定条件或者拿到融资的创业团队倒不用过多在意这些。

（2）便利店的商品毛利低，必须建立在量大的情况下才有可能实现盈利。本来送货上门就增加了额外的人力成本，如果不能在规模上获胜的话，盈利将会十分困难。

（3）这种模式对于每一栋楼的楼长依赖性非常强，学生兼职的流动性往往都非常大，一旦该楼长出现合作突然终止的情况，平台就必须在短时间内寻找新的楼长。管理庞大的校园卖家团队，还将会面临服务质量无法充分保障的问题。

2）从物流切入

与便利店平台类似的，还有以小麦公社、快快鱼等为代表的校园物流跑腿平台，它们与便利店平台不同的是没有自营的超市，只做商家的配送体系。

第一，这种物流配送的方式相比自营门店来说，节约了成本，从模式上来说这是一

种更轻松的模式，尤其适合大学生零成本创业，毕竟大多数大学生在创业初期都缺乏最基本的启动资金。当然这种物流模式的利润率相对来说也大大降低了，主要靠向商家收取一定的跑腿费，想在这方面创业的同学们必须做好吃苦的心理准备。

第二，从招人的角度来对比的话，便利店校园 O2O 们所招聘的楼长代理开超市的模式，需要让楼长们囤货，这就需要楼长支付一定的囤货金。而物流校园 O2O 所招聘的学生跑腿人员则完全不需要学生支付任何费用，更容易被学生们所接受。创业起步期，学生团队只需要依靠自己的几个合伙人就能满足校园需求。获得一定的发展之后，团队就可以按照滴滴出行抢单的方式启动校园人人快递模式，招聘到一些长期有意做兼职快递的同学。

第三，不管是今天的京东商城，还是顺风优选，其实都是建立在自身强大的物流团队基础之上的。校园物流的最终目的并不只局限在物流配送上，而应该试图以物流作为突破口，未来进军校园电商这个市场更大的垂直领域。大学生虽然每个月的花销并不是很多，但是却有相当一部分女孩子把大部分费用花在网购上。抓住了这个市场需求，未来市场机会充满想象。

3）从水果切入

从大学便利店 O2O 转型成高校水果 O2O 平台的奇怪果园，也在 2017 年 3 月初拿到了千万级的 A 轮融资，从百货便利店转型到水果超市，奇怪果园把精力投放到更垂直的领域。对于奇怪果园的这种转型，有几大优点值得借鉴。

（1）水果的消费主力军是来自高校的萌妹子们，且水果的利润空间相对来说要比零售食品更大一些，这对于奇怪果园能否在前期实现盈利至关重要。对于大学生创业来说，创业初期能否盈利对于团队长远的发展具有非凡的意义。

（2）奇怪果园的水果采购不是到水果市场进行采购，而是直接与果园原产地合作，既保证了水果的新鲜，同时也确保了水果的价格相对便宜，得到众多萌妹子的认可。其实目前在国内做社区生鲜配送的平台非常之多，很多平台之所以会失败主要就是生鲜的供应源上，既不能保证水果蔬菜的新鲜，又不能保证质量可靠。

（3）在创意营销上面，奇怪果园还推出了呆萌的奇怪吉祥物小喵，策划了一些特殊活动，奇怪喵的微信表情、手机壁纸等得到学校学生的自主传播，尤其是受到众多萌妹子的喜爱，牢牢地抓住了这一特定人群的需求。

但是对于大学生创业做水果配送来说，也需要承担一定的风险。

风险一：水果不同于普通的零食产品，是一种快消食品，如果不能在短时间内销售出去，损耗将十分大。这既要求大学生们在水果冷藏上下一定的功夫，无形之中增大了成本，同时也要保证水果能够快速卖出，增加了销售压力。

风险二：水果的这种特殊性，也就决定了创业初期的学生每次水果采购量不能太大，直接向水果原产地采购的话人家不一定愿意合作，但是如果去水果市场采购，价格成本就会随之上升，水果的新鲜度也无法保证，这样也会影响水果销量。

4）从金融切入

目前从分期付款切入到校园 O2O 的平台同样非常之多，且有相当部分平台都拿到了融资并获取了良好的发展，诸如分期乐、趣分期、优分期、分期宝等，目前做得最大的当属趣分期。

首先，大学生是一个庞大的消费群体，尽管从收入上来说他们的资金实力比较弱小，但是这并不代表他们的消费能力就不行。而校园分期消费则恰好满足了大部分大学生想要购买却暂时因为资金不足而无法购买的商品，也正是因为这个庞大的需求催生了分期消费在大学校园里如火如荼。

其次，趣分期这种大型的校园分期购物平台，还支持学生在趣分期开店，售卖零食、百货等各类日常消费品。把学生拉入自己的平台上来，趣分期在营销推广上将节省一笔巨大的开支，同时也能更好地宣传自己，毕竟借用学生的力量宣传比自己直接去宣传更容易被学生们接受。

最后，从商品配送上来说，通过利用趣店这种模式，学生能很快找到自己想要的各种商品，如洗发水、方便面等，几分钟后就会有人送货上门，而送货的人员正是开趣店的该校大学生。从物流的角度上来对比，这种趣店模式相比其他电商平台的优势也十分明显。

当然，这种分期消费的校园电商平台其实还是存在相当大的风险，对于创业的大学生来说绝非易事。

(1)学生都是没有收入来源的消费群体，他们每个月基本上只有父母所给的生活费，一旦该大学生在某平台上所购买的商品远远超出该学生的负荷能力，平台就需要承担一定的资金风险。

(2)从竞争的角度来说，目前京东推出了白条，支付宝也推出了花呗等先消费后还款的金融产品，巨头的介入对于校园分期消费平台定然也会产生一定的冲击。

5）从社交切入

说到校园社交，目前可能很多人都比较熟悉超级课程表、课程格子等基于课程类的社交平台，但是它们的最终目标却远远不止于社交，而是要基于这个社交平台做校园的58到家，如各类校园代理跑腿、零食送货上门等。那么校园社交平台切入校园O2O优势何在呢?

优势一：通过社交作为切入口，能够让平台积聚大量的用户，有了这个用户作为基础，平台就很容易打进校园O2O市场。如果是自营门店，只要商品供货没有问题，就不愁没有人购买；如果是开放平台，与校园周边商家合作，相信庞大的学生用户基础能够很轻松地吸引这些商家加入平台当中来。

优势二：从社交的O2O角度来说，原本线上的社交如今却可以通过周边的餐饮、电影院等到店消费打通平台的社交线上线下结合，与周边生活服务的结合也在一定程度上促进了平台的社交发展。

但是一个校园社交平台要完成到校园O2O的成功转型并没有那么容易。

一方面，社交平台的核心毕竟还是在社交方面，基因的因素导致很多人选择这个平台并不是为了消费，而是与人交流，用户在社交平台的消费习惯培养需要一段长远的时间。

另一方面，校园社交转型做校园O2O同样也需要面临微信、陌陌等社交巨头的竞争。之所以超级课程表、课程格子能够在社交上赢取一部分用户的认可，是因为他们抓住了大学课程兴趣社交这个细分的垂直市场。但是 O2O 却不一样，微信、陌陌所推出的 O2O 同样也能覆盖到所有大学校园。

此外还有此前通过会员卡切入校园 O2O 的校联购，不过它们现在已经转型成为一个大学校园兼职平台。在校园 O2O 领域运作得最为成功的还当属外卖 O2O 饿了么平台，不过这个领域已经成为巨头们厮杀的战场，大学生们此时进入已经没有什么机会了。

总体看来，整个校园 O2O 市场尽管存在一定的挑战，但还是具有非常大的机会，更何况哪一个创业不需要面临挑战呢？大学生们没有必要中途休学出去创业，完全可以利用自己在学校的优势和资源来进行与校园 O2O 领域相关的创业。

资料改编自：刘旷. 大学创业，何不从互联网+校园开始[EB/OL]. http://www.cyegushi.com/3778.html, 2015.

本 章 小 结

（1）创业环境是指能够影响创业者创业活动开展的一切外部条件的总称。它们的相互作用与制约关系到创业者的创业过程是否能够取得预期的效果。创业环境具有系统性、可变性、主异性、差异性的特征。可以借助机会矩阵、威胁矩阵、机会威胁综合矩阵的方法对创业环境因素进行具体分析。

（2）创业宏观环境是指一国或一个经济区域范围内的创业环境，它们是对企业定位和经营有巨大影响但企业又不能加以改变的创业大环境。创业宏观环境包括政治环境、经济环境、社会环境、技术环境、法律环境、自然环境等。

（3）创业产业环境是指创业企业所在产业的竞争环境，是直接影响创业企业主要运行活动或为创业企业主要运行活动所影响的产业要素及相关权利要求者集团。创业产业环境包括同产业内现有竞争者的竞争程度、潜在竞争者进入的能力、替代品的替代能力、供应商的讨价还价能力、购买者的讨价还价能力。

（4）创业微观环境是创业企业内部影响企业运行活动的要素，包括企业组织结构、企业文化、企业内部资源等。

专栏：课后个人练习

1. 谈谈自己对创业环境内涵和特征的理解。

2. 查阅目前国家有关大学生创业的扶持政策，分析这些政策对大学生创业有何影响。

3. 如果让你围绕大学生教育领域进行创业，你会如何切入？用创业环境的观点进行具体分析。

4. 通过学习本章内容，你同意本章开头朱骏所说的“时势造英雄”而非“英雄造时势”的观点吗？为什么？这句话对大学生创业有何启示？

专栏：课后团队练习

班上的同学自由结成包含五六名成员的小组。每组自由选定一个创业项目。从创业宏观环境、创业产业环境和创业微观环境三方面对创业项目的合理性进行分析，形成创业项目环境分析报告提交给任课教师。有条件的学校可让同学根据报告制作展示课件，在课上分组展示、讨论。

专栏：课后学习材料

一位硅谷创业者对中国创业环境的观察

2014年，我将自己创办的LBS购物平台出售给了SK Planet，一年之后，我卸任了公司的CEO一职，便带着妻儿来到北京、深圳和香港度过了3周的时间，希望能更深入地了解中国的创业圈、创业者和风险投资机构。

我已经很多年没有去过中国了。然而在大概12年前，我差点就搬到中国定居了。我非常好奇自己会在中国发现什么。这次在中国度过的3周时间里，我拜访了20多家创业公司，这些创业公司里既有处于创业初期的种子轮融资阶段的公司，也有估值200亿美元的后期公司。此外我还拜访了十几家风险投资机构、20多位创业者和比较成功的天使投资人。

我首先拜访了一些创业后期的公司和投资人，其中包括和美团的王兴的一个长时间的早餐会，美团的估值大概有200亿美元。紧接着拜访了一些A轮和B轮阶段的创业公司，其中包括在线少儿英语培训项目VIPKid和自行车创业项目700bike，我同时还拜访了经纬创投（Matrix）和蓝驰创投（BlueRun Ventures）等风险投资机构。

之后我拜访了一些种子轮阶段的创业公司，拜访了一位空气动力学方向的博士，他正在开发一种拥有更高能源密度的全新电动汽车引擎，并在北京的一处地下停车场向我演示了自己的发明。此外，我还参观了深圳的硬件孵化器HAX，并拜访了风险投资机构真格基金。

在前期的拜访过程中我深受感染，我觉得我需要探究处于更早期的创业公司。于是我拜访了创业想法和概念的孕育集中地：车库咖啡。我还拜访了清华大学的创意创新创业教育平台x-lab和清华的经济管理学员。我恰好碰到Peter Thiel正在做主题为“从0到1”（Zero to One）的讲座。

随着我的中国之旅慢慢接近尾声，我开始思考我自己所在的硅谷能从中国学到哪些东西。下面就是我在中国考察期间的发现。

1. 在接下来的10年里，北京将是硅谷唯一真正的竞争对手

北京不仅仅是一个创业胜地，它本身已经成为一个大联盟。创业公司在这里能实现快速的规模化扩张，因为中国国内市场有13亿人口，这是美国和欧洲人口规模的4倍左右。随着智能手机的普及，在中国的13亿人里，越来越多的人已经成为创业公司可以触及的用户。在美国，拥有智能手机的人数为1.9亿。在中国，拥有智能手机的人数已经超过5.3亿。在接下来的3年内，这个数字将超过7亿。

然而光有一个庞大的市场并不意味着这个地方就能成为创业中心。要想成为创业中心，不仅需要市场规模，同时还需要消费者对新服务的快速接受速度、创业精神以及创业者对规模化扩张的渴求。而北京恰好拥有成为创业中心的所有这些条件。在北京，大量的创业者、来自清华大学和北京大学这两所中国最顶尖学府的科技人才和风险投资机

构有机地融合到了一起。看了这里得天独厚的市场规模、发展速度、创业雄心、风投资金和人才资源后，我认为，在接下来的 10 年里，北京将成为硅谷唯一真正的竞争对手。

当然了，世界上也有其他的创业中心，如柏林，但规模差距还是很大的。有一个真正的竞争对手对硅谷来说是好事，因为它能驱动硅谷更快地发展到下一个新高度。

接下来让我们分别看看北京和硅谷在速度、山寨 VS 创新、创业精神方面的 PK。

2. 硅谷为自己的发展速度倍感自豪，中国创业公司的发展速度更快

在北京，经常会听到一些创业公司之前为了在相互的竞争中胜出，有时会采用一些不那么有风度甚至不道德的竞争手段。

和创业伴随而来的是极端激烈的竞争，其中主要的竞争驱动力是用户采用率。在中国市场，很多新移动应用的普及速度比美国要快很多，有的应用甚至在一夜之间就火爆大江南北。对于大部分用户而言，很多新服务给他们生活带来的改变是巨大的，因为很多中国人直到近几年使用智能手机后才第一次接入并使用互联网。

中国的创业公司要想发展壮大通常需要 3 ~ 5 年，而在美国则一般需要 5 ~ 8 年。因此一旦有什么好的创业想法，中国的创业者便会快速行动，尽快将竞争对手干掉。在中国的创业公司里并不存在工作与生活的平衡。

在中国的创业公司里，会议可能会被安排在一天里的任何时间。我在北京和负责小米国际业务的 Hugo Barra 的会议就被安排在晚上 11 点。小米公司估值 450 亿美元，是中国估值最高的创业公司之一。即使会议安排到这么晚，最后还是被推迟了，因为 Barra 被其他的会议耽误了一点时间。最后我和 Barra 的会面从次日零点才开始。在我们的会面结束后，Barra 还要去赶当天早上 6 点 30 分的飞机。

在中国，创业公司的工作文化大都是“9/9/6”，意思是大部分员工的工作时间从上午 9 点至晚上 9 点，每个星期工作 6 天。如果你认为硅谷的创业公司的工作时间很长，来北京之后你就会知道什么才叫真正的长时间工作了。而对于创业公司的创始人和高管而言，工作时间更长，通常是 9/11/6.5，工作时间从上午 9 点至晚上 11 点，每个星期工作 6.5 天。每天这么长时间的工作，工作效率可能并不是非常高，不过在中国大家都这么做。

在一款产品正式推出前的几周时间里，很多公司会选择让整个团队在酒店里封闭办公。在酒店，他们就做三件事情：工作、睡觉和锻炼，排除外界一切干扰，全身心投入到产品开发中，确保产品能够按照预期的时间推出。虽然我个人并不认为每天长时间的工作会提高生产力，但我还是被他们的动力和创业激情所感动。

3. 中国的创业者主要是靠山寨西方的创业公司？这个想法现在已经过时了

当然，在可能的时候，中国创业者依然会选择山寨。但山寨潮目前已经触顶了，现在已经没有足够多的好的创业想法去山寨了。山寨的产品在本地市场经常会失败，毕竟不同市场上的用户需求和行为是不同的。在中国，山寨仅仅是起点，而不是终点。

就以美团为例。我和美团的王兴进行了一次持续了两小时的周六早餐会。王兴在 2010 年创立了美团，在过去 6 年里，他将美团打造成中国最大的商务公司之一。美团目前的估值在 200 亿美元。美团是目前中国最大的移动团购公司、最大的在线票务销售公司和最大的外卖公司。

当团购网站Groupon在美国如日中天的时候，中国有上百个创业者都尝试在中国山寨一家Groupon，而王兴就是其中之一。最后王兴在所有这些山寨Groupon的竞争对手里脱颖而出，他的取胜之道并不是比其他竞争对手投入更多的营销费用，而是快速将美团转型为一家与Groupon非常不同的公司。今天的美团专注于驱动消费者到店里重复消费，而不是仅仅依靠很大的优惠折扣吸引消费者一次性消费，后面这种方式是很难持续发展的。目前的美团有2亿的月活用户。

4. 一股创新浪潮正从中国袭来

中国的创业者一般都是务实主义者。他们只想找到获得成功的最快方法。当山寨已经触顶之后，取得成功的最快方法就是创新。

以消费型无人机为例，无人机是硬件、软件和设计的结合体。通常看来，这是硅谷创业公司的强项，取胜的可能性也更大。然而就在无人机领域，中国深圳的大疆无人机是当今全球消费型无人机市场的领导者，它占据了全球市场份额的70%。在中国，像大疆这样的创新型公司正在变得越来越多。

创新通常要比山寨花更多的时间。例如，我在北京拜访了一位空气动力学方向的博士。他在过去3年时间里带领了一支6人的小团队在几乎没有任何投资的情况下设计用于汽车和机器人上面的动力60千瓦的电动机，电动机重13千克，传统的60千瓦的电动机的重量高达58千克甚至更重。他在自己的汽车地下停车场里向我展示了他的这个创新发明。

我在被称为“中国电子制造之都”的深圳拜访了Benjamin Joffe创办的硬件创业加速器HAX。来到深圳后，你会发现你就像是进入一个全新世界。在深圳，元部件供应商可以在不到一天的时间内完成发货，那里的电子工厂随时都准备好为你生产新的硬件产品。在HAX，我体验了一款9美元的计算机。你只需花9美元，就能够将带有Wi-Fi和蓝牙功能的Linux计算机集成到其他任何设备中。

5. 中国的创业公司所欠缺的东西

最近一代的中国创业者过于关注金钱和财务上的成功（快速变富）。当一项工作需要花很长时间才能取得成效的时候，这种金钱的驱动力通常难以持续。而一家创业公司要想创新，这又是需要花很长时间的。

然而下一代创业者的创业态度正在发生转变，因为这些创业者大部分生活在中产阶级的环境里，快速致富已经不是他们的主要创业驱动力。

除了“金钱思维”之外，中国的创业公司最欠缺的东西是不知道如何才能既开发高质量的产品，又能快速推动公司业务的增长。

深度技术正在进化中，比如在北京，一些有趣的人工智能项目正在开展中。和北京相比，硅谷的优势在于它的核心技术，以及将市场需求、技术和产品设计进行融合。

中国的创业公司的另一个缺陷是缺乏快速有效地进军国际市场的能力。除了文化和语言障碍外，中国市场规模过于强大的事实导致很多中国创业者从来没想过去拓展国际市场，因为其他公司在国外市场可能会很快山寨他们，这正是过去很长一段时间以来美国创业公司在中国所遭遇的困境。

6. 相比中国的创业环境，硅谷太过奢华

从整体上来说，中国的创业者的创业精神、速度、勤恳专注给我留下了非常深刻的印象。他们在中国市场迅速扩张的规模让他们将雄心变成了现实。我们将很快就能看到一波创新浪潮从中国袭来。那种认为中国创业主要靠山寨的想法已经过时了。

我很喜欢中国的创业者的不自吹自擂和真实纯粹的创业精神。很多时候，硅谷的创业环境太过奢华，被滋养得太好，优越感也太强，你从他们的创业办公环境和各种俱乐部就能知道。将所有这些表面的东西都抽去，里面的核心才是真正重要的东西，包括真正的创业激情，对产品和公司的痴迷。当然了，中国也存在一些问题，但中国依然有很多东西值得学习。

我热爱硅谷吗？当然。正是因为如此，多到外面看一看，将一些新的想法引到硅谷才变得尤为重要。毕竟，不管是在美国、欧洲还是中国，结合科学的创业才是我们未来真正的发展引擎。

资料改编自：Frank. 一位硅谷创业者来中国考察了三周，这是他对中国创业环境的观察 [EB/OL]. http://36kr.com/p/5047046. html, 2016.

参考文献

百度文库. 2016.《创业管理》教案（完整版）[EB/OL]. https://wenku.baidu.com/view/8eb44ecc76c66137ef06190f. html.

百度文库. 2010. 创业环境[EB/OL]. https://wenku. baidu. com/view/e0d9c1de19e8b8f67c1cb990. html.

赵耀. 2007. 人力资源战略[M]. 北京：中国劳动社会保障出版社.

第3章 自我评估

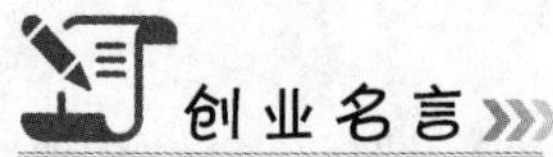

创业名言

不要说没体力，不要说对手肘子硬，不要说球太滑，你只需做好基本功。就算对手难缠，就算他小动作多，就算他嘴里不干净，你只需做好基本功。

——李宁

学习目标

通过本章的学习，你应该能够：

1. 了解创业者的内涵，掌握创业者的特征。
2. 熟悉创业者需具备的知识体系。
3. 熟悉创业者需具备的能力体系。
4. 熟悉创业者需拥有的人脉资源。

专栏：开篇案例

从贫困生到百万富翁

潘文伟，一个穷人家的孩子，高考时是当地的理科状元，成绩非常优秀。在大学里，他勤工俭学，自食其力。当学校公开招投标一些院系服装项目的时候，他发现了潜藏的商机。

他不懈努力打听到了参与招投标的几个公司，假装成客户，一个一个地打电话，询问不同质量服装的最低价格，并自己跑上门和厂家谈生意。在投标的价格和货源确定后，潘文伟在学院领导面前阐述自己代理的服装在价格和质量上的绝对优势，最终投标成功。虽然从中只赚到了两万块，但这让他找到了创业的感觉，也尝到了甜头。

大学生创业，敢于尝试才会赢得经验和机会。做任何事都不容易，开头往事难。潘文伟也有刻骨铭心的经历，他曾经为了生意两次睡在大街上，冻得瑟瑟发抖，但这些辛酸，他都坚持下来了。在很穷的时候，他从不悲观，相反，他还坚持一个信念：要将商场最宝贵的东西搬回家。之后，他陆续做了许多不同领域的生意：和朋友开酒吧，投资股票，都赚了不少的钱。潘文伟在大学城里开了间网络公司，总共投资了 50 多万元，自己做起了老板，许多的员工都是同校甚至同班的同学。经过几年打拼，他现在的身价已近 300 万元。让贫困的家庭过上了小康的生活，自己也购置了房产，开上了轿车。

潘文伟说："做事情不要瞻前顾后，要大胆去做，即使是最后失败了也是值得的。如果你不敢踏出第一步，遇到挫折就害怕，你就永远停留在那里，止步不前。眼前的困难，可能跨过去之后你就发现了自己的路，柳暗花明又一村。"

"我今年 22 岁，从来都不怕失败，现在说三十而立都还早，失败有什么了不起的，大不了从头再来嘛！"

"学习不能只是纸上谈兵，还要多动手多实践。实践出真知，实践是检验真理的唯一标准。现在很多大学里的学生上完专业课后，其余的时间就用来睡觉玩游戏，这是在虚度光阴，浪费生命！"

资料改编自：http://www. cyegushi. com/138. html.

问题思考：

1. 潘文伟自身具有哪些特征，才实现了他的创业理想？
2. 从潘文伟的故事中，谈谈创业成功自身需要具备哪些因素。

3.1 创业者

对创业者内涵和特征的了解是进行创业素质自我评估的基础，本节首先对此进行介绍。

3.1.1 创业者的内涵

关于创业者的内涵，理论界目前并未形成公认的定义。该词最早是由法国经济学家坎蒂隆（Cantillon）在 1755 年提出的，将创业者称为"entrepreneur"，认为企业家使经济资源的效率由低转高，但并未给出确切定义。1880 年，法国经济学家萨伊（Say）首次明确定义了创业者，认为创业者是将经济资源从生产率较低的区域转移到生产率较高区域的人，并认为创业者是经济活动过程中的代理人。而著名学者熊彼特和德鲁克则认为创业者必须体现创新精神。熊彼特认为，创业者必须以与现在不同的方式运用现有的生产方法，实现新的生产要素结合方式。德鲁克认为，只有通过运用管理观念和技术，创立全新的市场氛围和新顾客群体，才能体现创业精神。如果从上述观点定义创业者，则可将其定义为能发现和引入新的、可产生经济效益的产品、过程和服务的能力的人。世界著名的创业教育机构香港创业学院则给出了一个比较综合的定义，认为创业者是一种主导劳动方式的领导人，是一种无中生有的创业现象，是一种需要具有使命、荣誉、责任能力的人，是一种组织、运用服务、技术、器物作业的人，是一种具有思考、推理、判断的人，是一种能使人追随并在追随的过程中获得利益的人，是一种具有完全权利能力和行为能力的人。

目前在理论界和企业界，相对用得较多的定义是把创业者看成组织、管理一个生意或企业并承担起风险的人，认为其有两个基本含义：一是企业家，指现有企业中负责经营和决策的领导人；二是创始人，指即将创办新企业或者是刚刚创办新企业的领导人。还有一种定义则从创业者包含的范围，把创业者分为狭义与广义两种。狭义的创业者是指参与创业活动的核心人员。该定义把创业者与企业家或创始人相比，一个明显的改变是将创业者从仅指领导人扩展为创业活动的核心参与者，尤其是核心的技术专家，这与相当多的创业活动最早由拥有某项特定成果的技术专家发起的现实情况无疑是相符的。广义的创业者则指参与创业活动的全部人员，这种观点从某种角度看来存在一定争议，因为参与创业活动的人中有些人并不具备成为创业者的素质能力，只是被动地参与了创业活动，在创业活动中所起的作用只是完成了企业赋予他们的某项职责，这些人严格意义上来说不能叫作创业者，他们与其他的就业者并无本质区别，故此还是属于就业者的范畴。

综上所述，创业者的内涵应包含几个要点：一是创业者必须具备价值创造性，通过自己的业务运作创造新价值，如开发新技术、新产品、新市场等；二是创业者必须具备创业主动性，他不一定是领导者，但需要以极大的热情投入创业活动，并对创业中的关键活动如企业定位、资源调配、市场挖掘的某一方面或全部进行有探索性的思考；三是创业者必须具备独特性，在其创业过程中他必须具有别人所没有的或思维或管理或技术等方面的稀缺性，否则一切都与其他人相同，会导致创业者概念的泛化，可能将任何自食其力的劳动者都称为创业者。综上所述，可以将创业者界定为利用自己在思维、管理、技术等方面的独特性，主动进行创业中的企业定位、资源调配、市场挖掘等关键活动，通过业务运作创造新价值的人。

3.1.2 创业者的特征

创业者的特征是创业者自身所拥有的使其与其他人区别开来的个性与行为倾向。关于创业者应该具备何种特征，理论界存在不同观点。

国外的研究中，美国学者亚瑟 C. 布鲁克斯（Arthur C. Brooks）、杰克 · M. 卡普兰（Jack M. Kaplan），安东尼 · C. 沃伦（Anthony C. Warren）等人的观点具有一定代表性。布鲁克斯提出了创业者区别于一般人的六项特征：①创新，认为创业者往往表现为具有创新精神的人，因为创新是创业精神的本质；②成就导向，认为创业者习惯于设定目标并采取措施确保完成目标；③独立，认为创业者绝大部分不依赖别人，倾向于独立工作以达到目标；④掌控命运的意识，认为创业者习惯于从环境中发现机会，即使环境比较恶劣也是如此，他们倾向于做命运的主人；⑤低风险厌恶，认为创业者对风险的态度更为宽容，并在找到方法降低风险方面更具有创造性；⑥对不确定性的包容，认为创业者更适应动态变化且不是特别明确的情况。卡普兰和沃伦则界定了创业者的共性：①他们充满热情地寻找新的机遇并常常在商业活动的改变或中止中寻找获利机会；②他们自律地寻求机遇；③他们只会追寻最好的机会，绝不会将自己与组织的精力耗费在每一个机会上；④他们重视行动，特别是适应性的行动；⑤他们能激起共同领域的相关人士对目标的激情。

国内方面，我国著名创业网站创业邦上，列出成功创业者的十大个性特征。

（1）敢于冒险，敢于尝试新鲜事物。

（2）能够在逆境中坚持不懈、奋斗不止，有极大的韧性，能承受较大的压力。

（3）善于学习，悟性极高，有方法、有思路、有创意。

（4）对项目有极高的敏感性，善于辨识并快速抓住机会。

（5）有优秀的领导力，能够吸引和留住人才与之一起艰苦奋斗。

（6）责任心极强，在打工时就具有老板心态，将老板的事当成自己的事。

（7）坚定、执着、专注，认准的事就会坚持到底，遇到困难绝不轻易回头。

（8）思想积极正面，懂得欣赏别人；广结人脉，社会资源丰富。

（9）有极强的团队合作精神，能够高瞻远瞩，凡事从大局出发。

（10）重视经验曲线的积累，不断修正错误，有优秀的管理能力。

国际劳工组织在总结有关创业者特征的研究成果和在世界各地进行实证调查的基础上，提出了得到大多数人认可的创业者应具备的16项重要特征。

（1）努力工作。创业需要很大的精力投入和动力支持，创业者要具备包括在必要时能够长时间工作、阶段性集中工作以及适应睡眠不足的状况等能力。

（2）自信。要成功，创业者就必须相信自己，相信自己具有实现设定目标的能力。这一特征常常表现为一种信念："如果你非常想得到某样东西，并准备为之奋斗，那么通常你就能得到它。"

（3）构建愿景。大多数成功的创业者都把拥有一份靠自己能力获得的有保障的工作和收入作为自己的目标。

（4）以利润为导向。对赚钱的兴趣是衡量一个人是否合适成为创业者的最明确目标。一旦获得利润，企业主就可以决定如何使用这些利润——用来扩大生意还是私人之用。

（5）以目标为导向。企业成功与否取决于一个人能否设定现实的目标并坚定地去实现这一目标。设定目标并且能够努力去实现目标的能力是成为创业者的基本条件。

（6）持之以恒。所有的企业都会出现问题，也都有令人不满意的地方。能否持之以恒地解决问题是成为创业者的关键因素。

（7）应对失败。所有商业活动都既有成功也有失败的时候。要应对失败，首先要认清这些失败，再从失败中学习经验教训，并寻找新的机会。没有这种应对能力，早期的失败就会终结一个人的创业尝试。

（8）对反馈做出回应。创业者应该了解自己做得怎么样，明确自己的表现。能够从别人那里得到有用的反馈和建议是创业者应具备的又一重要特征。

（9）主动。研究表明成功创业者会主动地对成功或失败承担个人责任。

（10）倾听。成功的创业者不是那种不会使用外部资源的内向的人，依靠他们自己，同时会在必要的时候向银行专家、会计或商业顾问等外部资源寻求帮助。能够听取别人的建议也是创业者的重要特征。

（11）设定自己的目标。设定行为标准，为达到标准而工作，这是成功创业者应具备的又一指标。这些标准可以包括收入、质量、销售额或产品周转率。大部分创业者都希望一年比一年做得更好，设定并达到更高的目标。

（12）应对不确定性。创业远比打工存在更大的不确定性，这种不确定性主要是与销售额和周转率相关的，不过它也经常会出现在其他一些领域，诸如材料运输、价格和银行支持等。能够从容应对这些不确定性的能力也是成为创业者所必需的。

（13）投入。创办和营运企业需要创业者在时间、资金以及生活方式上的完全投入，创业活动需要在创业者的生活中占据优先位置。

（14）发挥优势。成功的企业家会把他们所做的事情依托于自己的优势，诸如动手能力、人际关系技能、销售技能、组织技能、写作技能，对某种产品或服务的了解、对某种行业从业人员的了解以及建立并使用人际网络的能力。

（15）可靠诚实。一个人在履行自己诺言时所表现出来的诚实、公正、可靠等品质是成功创业者的一个重要特征。

（16）风险承担。选择创业就要面对很多风险，创业者要有能力去衡量、评估风险，包括计算可能的成本和收益、成功的机会可规避性等各种可能性比较。当创业者通过转移风险的方式来减少自身面对的风险时，可能会被视为在逃避风险。承担创业者的转移风险的人可能是银行、供应商和客户。

从著名企业家的身上，我们能够看到很多上述特征。如任天堂已故社长岩田聪，凭借强烈的创新精神和对用户需求的精准把握，带领公司员工率先开发出世界上首台触摸式双屏掌机NDS和体感交互式游戏主机Wii，引领了电子娱乐产业的次世代革命；华为掌门人任正非追求完美、原则性强、不易妥协、黑白分明、喜欢为他人制定标准，他带领华为制定出 IT 企业的企业价值观体系、战略管理体系、研发管理体系、市场营销体系、干部管理体系、人力资源管理体系、财务管控体系、供应链体系，制定了《华为公司基本法》，使之成为国内比较有影响力的企业宪章；万科前任掌门人王石追求独特，作为企业家的王石选择攀登珠穆朗玛峰，而且是最早开博客与公众直接沟通的企业家之一；海底捞掌门人张勇善良真诚，持之以恒，用“家文化”感染公司里的每位员工，实现了员工“用脑工作”而不是“用手脚工作”，将优质服务传递给每位顾客，使公司成为中国驰名的餐饮企业。可以说，正是这些企业家身上带有的鲜明特征，形成了他们非凡的个人魅力，造就了他们事业成功的个性源泉。

3.2 创业知识

对大学生来说，在把握创业者内涵特征的前提下，从各方面对自身的创业素质进行系统分析，评价自己是否具备相应的创业素质，既有利于使适合创业的大学生发现自己的创业潜质，减少不具备创业素质就进行创业的盲目性，也有利于使目前暂时不适合创业的大学生更好地认识自己的弱点，明确努力方向，为他们下一步的发展奠定良好基础。本书将从创业知识、创业能力和创业人脉三方面对创业者自身应具备的素质进行分析。

大学生创业应掌握的知识分为专业理论知识、实践经验知识和规则规范知识三类。

3.2.1　专业理论知识

作为创业者，必须成为所从事创业领域的业务专家，同时还应成为企业运营方面的专家。为此，创业者应具备下列知识：所从事创业领域的专业知识；涉及企业战略制定、经营过程、人员调配、销售过程的经营管理知识；涉及企业融资、资金运营、财务结构的财务管理知识；涉及企业纳税、税收筹划的税收知识；涉及货币市场运营、资本市场运营等的金融知识。

为提升自己的专业理论知识水平，大学生所选择的创业领域最好能与自己所学的专业结合在一起，这样能最大限度利用自己所受的学校教育为创业积累专业理论知识。如果在学校所学专业与所选择的创业领域不同，那么在校大学生则需一方面自学创业领域的知识，另一方面可参加与创业领域所需知识相关的培训；刚毕业的大学生则最好先进入创业领域工作，通过工作，既可以掌握相关专业理论知识，也可以熟悉创业领域，掌握创业领域的运作规律，避免将来创业时可能面临的风险。

3.2.2　实践经验知识

作为创业者，还必须具备所从事创业领域丰富的实践经验知识，知道在具体的工作情境中遇到问题如何灵活地加以处理。这种经验可以是自己实践得来的经验，也可以是通过与他人一起工作观察或询问得来的经验。

因此，大学生创业之前应先投入所要从事的行业中学习，没毕业的大学生可以先从事兼职工作，毕业的大学生可以先为别人打工 2～3 年积累经验。如果实在没有条件进行工作中的学习，则可雇用有经验的人作为自己创业的参谋。

3.2.3　规则规范知识

规则规范知识既包括主观设计的法律性规则，属于正式规则，如法律、法令、法规等，也包括理性继承的认同性规范，属于非正式规则，如道德、习俗、习惯、行为准则等。

对于大学生创业者来说，规则规范知识确定了其在创业中的行为界限，如果创业行为违背这类知识，或者将触犯法律，或者将不为社会公众所接受。因此，大学生创业者平时应有意识地了解创业领域相关的法律规则知识，并注意对创业领域所涉及的社会规范类知识进行调查与分析，以使自己的创业行为符合规则规范方面的要求。

专栏：大学生创业故事

大学生毕业三年创业身家达千万后回母校招聘

26 岁的潘卫国是江苏科技大学计算机科学与技术专业 2011 届的本科毕业生，当周围的同学和朋友的事业刚刚起步的时候，他已经成了身家千万的手游界的新秀。近期，他又带着自己的团队回到母校招纳人才，为学弟学妹们提供就业岗位。

刚入学就决心创业

“我从不相信偶然的成功，必须有计划地去谋事。”2007 年的秋天，当同学们还沉浸在高考解脱的轻松中时，刚入学没多久的潘卫国已经在纠结是考研还是自主创业。两个月后，他就下定决心——创业。

因为本身的专业是计算机科学与技术，加上自己也比较喜欢研究软件等，他便开始从网上搜寻校内外各类网页制作、网站维护及游戏开发类的外包活儿来干。“我接手的第一个项目是学校提供的西校区管委会网站的网页设计和维护。”从工作中获得的 2 000 元钱成为他的第一桶金。

先就业积累“资本”

毕业季，当大多数毕业生如无头苍蝇般奔波于各大招聘会时，他却淡定地在每周六坚持给自己新招募的小伙伴们“上课”，从计算机组成原理、汇编语言、C 语言开始，一直上到他大学毕业。最终，他在这些学弟、学妹中挑选了 8 人，和自己组成新的创业团队。

虽然想尽快创业，但是，自己无论是资金还是经验都积累得不够。一番思考之后，潘卫国觉得自己应该先就业 3 年，做一些“资本”积累。

“毕业后我去了一家南京的科技公司，被派驻北京。”上班期间，他详细了解了所在公司的运作流程、规则以及比较国际化的管理规范、自动化系统等，为日后的创业奠定基础。

人在北京，心却记挂着学校那批大一、大二的小伙伴。每周末，都会和他们视频会议分派任务，每月从北京回镇江一次，商讨项目运作。来回的奔波最终获取了收获，2012 年，他们开发的物理引擎类休闲游戏《糖果恶霸》，以高分拿下“第二届移动 MM 百万青年创业计划”的特等奖。

抓住机遇辞职创业

2012 年，手机游戏市场发展迅速，尚在北京的潘卫国觉得再不创业也许就没有机会了。本打算 3 年后创业的潘卫国当机立断，决定辞职，提前创业。

同年 7 月，在南京江宁一栋财务大厦内，潘卫国租下了一间 50 多平方米房子。当时，大家吃饭都是自费，在一个小拆迁安置房里住 9 个人。然而，此次创业前景“黯淡”，2013 年 6 月，潘卫国成为公司里唯一坚守的人。

要先解决温饱问题，然后再谋求机会发展。就这样，他的第一个外包项目挣了几万元钱，解决了生计问题。此后，他一有空闲就开发自己的一些小游戏，自己发布，一个月能赚几千美元，多一点的时候有一万多美元。

要让更多人成为土豪

但他并不满足于这些收入，“我要做一家更大、更有影响力的公司，我要二次创业。”2013 年年底，他着手成立新公司，全面放弃维护已经上线的十几款 2D 游戏，转而集中人力和精力研发精品 3D 游戏。

2014 年 3 月，小西网络公司成立。6 月首款 3D 游戏研发成功，8 月游戏上线并产生数百万元月流水收入。与此同时小西网络获得数百万元投资。

如今，身家高达千万的潘卫国再次回到了熟悉的母校，这次他是为了招聘而来，并如愿成功招收了 10 余名毕业生。“我觉得从什么样的学校毕业并不是最重要的，重要的是要有持之以恒的学习精神和对自己未来负责的态度。我想做的是和一些靠谱的人至少做成功一件事，也希望未来能够创造更多的土豪员工。”

资料改编自：http: //www.cyegushi.com/1482.html.

3.3　创业能力

大学生创业应具备的能力较多，本书认为主要包含如下能力：自省能力、筹集资源能力、创新能力、沟通能力、领导能力、判断决策能力、风险评估能力。

3.3.1　自省能力

很多大学生创业失败，往往源自他们对于自己是否具备创业者所需的特质并不了解。相当一部分人在创业时，以其个人风格来说，并不适合马上进入创业实施阶段，或者其个人风格并不适合所选择的创业领域。这种创业的盲目性，是导致大学生创业失败的一个主要原因。由此说明，在创业前，大学生必须运用某种方法评价自己是否具备创业特质，只有具备其中的大多数特质，才适合进行创业。

3.3.2　筹集资源能力

创业资源是创业时可以依仗的内外部条件，这些资源包括创业资金、人际关系、专业技术等。创业时，上述资源具备越多，创业越有可能成功。大学生创业者如果不具备筹集这些资源的能力，很难把创业理想转化为创业成功实践。例如，大学生必须拥有筹集企业启动资金与运营资金的能力，并能够对资金的使用做合理的安排，否则企业正常运转将难以为继。

3.3.3　创新能力

创业本质上是一种创新活动，在创业中会面临很多不可预知的因素，这种开创性的事业不可能存在某种一劳永逸的模式让我们模仿。因此，大学生创业者必须具备创新能力，即运用某种方式突破常规的能力。这种能力既可以表现为原始创新能力，即从无到有进行全新创造的能力，也可以表现为改造创新能力，即在原来的基础上对原有状况改进的能力。可以毫不夸张地说，创新能力是创业者创业成功的源泉。

3.3.4　沟通能力

沟通能力对创业者而言非常重要。在一系列围绕创业能力的调查结果中，排在前列的多种能力如有效的口头沟通、谈判技能、说服他人，其实质都属于沟通能力。对于起步阶段的新创企业来说，沟通能力在凝聚创业团队核心成员、开发新的客户方面均会发挥重要作用。

3.3.5　领导能力

在大学生开始创业时，确实存在某些人孤身一人单打独斗的状况，但这种状况不会持续很久。随着新创企业逐步发展壮大，创业必然进入集体化运作阶段。既然企业的发展要靠大家的努力来实现，创业者如何领导他周围的员工共同奋斗就成为重中之重。可以说，创业者的领导水平会决定新创企业的最终命运。

3.3.6 判断决策能力

判断决策能力是在大学生创业中必不可少的关键能力，因为这一能力能够综合反映一个创业者的创新能力、环境洞察力与应变力。大学生创业者在判断决策过程中，经常需要从多方面思考问题，并不断提出新的方法解决问题，他们要提出多种备选方案，预测各种备选方案的后果，并根据当时的具体环境选出其中最适合的方案，这一过程就体现了上述诸种能力的结合。在新企业发展的过程中，这种能力会影响企业的经营思路、业务方向，对新创企业成长的重要性不言而喻。

3.3.7 风险评估能力

目前在大学生创业中，冒进现象较为普遍。很多人在进入某个业务领域前并没有认真评估该领域可能遇到的风险，一旦在该领域创业失败，又迫不及待地进入别的领域进行尝试，结果陷入屡试屡败、屡败屡试的怪圈。应该说，在大学生创业过程中，有自信心是好的，但自信绝不能建立在无视风险的基础上，否则，自信就变成了自大，将给创业带来极大的不利影响。

另外需要指出，自省能力和筹集资源能力构成大学生创业的基础要件，又是最容易被大学生创业者所忽视的。如果在创业之前没有对自身进行充分了解，或没有任何创业资源就急于创业的话，往往会使创业面临迅速失败的危险。

3.4 创业人脉

创业人脉是创业者自身所拥有的人际网络或社会网络，如果创业者自身拥有的人脉很弱，往往会使新创企业在日后的发展中捉襟见肘，难以做大做强。创业人脉主要包括同学资源、职业资源和朋友资源。

3.4.1 同学资源

对大学生来说，最重要的创业人脉就是同学资源。同学之间彼此了解，又不存在利害冲突，一般友谊都比较稳固。与此相似的还有同乡资源和战友资源。同学、同乡、战友互相帮助，共同创业，成就辉煌的例子有很多。新东方创始之初的“三驾马车”俞敏洪、王强、徐小平就是大学同学，“腾讯创业五虎”之一的张志东与马化腾也是大学同窗。

3.4.2 职业资源

职业资源是创业者创业前为他人工作时建立的工作资源，如工作时认识的同事、工作时服务的客户等。创业活动寻找合伙人一般要遵循“做熟不做生”的原则，从职业资源入手拓展自己的创业人脉是很重要的一种途径。大学生在校期间进行社会实践或者毕业后职业前期在单位工作的那段时间，对于准备创业的人来说，都是积累职业资源的好时机，应该充分利用。“好孩子”童车创始人宋郑做童车的第一笔资金是通过他原来当老师时认识的一位学生家长获得的，也是通过另一位学生家长，才得到了第一笔童车订单。

3.4.3 朋友资源

作为创业者，“多个朋友多条路”的说法是至理名言。只依靠自己孤身创业，创业中也没有几个靠得住的朋友，创业活动极容易走入死胡同，面临失败的命运。朋友资源是一个含义较广的概念，刚才所说的同学资源、职业资源都可能成为朋友资源，只有如此才能拓宽自己的人际网络，在需要的时候可以获得帮助。

综上所述，创业人脉的培养应掌握一个总原则，就是创业人脉不能是到创业时需要这个人再去找他，而是要在平时大力发展可能对我们创业有帮助的人脉。例如，一个企业授课经验丰富的教师准备在企业外训领域创业，如果该教师跟原来教过的一些学员保持长期联系的话，就有可能在这些学员所供职的公司需要外训时，由于这些学员的引荐而与客户企业建立联系。

如果准备创业，不妨自己建立一个备忘录，把相关人的基本信息，如姓名、从业领域、所在地区、最新联系方式等都记录下来。如果是平常经常见面的人，可以关注其爱好，通过一些私人活动如运动、聚餐、休闲购物等方式拉近彼此的距离。如果是平常无法见面的人，可以经常利用现代化的通信手段进行联系，如用网络通信软件、电话、短信等方式保持交流，至少在逢年过节时要记住主动问候。同时，在交往中要真诚，当别人遇到困难的时候，我们先要主动帮忙，即使没有帮到忙，也要给予精神上的支持。这样，当你在创业中跟这些人开口的时候，才可能得到他们的帮助。

专栏：创业故事

微信创始人张小龙：5年打拼成腾讯副总裁

腾讯拥有1 700多款产品，以及数以千计的产品经理。但进入公众视野、成为传奇的，迄今除了马化腾，就只有鼓捣出微信的张小龙。微信自2011年诞生以来，目前注册用户突破6亿，覆盖200多个国家和地区。它让中国移动运营商颇感压力，而宿敌奇虎360CEO周鸿祎坦承，“自己50个产品加起来比不过一个微信”。很多网友更是把张小龙称为“中国的乔布斯”！这到底是一个怎样的牛人，他是如何创造青春神话的？

张小龙曾是“无业游民”

1987年，18岁的张小龙从湖南考入华中科技大学电信系。

1994年获硕士学位后，张小龙到广州一家软件开发公司当程序员，自称为“IT民工”。在这里，他利用业余时间写代码，开发了处女作Foxmail。

张小龙从公司辞职后，当起了“自由软件写作者”，也就是人们眼中的无业游民。

1998年的一天，刚出任金山软件CEO的雷军给张小龙发了一封邮件，问张小龙是否愿意把Foxmail卖给金山。此时，Foxmail的维护越来越让张小龙不堪重负、内心焦虑，他想干脆一卖了之，所以开价仅15万元。

令人遗憾的是，雷军当时忙于联想注资的事，心无旁骛，而金山的谈判人员认为，金山自己也能做Foxmail，双方没谈拢。不料到2000年，官方统计的中国上网计算机总数有650万台，Foxmail却拥有了200万用户。

张小龙不停地改进软件，推出新版，但依旧赚不到钱。

那段时间，张小龙作为中国免费软件开发者悲剧性命运的代表性人物，名字频繁出现在媒体上。在最困难的时候，他甚至萌生去美国打工做软件的念头。在那里，一个免费软件开发者也可以凭借广告、捐助，每个月有上万美元甚至更多的收入。

令张小龙做梦都没想到的是，2000年秋季，他生命中第一次重大转机出现了——博大软件宣布以1 200万元收购Foxmail。事后看来，这次收购针对的更像是张小龙这个人。张小龙随后进入博大任副总裁兼CTO，成了国内第二代程序员中的领军人物。

5年打拼成腾讯公司副总裁

2005年3月16日，上市不久的互联网新贵腾讯宣布整体收购Foxmail。张小龙再次成为自己作品的“陪嫁”，进入腾讯广州研发部，带领QQ邮箱团队与MSN、GMAIL等抗衡。他不再是一个简单的技术人员，而是踏上了产品经理人的新征程。

但张小龙产品经理人的征程走得并不顺利。他被马化腾寄予厚望，可接手后，便陷入对MSN的疯狂模仿迷局。半年后，一款被称为“巨无霸”的邮箱产品面世，但它无比笨重，速度超慢，基本没有操作的价值。

接下来的3年，张小龙是孤独寂寞的。也正因为如此，他有时间停下来抛开生硬冰冷的产品表面，去思考究竟如何赋予产品活的灵魂。

2006年年底，转机出现。张小龙带领的邮箱团队决定放弃之前的打法，用精简、轻便的思路打造新版本。第二年春天，QQ邮箱速度问题得到解决并上线，一切恢复正常，用户量开始缓慢增长。

随后，张小龙式的应用创新陆续面世。其中一个创新让QQ邮箱获得高人气，即发送大容量附件功能——其他邮箱通常只能发送5M左右的附件，而它却将容量扩大到了1G。

到2008年，QQ邮箱已从濒死状态重获新生，荣膺腾讯公司七星级产品，张小龙的团队也获得了公司的年度创新大奖。据其团队成员统计，在张小龙的领导下，QQ邮箱的创新点多达400多个。作为产品经理人，他再成翘楚。

2010年8月2日，张小龙被任命为腾讯公司副总裁，具体负责腾讯公司广州研发部的管理工作，同时参与公司重大创新项目的管理和评审。

把QQ邮箱做到全国第一的位置，张小龙已有些意兴阑珊了。他在接受采访时曾说，自己进入半退休的状态。实际情况是，他身体退休了，但思考一刻也没停过。

作为乔布斯的崇拜者，张小龙继续着自己对iPhone5的无限猜想。他希望它没有电话功能，可以省下大量话费，尽量减少被打扰；需要时，可以找到倾诉对象进行视频。最终，他的想法被自己的“微信”实现。

广州研发部争取到微信项目，缘于张小龙的敏锐。2010年10月，他看到移动互联网领域即时通信类工具米聊、Talkbox、Kik、Whatsapp等不断出现，便给马化腾发了一个邮件，建议公司应启动手机通信工具类项目。马化腾同意由广州研发部作为研究性项目启动，并给产品取名“微信”。

一个月后，腾讯微信正式立项。按照张小龙的想法，如果能让大家体验到手机免费短信，微信肯定会被大家接受。因此，在微信1.0版本中，他率先推出了相当于免费发短信的文本功能，但用户新鲜感很快过去。在国内大大小小类似的应用产品中，微信很难抢占到用户的手机界面。在张小龙的带领下，从硬碰硬的产品层面，研发人员开始思索如何让产品有灵魂，满足人们日益增长的“贪欲”。

用微信改变6亿人生活

据张小龙介绍，微信的第一个转折点是对讲功能的实现；第二个转折点是寻找附近好友功能的发布；第三个转折点是摇一摇功能和漂流瓶的加入。

张小龙说，2011年1月微信刚刚推出时，还没有人能想到它日后的辉煌。人们以为，微信不过是善于模仿的腾讯推出的又一款山寨产品。但到了4月，就没有人这么想了。当微信推出“寻找身边的人”功能时，用户数量增长曲线出现了一个陡峭的上升；而当“摇一摇”手机，就可以与千里之外同样在摇晃手机的人配对聊天时，微信真正引爆了。

2012年8月，腾讯微信推出4.2版本，微信用户可以视频通话了。作为腾讯广州研发部的“精神领袖”，张小龙提出了“人人都是产品经理”的口号。他认为，只有通过体验，才能观察到最人性化的需求。所以，在腾讯广州研发部出现一个有趣的现象：每当有新版本的产品或推出一个新功能，开发人员都要在第一时间冲去找保安，让他们先体验。

张小龙对产品的执着已经精确到了像素级别。他曾问微信的产品经理：微信3.1和3.0的会话列表有什么修改？大家都没有注意到，会话列表每一行的高度减少了两个像素，这在iPhone里用肉眼很难分辨，但他看出来了。诞生仅5年多，微信就已经成为同类软件中的霸者。

资料改编自：http://www.cyegushi.com/2905.html.

专栏：行动指南

如何培养创新能力

培养创新能力的一般步骤如下。

1. 全身心投入

要全身心投入地去发展你的创新能力。不要放弃你的努力。设定目标，争取别人的帮助，每天花点时间发展你的创新技能。

2. 变成一个专家

发展创新能力的最好方法之一就是成为这一领域的专家。通过对课题的深入理解，你将能够更好地去思考问题新颖的或者创新的解决方案。

3. 建立自信

对自己能力的不自信会抑制你的创造力，这就是为什么建立自信是如此重要。记录下你已经取得的进展，表扬自己做出的努力，并且总是设法来奖励你的创意。

4. 为创新投入时间

如果你不为创新投入时间，你将无法发展自己的创新才能。每周安排一些时间，集中花在某些类型的创意项目上。

5. 克服失败的恐惧

担心自己可能会犯错或者自己的努力将会失败，这会阻碍你的进步。每当你发现自己有这样的感觉，便提醒自己：错误只是过程的一部分。虽然你可能偶尔会在创新的道路上跌倒，但是你最终会达到自己的目标。

6. 激发新思路的头脑风暴

头脑风暴是一个在学术界和专业领域常用的技术，但它也可以作为开发你的创新能力的强有力工具。首先把你的判断力和自我批评放一边，然后开始写下相关的想法和可能的解决办法。目标是在一个相对较短的时间内产生尽可能多的想法。接下来，重点明确和细化自己的想法以达成最佳的选择。

7. 问题都有解决方案

处理问题的时候，尝试寻找各种解决方案。不要简单地依赖你最初的想法，花时间去思考下其他可能的办法来处理这种情况。这个简单的举动对于培养你解决问题的能力和创造性思维都是一个很好的方式。

8. 记创新日记

开始写日记，记录你的创新过程，跟踪你的创意。日记是反思你已完成工作并寻求其他可能解决办法的一种非常好的方式。日记可用于保存想法，以便以后可能成为未来的启示。

9. 挑战自己

当你已经有了一些基本的创新技能时，要不断地挑战自己，以进一步提升自己的能力。寻找更好的解决方法，尝试新的事物，避免总是使用你在过去使用的相同的解决方案。

10. 寻找灵感的源泉

绝不要期望创新偶然产生。寻找新的灵感来源，这将给你提供新的思路，并激励你给出问题的独特答案。读一本书，参观一个博物馆，听你自己喜欢的音乐或者与朋友进行一次热烈的辩论，都可能让你获得新的灵感来源。

资料改编自：百度文库. 如何提高创新能力，分享 10 个技巧[EB/OL]. http://wenku.baidu.com/view/43d0609b19e8b8f67c1cb9c2.html, 2015.

本章小结

（1）根据不同学者对创业者内涵的研究，创业者可界定为利用自己在思维、管理、技术等方面的独特性，主动进行创业中的企业定位、资源调配、市场挖掘等关键活动，通过业务运作创造新价值的人。

（2）国际劳工组织在其于全球推广的大学生创业培训项目中所提出的创业者 16 项重要特征，在众多有关创业者特征的研究中普及度较高，这些特征包括努力工作、自信、构建愿景、以利润为导向、以目标为导向、持之以恒、应对失败、对反馈做出回应、主动、倾听、设定自己的目标、应对不确定性、投入、发挥优势、可靠诚实、风险承担。

（3）在大学生创业前，应从创业知识、创业能力和创业人脉三方面对自身应具备的素质进行全面分析，从中发现自己的创业潜质，减少不具备创业素质就进行创业的盲目性，或者使目前暂时不适合创业的大学生更好地认识自己的弱点，明确努力方向，为他们下一步的发展奠定良好基础。其中，创业知识主要包括专业理论知识、实践经验知识、规则规范知识；创业能力主要包括自省能力、筹集资源能力、创新能力、沟通能力、领导能力、判断决策能力、风险评估能力；创业人脉主要包括同学资源、职业资源、朋友资源。

专栏：课后个人练习

1. 你认为创业者的内涵是什么？大学生在创业前应从哪些方面入手为自己成为创业者做准备？

2. 请画出你心目中的创业者画像，然后将创业者的典型特征标注在画中相应位置，并说明这样画的理由。如有条件，教师可让学生在课堂上展示自己的画像并进行讨论。

3. 请阅读微信创始人张小龙的故事，你认为他的成功体现了他的哪些特征？并分析他的经历对创业者的启示。

4. 衡量创业专业素质的测试题

（1）你知道哪些力量在影响市场吗？具体地说，你对经济指标了解多少？（1，2，3，4，5）

（2）你做计划和预算的能力怎样？（1，2，3，4，5）

（3）你对财务管理及控制有何了解？（1，2，3，4，5）

（4）你是否能亲自进行日常管理工作？（1，2，3，4，5）

（5）你对进货和存货控制的了解程度如何？（1，2，3，4，5）

（6）你对市场分析、预测是否在行？（1，2，3，4，5）

（7）你认为自己对市场需要哪些产品（或服务）有没有敏锐的感觉？（1，2，3，4，5）

（8）你对促销、广告等了解怎样？（1，2，3，4，5）

（9）你对与员工建立良好互助关系有没有把握？（1，2，3，4，5）

（10）你对定价有多少把握？这需要对客户需求、进料价格、竞争状况有较全面的考虑。（1，2，3，4，5）

在上述回答中，如果完全不了解得 1 分，不太了解得 2 分，一般得 3 分，比较了解得 4 分，非常清楚地了解则得 5 分。请计算你的总得分。

如果你的自我评估在 45 分以上，说明你已有充分准备，可以放手一搏。如果得分在 35 ~ 44 分，你可以尝试一下，并就薄弱环节尽快补课。假如自我评估的分数在 34 分以下，或许你最好再加一把力。例如，找一些书籍自学，针对自己的不足，在他人公司里工作一段时间；或去修一些课程，包括系统地向个人请教。

资料来源：王艳茹. 创业基础如何教：原理、方法与技巧[M]. 北京：清华大学出版社，2017.

5. 衡量创业特质的标准测试题

下面给出一个衡量创业特质的标准测试。测试包括 32 组句子，从中选择出最能够反映你个人观点的句子，即在每组中选择“A”或“B”，根据表 3-1 将每题所得分数相加。当测试结果在 0 ~ 25 分时，表示不具创业特质；当测试结果在 26 ~ 36 分时，表示创业特质一般；当测试结果在 37 ~ 47 分时，表示创业特质较强，当测试结果在 48 分以上时，表示创业特质很强。回答后对照上述标准，判断你现在是否适合创业。

1.（A）工作一定要完成。

（B）我喜欢与优秀的朋友在一起，这样我能够获得他们对我工作的见解和建议。

2.（A）当我的责任增加时，我会感到更加快乐。

（B）我喜欢把什么事情都事先安顿好。

3.（A）我绝不做任何可能使自己受损失的事情。

（B）对于如何赚钱的理解是进入商业的第一步。

4.（A）不管是多好的事情，如果因为这件事情的失败而可能使我招致嘲笑，我就不会冒险去做。

（B）除了工作之外，我还记挂别人的安康。

5.（A）我会为自己开创的任何事业而努力。

（B）我只会做那些使我开心并有安全感的事。

6.（A）如果我失败了，别人会嘲笑我。

（B）尽管我对自己很有信心，我也还是需要别人的建议。

7.（A）在遇到困难时，我会找到解决的方法。

（B）如果在新事业中失败，我会继续目前的工作。

8.（A）如果我觉得一个想法是好主意，我就会去实践这个想法。

（B）我能够比现在做得更好。

9.（A）工作时，我会注意维系良好的人际关系。

（B）不管发生什么事，我都有机会从经历中学习到一些东西。

10.（A）即使我的努力失败了，我也能从中学到一些东西。

（B）我喜欢舒适的生活。

11.（A）我只会投资比赛或者彩票，总有一天幸运会落在我头上的。

（B）如果我在工作中失利，我会努力找出原因。

12.（A）我会把我的员工当作朋友，并对他们一视同仁。

（B）如果能有更好的工作，我就会离开现在的工作。

13.（A）在实施一个新的想法之前，我会慎重考虑。

（B）如果对别人有好处，我吃点亏也没关系。

14.（A）只有当我拥有资本时，我才能够发展一个事业。

（B）我希望能够自己做出重要决定。

15.（A）当别人的好意和信任被背叛时，我不会坐视不理。

（B）如果事情没有按照我的想法发展，我会寻求其他的代替物。

16.（A）我可能会犯错误。

（B）我非常喜欢与朋友交谈。

17.（A）我希望我的钱能够安全地存在银行里。

（B）我完全信任我的工作，同时我也了解它的优劣。

18.（A）我希望我能够拥有很多钱从而过上舒适的生活。

（B）在做决定时我希望能够得到别人的帮助。

19.（A）一个人首先要照顾好自己的亲人和朋友。
（B）我喜欢解决难题。
20.（A）即便会使自己受损害，我也不会做让别人不开心的事情。
（B）钱是事业发展的必需品。
21.（A）我希望我的事业能够很快发展起来，这样我就不会遇到经济紧张的困境。
（B）我要清醒地认识到，不能因为不成功就去责备自己。
22.（A）我应该能够独立地按照自己的想法去做事。
（B）只有为自己的未来积累了一大笔钱后我才会幸福。
23.（A）如果我失败了，主要原因会是别人的错。
（B）我只会做那些让我感觉好且令我满意的事情。
24.（A）在开始一份工作之前，我会仔细考量它是否会对我的社会声誉有所不利。
（B）我希望自己能和别人一样，也买得起昂贵的东西。
25.（A）我希望我能够有舒适的房子居住。
（B）我会从失败中汲取教训。
26.（A）在做任何工作之前，我都要考虑它的长期影响。
（B）我希望每件事情都能按照我的想法进行。
27.（A）金钱能够带来舒适，所以我的主要目标在于赚钱。
（B）我喜欢在能够经常见到我的朋友们的地方工作。
28.（A）我了解自己正在做的事，我不怕受到别人的批评。
（B）如果我失败了，我会觉得自己非常差劲。
29.（A）我知道困难会经常出现，我应该去做一些好的新工作。
（B）在开始新工作之前，我会听取朋友们的建议。
30.（A）我的所有经历都会激励我前进。
（B）我希望我能有很多钱。
31.（A）我喜欢每天从容不迫，万事顺利，没有任何烦恼。
（B）如果我失败了，我会努力找出失败的原因。
32.（A）我不喜欢别人干涉我做事。
（B）为了赚钱我可以做任何事情。

表3-1　创业特质标准测试评分表

1）A=1　B=2	9）A=1　B=2	17）A=0　B=2	25）A=1　B=2
2）A=2　B=1	10）A=2　B=1	18）A=1　B=0	26）A=1　B=1
3）A=0　B=1	11）A=0　B=2	19）A=0　B=2	27）A=1　B=1
4）A=0　B=1	12）A=1　B=1	20）A=1　B=1	28）A=2　B=0
5）A=2　B=1	13）A=2　B=0	21）A=1　B=0	29）A=0　B=1
6）A=0　B=2	14）A=1　B=1	22）A=1　B=1	30）A=2　B=1
7）A=2　B=0	15）A=1　B=1	23）A=0　B=2	31）A=1　B=2
8）A=1　B=2	16）A=2　B=1	24）A=1　B=1	32）A=1　B=0

资料来源：共青团中央，中华全国青年联合会，国际劳工组织. 大学生KAB创业基础（学生用书）[M]. 北京：高等教育出版社，2007.

专栏：课后团队练习

由学生自由结组，每组 5~6 人。请每个小组成员在组内分享其所知道的创业成功者的故事，从中提炼出这位成功者所具备的 1~2 个最为关键的要素，并与组内成员共享交流。若有时间，各组可将自己总结出的创业者需具备的素质在课上展示分享，并通过讨论加深学生对创业者需具备的素质的理解。

专栏：课后学习材料

俞敏洪：创业三大要素

现在我们来谈谈创业的三大素，第一要认清自己，第二要积累经验，第三要成为领袖，这些非常重要。

1. 认清自己　突破局限

什么叫认清自己，每个人都是有自我局限性的：个性上，有内向的有外向的；做事方式上，有喜欢自己做事的，有喜欢把一个团队融起来做事的。你要想办法认清自己到底是什么样的人，适合什么样的创业项目。有的人坦率地说就不适合合伙一起干，就适合一个人干，所以我也挺佩服这种企业家，上市了自己还拥有 90%的股份，我说太牛了，我上市的时候，只有 20%了，都被人“抢”光了，后来我觉得我太无能了，我要有 80%的股份那是一个什么概念啊？但是人就是不一样的，我把股份分给别人，所以遇到我这样的人你就可以跟着我干，但是可能你遇到的另外一种人他就喜欢紧紧攥着，难道他就不是一个企业家吗？他是，他只要有能力，自己干上去，给人足够的钱，就不给你股份，也可以。所以每个人都不一样，你看今天的华为，任正非就是不上市，他干得也挺好。每个人都有不同的方法来运营自己，只有认清自己的长处才能够把事情干好。

2. 积累经验　迎接失败

这是什么概念呢？积累经验的过程就是不断迎接失败的过程，只有失败才能给你真正的经验教训。如果一路成功，比如说你谈恋爱一次就成功了，你跟这个女人过一辈子，请问你有没有恋爱经验，非常有限。但是你谈一个失败了，谈两个失败了，谈三个失败了，你最后就会开始琢磨我为什么失败，我身上到底有什么毛病，这个毛病怎么改才能让女孩子喜欢我，慢慢就谈上了自己真正喜欢的恋爱。

我常常说我特别后悔一次性就把新东方做成功了，这个太要命。因为我从北大出来就做新东方，从 13 个学生干起，干到 3 年以后同期在校学生就已经到了 5 000 人，一年四期已经到两万人，年收入近两千万。我觉得做得很成功，所以一直拿着新东方不放，自以为是。

但我周围很多做成大事的人，都不是一次做成事情的，马云的阿里巴巴，是他做的第五个公司；史玉柱更是第一个公司惨败，欠了几亿元，到处躲藏，最后东山再起。很多创业者，都是度尽劫波，终成正果的。

3. 成为领袖　走向成功

马云到最后能做成阿里巴巴，跟他前面的创业经验有着重要的关系。所以对于你来说，你不能说我做失败了一个公司，我就不做了，但是一般的人就会这样想。会不会觉得自己不是干这个活儿的？既然你觉得不是干这个活儿的，算了，我为盛希泰打工算了，你可能会这么想，对不对？但是你一旦说我不是干这个活儿的，我打工算了，你就把自己整个人生的性质改变了，你本来是一个英雄，但是变成了一个跟随者。

性质是不能随便改变的，你看我跟盛希泰两个人，一般来说绝对不可能为人随便去打工的，为什么？因为我们觉得我们天生就必须成为领袖人物。尽管我在大学的时候觉得自己狗熊一样，但是一旦意识到成为领袖的好处，你就会不断加强自己成为领袖的气质。明明没有道理的事情，你只要用坚定不移的口气讲出来，它就有了道理。明明这条路走不通，只要你手一挥告诉大家，跟着我一定有饭吃，大家就跟着你走。你不能说这个事情我觉得可能也走不通，我们走着试试看吧，那就没有人跟着你走。

领袖就是引路人，它是把一件事情引向成功的最必要条件。领袖气质绝对不是个人英雄主义，项羽和刘邦的区别在什么地方？项羽是典型的个人英雄主义，他底下没人，觉得老子天下第一，好不容易他底下有一个范增，结果还把他气得半道背疽而死，这不是领袖气质。刘邦有领袖气质，他公开告诉大家自己什么都不懂，但是跟着我大家最后一定能把这个国家拿下来，我只懂一件事情，就是我相信带着大家的方向 100%是对的，至于剩下的事情是你们的事情。如果你作为一个领袖什么都自己去干，今天看到这个地没扫干净，把人骂一顿，明天这个花没插好把人批一顿，后天跟政府打交道，你的公关员没有打下来，自己就亲自搂胳膊上阵，你根本就不是领袖，你是一个管家婆。领袖确实要知道哪个细节会带来大问题，必须关注好。比如说我对新东方任何一个教学点的防火设施那绝对是 100%的严格要求，必须反复强调，剩下的就不是我的事情了，教室有垃圾跟我没关系，那是资产管理部的事情，后勤的事情。

资料改编自：余敏洪. 一个好的创业者应该具备哪些素质[EB/OL]. http://blog.sina.com.cn/s/blog_4711b54e0102vlyz.html, 2015.

参考文献

共青团中央，中华全国青年联合会，国际劳工组织. 2007. 大学生 KAB 创业基础（学生用书）[M]. 北京：高等教育出版社.

李开复. 2010. 什么样的人才适合创业？具备这十项能力[EB/OL]. http://www.cyzone.cn/a/2010729/301172.html.

李志，罗章利，张庆林. 2008. 国内外知名企业家的人格特征研究[J]. 重庆大学学报（社会科学版），（1）：51-55.

王庆生，王坤，宗毅，等. 2013. 大学生创业基础[M]. 北京：清华大学出版社.

王艳茹. 2017. 创业基础如何教：原理、方法与技巧[M]. 北京：清华大学出版社.

新浪网. 2009. 马云等商界领袖性格揭秘[EB/OL]. http://sh.sina.com.cn/citylink/ed/l/2009-08-07/15204062.html.

亚瑟 • C. 布鲁克斯. 2009. 社会创业——创造社会价值的现代方法[M]. 李华晶，译. 北京：机械工业出版社.

杨文. 2010. 大学生创业知识体系框架[EB/OL]. http://wenku.baidu.com/view/753e6f680b4e767f5acfcef7.html.

张玉利，陈寒松. 2011. 创业管理[M]. 北京：机械工业出版社.

张玉利，李新春. 2006. 创业管理[M]. 北京：清华大学出版社.

第4章 团队管理

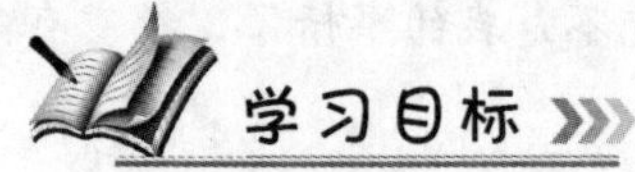

创业名言

事在人为，也就是说，办事就要找人，而且要找对人；人找得多了也不行，少了也办不成事；办不同的事找不同的人。现在，我已经弄清楚了。

——陈镇光

学习目标

通过本章的学习，你应该能够：

1. 掌握创业团队的定义和类型，了解创业团队的作用。

2. 理解创业团队的角色，了解创业团队组建的基础条件，掌握创业团队组建的原则和程序。

3. 掌握创业团队建立责权利统一的团队管理机制和处理内部冲突的方法，了解建立创业阶段信任关系的做法。

专栏：开篇案例

红孩子："兄弟义气"埋下团队内讧隐患

创业公司获得风险投资的青睐无疑是获得认同的可喜的一步，但公司创始人之间以及投资方和公司管理层的关系也变得更加复杂。投资人和管理层之间存在矛盾冲突，以及创始人内部的股权分配失衡，均会增长创业企业的不确定性，母婴用品起家的电商红孩子即是一个典型样本。

徐沛欣、李阳、杨涛和马建阳几个好兄弟一起创办了"红孩子"，形成了 CEO+3 的管理格局，四人性格互补，徐、李、杨、马四人组成的"红孩子"核心团队的协同作战能力也成为风险投资商相信"红孩子"的一个重要条件。在引入多轮融资之后，从 2006 年开始，"红孩子"创始人之间的矛盾开始萌芽。

在获得风险投资后，徐沛欣的话语权逐步加大。此时，李阳、徐沛欣的战略分歧也在日益凸显。是继续专注于母婴用品市场，还是引入化妆品、3C（China compulsory certification，中国强制性产品认证）等品类做综合 B2C（business to customer）？李阳坚持前者，徐沛欣坚持后者。

在二人矛盾无法调和后，风险投资方支持徐沛欣，杨涛也选择站在徐沛欣一方，董事会决定让李阳和妻子王爽离开。另外两位创始人也因为内部原因而离开后，创始人团队只剩下被认为代表资本意志的徐沛欣。2012 年 9 月，苏宁宣布以 6 600 万美元收购“红孩子”，“红孩子”变成苏宁的母婴频道。

资料改编自：腾讯科技频道. 教训：互联网创业必须避免的八大误区[M]. 北京：机械工业出版社，2014.

问题思考：

1. “红孩子”的创业团队为什么会分崩离析？

2. 从“红孩子”创业团队解散的案例中，你认为创业团队在组建和运营中应考虑哪些因素？

4.1 创业团队的内涵

4.1.1 创业团队的定义

创业团队的定义来自对团队定义的把握。关于团队，不同学者已从不同角度进行了界定。路易斯（Lewis，1993）认为，团队由一群认同某共同目标并致力于去达成的人组成，他们喜欢一起工作，共同努力达成高品质的结果。在这个定义中，路易斯强调了三个重点：共同目标、工作相处愉快和高品质结果。盖兹贝克和史密斯（Katezenbach and Smith，1993）认为团队应由技能互补的少数人组成，他们认同于某个共同目标和某个能使他们担负责任的程序。与路易斯相似，盖兹贝克和史密斯也提到了共同目标，但他们新增补了两点：一是团队成员需要技能互补以便共同分担团队责任，二是团队是少数人的集合，这样的集合优势在于由于沟通障碍少，可以比较容易地达成一致而形成团队凝聚力。我们把上述两个定义综合一下，可以给出团队的定义，即由少数技能互补的人组成的群体，该群体认同某个共同目标，并共同遵守某个能使他们负担责任的程序，在该程序下为达成高品质的结果合力工作，并在工作中相处愉快。在上述定义中，团队成员的技能互补性、共同目标、共同负责的程序、追求高品质的结果、工作相处愉快都使团队与一般群体具有截然不同的特征。

由此，我们可以给出创业团队的定义，即由少数技能互补的创业者组成的群体，该群体认同某个共同创业目标，并共同遵守某个能使他们负担责任的创业程序，在该程序下为达成高品质的创业结果合力工作，并在创业工作中相处愉快。具体来说，创业团队应具有五个重要的团队要素，简称 5P。

1. 目标（purpose）

创业团队应该制订一个共同目标，该目标可以将创业团队成员的努力凝聚起来，向团队成员展示明确的努力方向，没有目标的团队则不具备存在的意义。目标在创业企业的运营中体现为创业企业的远景、战略等形式。而且，从本质上说，创业团队的根本目标都在于创造新价值。

2. 人（people）

人是创业团队构成要素中最核心的要素。人力资源是创业团队内部所有创业资源中最活跃而关键的资源。创业目标必须经由创业团队成员才能实现，这使创业团队到底由哪些人员构成变得非常重要。在一个团队中可能需要有人制订计划，有人具体执行，有人协调大家共同工作，有人监督达成目标的进度，有人评价团队最终的工作效果。上述形形色色的人通过分工达成创业团队最终的目标。因此，在创业团队选择人员时，必须将人员的知识、技能、经验等方面综合权衡。创业团队的人员选择最终将关系到新创企业在市场中的最终命运。

3. 创业团队的定位（place）

创业团队的定位一方面是指要确定创业团队在企业中的位置，如创业团队成员由谁决定，创业团队对谁负责，创业团队与企业其他人的关系等；另一方面是指要确定创业团队成员在团队中的位置，在创业团队中各自承担何种角色和责任，是负责计划，还是组织实施，抑或是监督，等等，这种定位往往影响创业实体的组织形式，是合伙企业还是公司制企业。

4. 权限（power）

创业团队中领导人的权力大小受团队的发展阶段和创业领域影响。总的说来，创业团队成立之初，领导者所拥有的权限往往较大，而随着创业团队的成长，领导者所拥有的权限则会相应变小。同时，如果在高科技领域创业，则新创企业多数实行民主的管理方式。

5. 计划（plan）

计划是达到创业目标的一系列具体行动方案，规定了团队成员在不同阶段分别要做哪些工作以及怎样做，这些方案保证了创业团队的工作进度，按此方案操作创业团队才会逐步接近并最终达成创业目标。

4.1.2 创业团队类型

目前使用较为普遍的创业团队分类方法，是依据创业团队的组成人员进行划分，将创业团队分为星状创业团队（star team）、网状创业团队（net team）和从网状创业团队中衍生出来的虚拟星状创业团队（virtual star team）。

1. 星状创业团队

这种团队具有一个核心人物（core leader），充当带领团队其他成员前进的引路人的角色。该团队的建立模式往往是这个核心人物先形成创业思想，而后根据创业思想进行创业团队人员的甄选和组织。因此，在团队正式组建之前，核心人物应该已经就团队成员进行过详细思考和计划，根据自己的谋划选择相应人员加入团队，这些加入创业团队的成员既可能是核心人物以前熟悉的人，也可能是核心人物以前并不认识的人，但这些团队成员有一个共同点，即他们在新创企业中基本扮演支持者角色（supporter）。

这种创业团队的特点如下。

（1）组织结构紧密，有很强的凝聚力，核心人物在团队中的行为对其他成员影响巨大。

（2）决策程序相对简洁，组织效率较高。

（3）权力过分集中于某个核心人物手中，会大大增加决策失误的风险。

（4）鉴于核心人物在这种团队中的特殊地位，如果其他团队成员和核心人物发生冲突，他们在冲突发生时往往处于被动地位，如果冲突较严重，一般都会选择离开团队，因而对团队正常运作会造成较大影响。

2. 网状创业团队

这种创业团队的成员一般在创业之前都有非常紧密的联系，彼此是亲属、同学、战友、朋友、同事等关系。建立某个团队，一般都是因为这些人在交往过程中，共同认可某种创业思想，并就创业达成了一致意见，然后开始共同创业。网状创业团队一般没有明确的核心人物，而是依据每个成员的特长进行自发的组织角色定位。因此，在企业初创时期，每个成员往往扮演的是协作者或者伙伴角色（partner）。

这种创业团队的特点如下。

（1）团队没有确定的核心，组织结构较为松散。

（2）团队决策时，需要采取集体决策的方式，通过成员间反复沟通和讨论达成一致意见，因此团队的决策效率相对较低。

（3）团队中容易出现多头领导的现象，这是由于团队成员在团队中地位的相似性造成的。

（4）如果团队成员发生冲突，一般会采取平等交流、积极应对的态度消除冲突，不会出现团队成员轻易离开的局面。但是一旦团队成员间的冲突升级，某些团队成员离开了团队，就容易造成整个团队的解散。

3. 虚拟星状创业团队

这种创业团队是由网状创业团队衍生而来的，属于介于前两种形态间的一种中介形态。这种团队中，尽管有一个核心成员，但是该核心成员地位的确立是所有团队成员集体协商的结果，因此核心成员更应该理解为整个团队的代言人，而不是团队主导人物，其在团队中进行决策时必须充分考虑其他团队成员的意见，不如星状创业团队中的核心人物那样具有绝对权威。

表 4-1 所示为三种类型创业团队的比较。

表 4-1　三种类型创业团队的比较

类型	概念	优点	缺点
星状	有一个核心主导人物，充当了领军的角色	• 决策程序简单，效率较高 • 组织结构紧密 • 稳定性较好	• 容易形成权力过分集中的局面 • 当成员和主导人物冲突严重时，往往选择离开

续表

类型	概念	优点	缺点
网状	由志趣相投的伙伴组成，共同认可某一创业想法，共同进行创业	·成员的地位较平等，有利于沟通和交流 ·成员关系较密切，较容易达成共识 ·成员不会轻易离开	·结构较为松散 ·决策效率相对较低 ·容易导致整个团队的涣散 ·容易形成多头领导的局面
虚拟星状	有一个核心成员，但是该核心成员地位的确立是团队成员协商的结果	·核心成员具有一定威信 ·既不过度集权，又不过于分散	·核心人物的行为必须充分考虑其他成员的意见，不像星状创业团队中的核心主导人物那样有权威

资料来源：梁巧转，赵文红. 创业管理[M]. 北京：北京大学出版社，2007.

4.1.3 创业团队的作用

对于初创企业来说，选择以创业团队形式为主导建立企业比起以单个人为主导建立企业更容易获得成功。某项针对104家高科技企业的研究报告发现，在年销售额达到500万美元以上的高速发展企业中，以团队形式成立的占83.3%；而在另外73家停止经营的企业中，以团队形式成立的仅占53.8%。另外一项关于美国IT产业发源地波士顿128公路地区百强企业的研究也发现，100家创立时间较短、销售额却高于平均水平几倍的企业，以团队形式成立的占70%。之所以出现上述结果，是由于创业过程往往是一个需要汇集众人力量的组织形成过程，企业科技含量越高，创业过程就越复杂，越需要借助更多人的能力。创业团队成员的不同经历会对初创企业尤其是技术型企业产生显著影响，进而关系到初创企业的长期生存状况。

具体来看，无论是初创企业的发展潜力，还是其突破创始人的自有资本局限，抑或从市场吸引资本的能力，都与企业管理团队的素质关系密不可分。营造团队的创业者与单打独斗的创业者相比，公司的发展速度、发展规模、价值创造能力、利润分配能力、风险抵御能力都不可同日而语。创业团队的凝聚力、合作精神、立足长远目标的敬业精神都将有效促进新创企业的成长，在复杂环境中得以生存。同时，团队成员之间的协作互补以及与创业者之间的补充平衡，也会对新创企业起到提升管理水平、降低运作风险的作用。

一般来说，创业团队的作用体现在以下几方面。

（1）团队约束力。创业团队成员可以互相监督，为实现团队的共同目标同心协力，这种互相约束的合力在实现创业目标方面的作用往往要大于每个创业团队成员自身能力的简单相加。

（2）优势互补。这种互补可以促进创业中的多元化，产生创意。互补作用体现在多方面，如性格互补，像外向型性格与内向型性格互补、善于计划的与善于行动的互补等；特长互补，像懂营销、懂财务、懂人事等的互补；资源互补，如拥有核心技术的人与能找到融资渠道的人的互补，等等。

（3）团队氛围。团队成员共同工作，既有利于团队成员之间团结协作，也能有效提高成员士气，另外也能在组织中营造积极向上的工作氛围。

4.2 创业团队的组建

4.2.1 创业团队角色

创业团队中的每个成员都扮演着不同的角色，只有当团队成员范围合理、作用平衡时，创业团队才能充分发挥整体效率。具体来说，团队角色可以分为以下八种类型。

（1）主导者。往往负责进行决策，在决策时虽然听取别人的意见，但在反对不同意见时倾向于表现强硬；能很好地授权于他人，是一个好的咨询者，有内在的韧劲，做出决定后不会轻易改变。

（2）策划者。善于为团队出谋划策，拥有丰富的知识，思维呈跳跃性并且发散，不喜欢拘泥于传统。

（3）协调者。能够团结团队成员为共同的目标努力；除权威之外，具有较强的个性感召力；成熟稳重，客观公正，不带个人偏见；能很快发现各团队成员的优势，并在实现目标的过程中妥善安排。

（4）信息者。喜欢与人交流，通过广泛的人际交流获取信息；对外界环境感觉敏锐，一般最早感受到环境变化。

（5）创新者。创造力极强，想象力丰富，眼界宽广，有挑战精神，长于抓住机会，会推动变革；爱出主意，但想法经常有偏激和脱离实际的缺陷。

（6）实施者。负责将主意变为实际行动；现实而传统，有时趋向保守；自制力强，纪律性强，崇尚努力，有较强的计划性；忠于团队，集体荣誉感强，可以为团队整体利益而牺牲个人利益。

（7）推广者。做事雷厉风行，工作效率高，自发性强，目标清晰，有高度的工作热情和成就感；对困难应变力强，总能找到解决问题的办法，而且一心想取胜，具有强烈的竞争意识。

（8）监督者。对工作方案的实施情况进行监督；喜欢重复推敲一件事情，决策时能把各方面的因素都考虑进去；挑剔而不易情绪化，思维逻辑性很强。

在实际工作中，创业团队可根据实际情况选择八种角色的全部或某几种作为创业团队成员。如在携程创业团队中，季琦是实施者、推广者，梁建章是主导者、创新者、信息者，沈南鹏是监督者，范敏是协调者，他们四人的完美组合奠定了携程腾飞的基础。

4.2.2 创业团队组建的基础条件

在组建创业团队时，需要明确以下基础条件。

1. 树立共同的创业理念

（1）凝聚力。拥有共同创业理念的成员相信他们休戚与共，在共同的事业中共享收益，也共担风险。团队中每个人的工作都紧密联系，相互依赖，依靠事业成功来激励每个人。

（2）合作精神。具有高发展动力的企业应拥有一支能整体协同合作的团队，该团队成员注重互相配合，以提高团队整体的效率。

（3）诚实正直。这是使创业团队工作有利于顾客、企业和价值创造的基础。诚实正直的团队成员认为纯粹的实用主义或利己主义，狭隘的个人利益和部门利益都将给组织带来危害。

（4）目光长远。拥有共同创业理念的成员相信他们是为实现组织的长远目标而奋斗，把企业当作成就远大抱负的场所，而不将其认为一个快速致富的工具。团队成员中没人有投机的想法，即打算趁企业发展好时大捞一笔，在企业遇到困难时马上走人，他们追求的是最终的资本回报及事业成功带来的成就感，而不是当前的地位和待遇。

（5）承诺价值创造。拥有共同创业理念的成员承诺为了企业涉及的每个人而把企业做大，这里不仅包括为团队成员自身谋利，也包括为顾客增加价值，使供应商随团队成功而获益，为团队的所有支持者和各种利益相关者创利。

2. 明确共同的创业愿景

所谓创业愿景，是对新创企业未来成功状态和发展蓝图的设想。创业愿景对创业团队组建具有重要价值，如果每个团队成员能够通过创业愿景明确团队未来发展方向，并且把这个发展方向与自身目标联系起来的话，他们就会为实现该愿景而共同奋斗。共同的创业愿景对新创企业来说表现为多个方面。例如，由共同的价值取向与行为准则形成的企业价值观、由企业未来完成的任务和完成任务的过程形成的企业使命、由企业努力实现员工共同愿望或使命过程中的阶段性指标形成的具体目标等。

3. 相互信任

创业团队成员的相互信任是创业团队维持和运作的先决条件。创业团队成员只有彼此适应各自的品行、个性、特点和工作能力才能开展合作，否则创业团队只能解体。这种信任关系往往需要花大量时间培养，又很容易被破坏，破坏之后恢复则极为困难。因此，创业团队成员间必须相互信任。

4.2.3 创业团队组建的原则

创业团队在组建时，必须明确以下原则。

（1）目标明确合理原则。目标明确才能使团队成员清楚认识到共同的奋斗方向是什么，目标合理才能使团队成员感觉奋斗可行，真正达到激励的目的。

（2）互补原则。创业者团队合作的目的在于弥补创业目标与自身能力间的偏差。当团队成员彼此在知识、技能、经验等方面实现互补时，才有可能通过相互协作发挥出“1+1>2”的协同效应。

（3）精简高效原则。为减少创业期的组织运作成本、最大限度分享成果，创业团队人员构成应在保证企业高效运作的前提下尽量精简。要把握统一指挥与分工协作的关系，既要防止出现多头领导、责任不清的现象，保证统一指挥和命令关系，也要在明确分工的基础上适当控制管理幅度，防止出现大包大揽的现象。

（4）动态开放原则。创业过程是一个充满不确定性的过程，团队中可能因为能力、观念等多种原因不断有人离开，同时也有人要求加入。因此，在组建创业团队时，应注意保持团队的动态性和开放性，使真正完美匹配的人员能被吸纳到创业团队中来。

（5）责权利统一原则。在创业团队中，各成员都应拥有与其角色相对应的责任，承担起自己对其工作后果的责任。同时，也应具有与完成该责任相对应的权力，使权力合理分配到每个成员手中。另外，在行使权力并履行责任后，则应该得到与其责、权对等的利益。该原则有利于保证组建后的团队长期健康稳定发展。

（6）相对稳定原则。创业团队在组建时虽然要依据内外环境变化做适当调整，但在调整时，应考虑适度的稳定性，避免频繁变更团队成员导致团队成员无所适从，导致团队人心不稳，业绩下降。该原则可以保证团队思维的连续性，有利于团队在前期成果基础上不断开发出更多新成果。

4.2.4　创业团队组建的程序

虽然创业团队组建的具体步骤可能会因团队类型不同而出现细微差异，但我们还是可以把创业团队组建程序大致归纳为以下步骤。

（1）明确创业目标。创业团队的最终目标是要通过完成创业阶段的技术、市场、规划、组织、管理等各项工作，实现企业从无到有、从小到大、从起步到成熟。为了推动团队最终实现创业目标，总目标确定之后，要将总目标分解为若干可行的、阶段性的子目标。

（2）制订创业计划。在确定总目标及各个阶段性子目标之后，要马上围绕实现这些目标进行安排，制订周密的创业计划。创业计划是在对创业目标进行具体分解的基础上，从团队整体出发考虑的计划。创业计划确定了在不同的创业阶段需要完成的阶段性任务以及实现的手段，目的是通过逐步实现这些阶段性目标来最终达成创业目标。

（3）招募合适的团队成员。招募合适的人员是创业团队组建最关键的一步。关于创业团队成员的招募，主要应考虑两个方面：一是考虑互补性，即考虑其能否与其他成员在能力、技术、经验上形成互补。这种互补性形成既能够有效加强团队成员间的合作，又能保证整个团队的核心竞争力，从而使团队的作用获得最大限度的发挥。通常来说，创业团队至少需要技术、管理和营销三个方面的人才。只有这三个方面的人才形成良好的沟通协作关系后，创业团队才可能实现稳定高效。二是考虑规模适度，适度的团队规模将成为保证团队高效运作的重要条件。如果团队成员太少，团队的功能和优势可能无法发挥，如果团队成员过多，又可能由于交流障碍导致团队内部分裂，从而极大地削弱团队的向心力。一般认为，创业团队的规模控制在 2～12 人最佳。

（4）职权划分。为了保证团队成员围绕创业计划顺利开展各项工作，必须预先在团队内部进行职权的划分。创业团队的职权划分就是根据执行创业计划的需要，具体确定每个团队成员所要担负的职责以及相应所享有的权限。团队成员间职权划分要体现明确的原则，既要避免职权的重叠和交叉产生冗余现象，也要避免无人承担工作产生疏漏现象。此外，由于还处于创业过程中，面临的创业环境又是动态复杂的，创业团队会不断出现新的问题，团队成员也可能时常流动，因此创业团队成员的职权也应根据需要不断进行调整。

（5）构建创业团队制度体系。创业团队制度体系体现出创业团队对成员的控制和激励能力，主要包括团队的各种约束制度和各种激励制度。一方面，创业团队通过各种约束制度如纪律条例、组织条例、财务条例、保密条例等规范其成员行为，避免出现不利于团队发展的行为，实现对其行为的有效约束，保证团队的稳定秩序。另一方面，创业团队的高效运作有赖于有效的激励机制如利益分配方案、奖惩制度、考核标准、激励措施等，它们使团队成员知道随着创业目标的实现，其自身利益将会得到怎样的改变，从而达到充分调动成员的积极性、最大限度发挥团队成员作用的目的。要实现有效的激励首先就必须清晰界定团队成员的收益模式，尤其是关于股权、奖惩等与团队成员利益密切相关的事宜。需要注意的是，创业团队的制度体系应以规范化的书面形式确定下来，以防止团队成员间产生不必要的冲突。

（6）团队的调整融合。完美组合的创业团队并不一定在创业一开始就能建立起来，而是在企业创立一定时间以后随着企业的发展逐步形成的。随着团队的运作，团队组建时在成员组合、制度设计、职权划分等方面的不合理之处会逐渐暴露出来，此时则应对团队进行调整融合。问题的暴露是一个渐进的过程，因此团队调整融合也应是一个动态持续的过程。在完成前面的工作之后，团队调整融合专门针对运行中出现的问题不断对前面的步骤进行调整直至满足实际需要为止。在进行团队调整融合的过程中，最为重要的是要促进团队成员经常围绕团队目标进行有效的沟通与协调，培养强化团队精神，提升团队士气。

专栏：创业故事

腾讯五虎将：难得的黄金创业团队

腾讯的马化腾创业五兄弟，堪称难得，其理性堪称标本。1998 年 11 月，马化腾与他的同学张志东“合资”注册了深圳腾讯计算机系统有限公司。之后又吸纳了 3 位股东：曾李青、许晨晔、陈一丹。这 5 个创始人的 QQ 号，据说是从 10001 到 10005。

为避免彼此争夺权力，马化腾在创立腾讯之初就和 4 个伙伴约定清楚：各展所长、各管一摊。马化腾是 CEO（首席执行官），张志东是 CTO（首席技术官），曾李青是 COO（首席运营官），许晨晔是 CIO（首席信息官），陈一丹是 CAO（首席行政官）。

之所以认为创业五兄弟“难得”，是因为直到 2005 年，这五人的创始团队还基本保持这样的合作阵形，不离不弃。

都说一山不容二虎，在企业迅速壮大的过程中，要保持创始人团队的稳定合作尤其不容易。在这个背后，工程师出身的马化腾最初对于合作框架的理性设计功不可没。

从股份构成上来看，5 个人一共凑了 50 万元，其中马化腾出了 23.75 万元，占了 47.5%的股份；张志东出了 10 万元，占 20%的股份；曾李青出了 6.25 万元，占 12.5%的股份；其他两人各出 5 万元，各占 10%的股份。

虽然主要资金都由马所出，他却自愿把所占的股份降到一半以下，47.5%。“要他们的总和比我多一点点，不要形成一种垄断、独裁的局面。”而同时，他自己又一定要出主要的资金，占大股。“如果没有一个主心骨，股份大家平分，到时候也肯定会出问题，同样完蛋”。

保持稳定的另一个关键因素，就在于搭档之间的“合理组合”。

据《中国互联网史》作者林军回忆说："马化腾非常聪明，但非常固执，注重用户体验，愿意从普通用户的角度去看产品。张志东是脑袋非常活跃、对技术很沉迷的一个人。马化腾技术上也非常好，但是他的长处是能够把很多事情简单化，而张志东更多是把一个事情做得完美。"

许晨晔和马化腾、张志东同为深圳大学计算机系的同学，他是一个非常随和而有自己的观点，但不轻易表达的人，是有名的"好好先生"。而陈一丹是马化腾在深圳中学时的同学，后来也就读深圳大学，他十分严谨，同时又是一个非常张扬的人，他能在不同的状态下激发大家的热情。

如果说，其他几位合作者都只是"搭档级人物"的话，那曾李青则是腾讯5个创始人中最好玩、最开放、最具激情和感召力的一个，与温和的马化腾、爱好技术的张志东相比，是另一个类型。其大开大合的性格，也比马化腾更具备攻击性，更像拿主意的人。不过或许正是这一点，也导致他最早脱离了团队，单独创业。

后来，马化腾在接受多家媒体的联合采访时承认，他最开始也考虑过和张志东、曾李青3个人均分股份的方法，但最后还是采取了5人创业团队，根据分工占据不同的股份结构的策略。即便是后来有人想加钱、占更大的股份，马化腾也说不行，"根据我对你能力的判断，你不适合拿更多的股份"。因为在马化腾看来，未来的潜力要和应有的股份匹配，不匹配就要出问题。如果拿大股的不干事，干事的股份又少，矛盾就会发生。

当然，经过几次稀释，最后他们上市所持有的股份比例只有当初的1/3，但即便是这样，他们每个人的身价都还是达到了数十亿元人民币，是一个皆大欢喜的结局。

可以说，在中国的民营业中，能够像马化腾这样，既包容又拉拢，选择性格不同、各有特长的人组成一个创业团队，并在成功开拓局面后还能依旧保持着长期默契合作，是很少见的。而马化腾成功之处，就在于其从一开始就很好地设计了创业团队的责、权、利。能力越大，责任越大；权力越大，收益也就越大。

资料改编自：卢松松. 腾讯五虎将：难得的黄金创业团队[EB/OL]. http://lusongsong.com/info/post/895.html, 2014.

4.3 创业团队运营

4.3.1 建立责权利统一的团队管理机制

1. 创业团队内部需要妥善处理各种权力和利益关系

（1）妥善处理创业团队内部的权力关系。在创业团队运行过程中，团队必须明确每个成员适于从事何种关键活动，并据此让该成员承担相应的责任，以使能力和责任的重复度最小，匹配度最高。

（2）妥善处理创业团队内部的利益关系。一个初创企业的报酬体系不仅包括诸如股权、工资、奖金等物质报酬，而且包括个人成长机会和提高相关技能等精神报酬。每个团队成员所看重的并不一致，这取决于其个人的价值观、奋斗目标和抱负。有些人追求的是长远的资本收益，而另一些人可能只关心短期收入和职业安全。

鉴于初创企业报酬体系的重要性，加之初创企业资金有限，因此要认真研究和设计整个企业生命周期的报酬体系，使之具有吸引力，并且使报酬水平不受贡献水平的变化和人员增加的限制，即保证按贡献付酬和不因人员增加而降低报酬水平。

2. 制定创业团队的管理规则

要处理好团队成员之间的权力和利益关系，创业团队必须制定相关的管理规则。团队创业管理规则的制定，要有预见性和可操作性，遵循先粗后细、由近及远、逐步细化、逐次到位的原则。这样有利于维持管理规则的相对稳定，而规则的稳定有利于团队的稳定。

团队的管理规则大致可以分为三个方面。

（1）治理层面的规则，主要解决剩余索取权和剩余控制权问题。治理层面的规则主要可以分为合伙关系与雇佣关系。在合伙关系下大家都是老板，有什么事集体协商；而在雇佣关系下只有一个老板，一切以老板的决定为准。除了利益分配机制和争端解决机制，还必须建立进入机制和退出机制。没有出入口的游戏规则是不完整的，因此要制定创业者退出的条件和约束，以及相应的股权转让、增股等问题。

（2）文化层面的规则，主要解决企业的价值认同问题。初创企业制定的企业章程和签署的用工合同只能解决经济契约问题，作为管理规则它们缺乏完整性，这种欠缺要通过明确的文化契约进行弥补。文化契约内容可以用“公理”和“天条”两个词精辟地总结。所谓“公理”，就是团队内部约定俗成的东西，也可以理解为团队的惯例，它构成团队成员的终极行为依据。所谓“天条”，就是团队内部任何人都碰不得的东西，也可以理解为团队的底线，它对所有团队成员都构成一种约束。

（3）管理层面的规则，主要解决指挥管理权问题。管理层面的规则最基本的有三条：①平等原则，制度面前人人平等，不允许例外现象出现；②服从原则，下级服从上级，行动要听指挥；③等级原则，不能随意越级指挥，也不能随意越级请示。这三条规则是建立其他管理制度的基础，因此成为初创企业秩序的基础，是初创企业高效运作的保证。

4.3.2 建立创业阶段的信任关系

理想的创业模式有几个特点：合作人是共识的、互补型的搭配（核心基础）；合作的行业方向是明确的、有可预期前瞻的（中长期的发展条件）；短期的项目是确定的、可操作的、盈利可控的（短期的生存条件）；具备基础运营规则并遵照执行（工作流程）。而盲目的创业与理想的创业相比，有些条件可能会特别强，如合作人是增强型的，大家讨论和立项时往往充满激情，但同时另一些条件则不具备，这种风险往往导致创业计划在落地或实施时发生偏差，遇到层出不穷的问题。总之，不管创业的基础和条件如何，日常合作过程中取得信任和共识非常重要，可以注意以下几个方面。

（1）核心创业团队关键角色不能超过 3 个。由于三角形具有天然的稳定性，因此合作的核心团队中间，强势的、有决策权和影响力的角色不能超过 3 个。

（2）创业团队成员的信任要以理性为基础。在创业团队中，基本规则、责任和共识一定要让每个成员明确，可以用公司章程、公司愿景、目标规划等文本方式呈现出来。

（3）信任是在持续的磨合过程中不断调整和加强的。初创阶段的合作人大多直接参与公司的运营细节和规程，既要面对公司的生存问题，处理一个个难题和困难；也要注重对结果（不论好坏）的交流和总结，避免误会增进共识；更重要的是，通过磨合，在确定组织核心规则和选择未来职业发展方向上，可以提早做好准备。

（4）信任不必强求。时刻要把“生意不在，朋友在”作为团队成员合作的基础共识，这样无论创业团队发生任何变化，都不至于触及大家的感情和利益底线。

4.3.3　创业团队内部冲突处理

冲突对创业团队并不总是有害的，适度的冲突有利于创业团队成员激发思维，分享各自的观点，有利于更好决策。但是，过度冲突则有引发团队分裂甚至解散的危险。

在处理创业团队内部冲突时，首先要求团队能够利用激励手段鼓励内部冲突，使团队成员认识到通过知识分享实现创业成功能带来相应的收益。利用激励手段要注意以下几个方面。

（1）激励方案应反映个人贡献差异。创业团队应根据团队成员个人贡献价值不同实行差异化分配方案，而不是搞平均主义。通常每个团队成员对新创企业的贡献大小不同，而合理的激励方案应反映这种差异，这虽然会使某些团队成员感到不愉快，但对整个团队的发展是有益的。

（2）激励方案应反映工作业绩。激励方案应与各团队成员实际表现出来的工作成果挂钩。这里需注意两点：一是激励方案应将工作成果作为分配的唯一依据，如果某个成员工作非常努力，但工作成果不佳，也只能得到与较差的工作成果相应的收益；二是工作业绩应为在新创企业早期发展的全过程中所表现的业绩，而不仅是其中某个阶段的业绩。

（3）激励方案应反映灵活性。创业团队成员的贡献经常会随时间改变发生变化，很多情况下与预期并不相同。因此，需要考虑激励方案的灵活性，如年金补助、提取一定份额的股票拥有日后调整等，都可以让团队成员产生公平感。

（4）激励方案应反映多样性。在激励创业团队成员时，除运用物质激励手段外，也要注意精神激励手段的运用。例如陪伴式激励，即在创业团队成员遇到自身难以克服的困难时，团队领袖要借助自己对全局的把控能力，从计划到执行层面进行陪伴，解决他们遇到的问题，使他们感觉到被尊重；又如目标分解激励，通过将大目标分解为若干阶段性小目标，打消创业团队成员执行任务时的畏难心理，保持他们的积极状态。

创业者要保持开放的心态，塑造创业团队的整体形象，而淡化其中的个人形象。这种态度有助于将团队成员间的冲突控制在可管理范畴，不致使其演变为团队成员间的矛盾。必要时，创业者应理性判断团队继续存在的可行性，通过替换成员及时化解内部冲突，比维持原有成员不变处理内部冲突往往更为有效。

专栏：大学生创业故事

诞生 27 家创业公司的华科 Dian 团队

“转发马云不如成为马云，羡慕财富不如创造财富”。微信公共账号“仟言万语”创始人之一陆遥回到母校华中科技大学参加活动，这时正值阿里巴巴上市期间，陆遥听着Dian团队成员在台上激情澎湃地讲述自己的创业故事，低头在朋友圈内发布了如上文字。

他回华中科技大学参加的是Dian团队首届创业论坛“点石论坛”，这是他上本科时参加的社团。Dian团队自2002年3月成立以来，培养了一批又一批德才兼备的优秀队员，从2008年开始，陆续有队员开始尝试创业。据统计，由Dian团队成员创办或者参与创办的公司已达27家，其中有成员入选《福布斯》2013中国30位“30岁以下的创业者”。

Dian团队创始人华中科技大学电信系教授刘玉告诉中国青年报记者，Dian团队成员的创业特点是以老带新、抱团创业，“一群靠谱人，能成靠谱事”，此次论坛的目的正是编织创业网络，挖掘创业人才，深挖团队资源，分享创业心得，寻找创业机会。

Dian团队成员创业得到了投资人的信任，前腾讯联合创始人、现德迅投资有限公司执行董事、总经理曾李青承诺，只要创业团队内有超过一名Dian团队成员，并得到刘玉教授推荐，他将会无条件给创业团队提供100万元天使投资。

抱团创业

这次论坛中最惹人注意的是，武汉悦然心动创始人之一颜庆华以100万元回购Dian团队的股份，这是公司创立之初为感谢Dian团队的帮助所赠予的股份，以真金白银感恩并支持Dian团队的发展。他的公司里70%的员工都来自Dian团队，并通过Dian团队拿到了100万元的天使投资和300万元的A轮投资。

2012年4月，颜庆华卖掉了房子，带着怀孕的老婆回到武汉，在母校旁边租了一个小房子开始创业。他们把办公地点选择在了Dian团队所在的启明学院，每一个创业想法都和刘玉及其他成员交流。一次，著名天使投资人曾李青到华科餐馆，经刘玉老师介绍，颜庆华仅交流15分钟就拿到了100万元天使投资。

刚刚获得了3 000万美元B轮融资的米折网也和Dian团队颇有渊源，公司CEO张良伦、COO柯尊尧都是Dian团队的成员。米折网用两年多时间发展成为国内最大的网购省钱平台，公司从3人发展到300人，团队内的成员大部分都来自Dian团队。

米折网的新项目贝贝网是一家国内领先的母婴特卖平台，该平台瞄准一个定位发挥自己的特色。柯尊尧称，创业团队融入非常多的Dian团队的实践文化，更多强调轻模式，尝试微创新的点，并把它迅速扩大化。团队基因和Dian团队基因比较类似，更多强调互联网产品技术调性，能够以结果为导向快速执行。此外，在企业文化方面，创业团队直接借鉴了Dian团队的优秀是一种习惯，每个人做每件事情都非常注重专业，并且值得用户和整个行业信赖。

以悦然心动、米折网为例，以老带新、抱团创业正是Dian团队的创业特点。目前，Dian团队一共诞生了27家创业公司，涉及50名队员，覆盖了移动互联网、硬件测试仪器、在线教育、医疗、金融服务等众多领域。

资料来源：陈璐. 诞生27家创业公司的华科Dian团队[EB/OL]. http://zqb. cyol. com/html/2014-10/13/nw. D110000zgqnb_20141013_1-09. htm, 2014.

专栏：行动指南

创业团队如何设计股权架构

目前的创业组织形式一般为公司，而不是法律意义上的合伙企业，创始人法定称谓是股东，而不是合伙人。但鉴于大家都习惯称呼为合伙人，所以，本文也将创始人称为创始合伙人或合伙人。

关于创业团队股权架构设计，包括什么人可以参与股权分配、股权蛋糕如何切割、股权分配需要考虑的因素、合伙人股权的成熟机制及合伙人特殊原因退出机制安排等方面。

什么是合伙人，谁可以参与初创股权分配？

合伙人，通俗地理解就是一起做事的人，在创业层面，我的理解应该是能背靠背，各自独当一面，实现各自包括研发、运营、资金、渠道等优势有效整合的团队，合伙人之间紧密联系、不可相互替代。只有这些合伙人才可以参与股权的分配。

我辅导过的创业项目中所涉及的下列人群，被我建议不能参与初创股权分配。

（1）不能保证持续保有的资源提供者。有些项目的启动需要诸如电信运营商、旅游、文化和交通等行政资源，而这些关系需要某人的私人关系取得，这就存在不确定性，不能作为合伙人。对于这部分资源的利用，在初期可以以顾问的形式交换和取得资源。

（2）兼职者。创业是一个长期的事业，需要全身心投入，如属于非资金投入的兼职者，是不适合当合伙人的，具体理由，应该不需要赘述。

（3）专家顾问。有些创业项目的启动和顺利运营，需要特定专业的顾问，但有些顾问会提出不收顾问费，换股权，这不可取。因为既然是顾问，就当然可能因为某些原因“不顾不问”，其占有股权，非但不能发挥应有作用，还会对项目造成严重影响。

（4）早期员工。有些初创团队，为了留住人才，可能会提出说给予小比例的股权，甚至会以小比例股折抵工资，减少工资支出。这同样不可取，因为早期的股权是非常珍贵的，不能轻易给；而且，初创公司的股权，在员工眼里，也是不值钱的，起不到激励作用。

（5）不认同合伙事业发展理念，不能长期坚持，不能同舟共济的人。个中理由，应该很容易理解。虽然容易理解，但其实不是那么容易做到，创业过程中，因为各种原因，中途退出的案例很多。从这个意义上讲，找志同道合的合伙人，比找结婚对象更难。

股权蛋糕如何切

公司股权不能由合伙人分光。合伙事业的发展，不可或缺的支持还包括新合伙人、核心员工和投资人。所以，在切股权蛋糕时，应当具有长远眼光，预留好未来需要引进的新合伙人的股权，预留员工激励股权份额，还有未来需要引进的投资人需要稀释的份额。

对于具体预留份额，没有固定比例，需根据实际情况而定。这些预留的股权份额，可以由 CEO 合伙人代持。

当然，我这里讲的预留是针对普通有限责任公司，对于股份有限公司，则不存在这个问题，股份公司可以通过增发股份的方式，不一定需要采用预留的方式。

合伙人股权比例分配的考虑因素

在预留股权后，剩余的基本上就是合伙人可以分配的股权。关于分配比例，通常考虑的因素如下。

（1）出资。如果所有合伙人都同意按比例出资，各方资源优势基本相当，则直接可以按出资比例分配。如只有部分合伙人出资，则应取得比没有出资的合伙人相对多的股权。

（2）项目的CEO应取得相对多的股权。因为CEO是合伙事业的灵魂，对公司负有更多的责任。只有CEO取得相对多数的股权，才有利于创业项目的决策和执行。

（3）综合评估每个合伙人的优势。例如，有些项目的启动，不需要太多资金，而是依赖某位合伙人的专利；有些项目需要创意，产品仅是技术实现；有些项目，产品并不具有绝对的市场优势，推广更重要；有些项目，可能某个合伙人不需要怎么出钱出力，但只要其是合伙人，以后融资、导入项目所需资源、IPO就比较容易。各种情况，无法一一罗列。因此，对于具体情况，相应资源提供者，应占有相对多的股权。

（4）科学评估每位合伙人在初创过程中各个阶段的作用。创业项目的启动、测试、推出等各个阶段，每个合伙人的作用不一样，股权安排应充分考虑不同阶段每个合伙人的作用，以充分调动每位合伙人的积极性。

（5）必须有明显的股权梯次，绝对不能是均等的比例。如果是3个合伙人，最为科学的比例结构是5∶3∶2。

资料改编自：Z律师. 干货：创业团队如何设计股权架构？[EB/OL]. http://www.cyzone.cn/a/20150423/272786.html, 2015.

本章小结

（1）创业团队指少数技能互补的创业者组成的群体，该群体认同某个共同创业目标，并共同遵守某个能使他们负担责任的创业程序，在该程序下为达成高品质的创业结果合力工作，并在创业工作中相处愉快。依据创业团队的组成者划分，创业团队可为星状创业团队、网状创业团队和虚拟星状创业团队。创业团队的作用体现在团队约束力、优势互补和团队氛围三个方面。

（2）创业团队角色可分为主导者、策划者、协调者、信息者、创新者、实施者、推广者和监督者八种类型。创业团队组建的基础条件是树立共同的创业理念、明确共同的创业愿景、相互信任。创业团队组建的原则包括明确合理原则、互补原则、精简高效原则、动态开放原则、责权利统一原则、相对稳定原则。创业团队组建程序一般分为明确创业目标、制订创业计划、招募合适的团队人员、职权划分、构建创业团队制度体系、团队的调整融合六步。

（3）创业团队为建立责权利统一的团队管理机制，创业团队内部需要妥善处理各种权力和利益关系，并制订创业团队的管理规则，包括治理层面的规则、文化层面的规则、管理层面的规则。同时，为建立创业阶段的信任关系，应当注意核心创业团队关键角色不能超过3个、创业团队成员的信任要以理性为基础、信任是在持续的磨合过程中不断调整和加强的、信任不必强求几个方面。另外，创业团队应妥善处理其内部冲突，能够利用激励手段鼓励内部冲突，使团队成员认识到通过知识分享实现创业成功能带来相应的收益，并保持开放的心态，塑造创业团队的整体形象，而淡化其中的个人形象。

专栏：课后个人练习

1. 分析创业团队的 5P 要素对创业团队的重要作用。

2. 举出一个你所熟悉的创业团队，说明该团队的类型及团队主要成员在团队中扮演的角色。

3. 如果让你进行校园创业，你会如何组建和运营你的创业团队？说明具体思路。

4. 你认为对大学生创业者来说如何进行创业团队成员激励？说明具体激励方法。

专栏：课后团队练习

下面是三个团队游戏。

游戏一：拉手

两人一组手拉手，把对方的手拉到你身边一次，你得 1 分；手被对方拉走对方得 1 分，游戏时间 10 秒钟，得分最多者胜出。游戏后思考：怎样才能在游戏中尽可能多得分？

游戏二：抬竹竿

同学自由结组，每组 5～6 人。给每组分配一根 1～2 米长的细竹竿。每组成员站成一排，每个人都伸出自己右手食指，水平托住竹竿，并慢慢放到地面。在放竹竿的过程中，每个人的食指都必须一直保持接触竹竿，只要组中有人食指离开竹竿，该组就犯规被淘汰。最先把竹竿放到地面且组中无人犯规的小组胜出。游戏后思考：游戏中容易出现什么现象？为什么会出现这样的现象？

游戏三：无敌风火轮

同学自由结组，每组 5～6 人。每组首先将几张报纸用胶带首尾连起来，做成一个可以容纳所有成员站进去的圆纸环，这就是“风火轮”。做好后，选一片空场地，定好起点和终点。小组所有成员站到圆环内，从起点向终点前进，中间如果风火轮断裂，需要原地停止并将风火轮修补完毕才能继续前进。到达终点用时最短的小组获胜。游戏后思考：怎样才能减少游戏中不必要的时间浪费？

上述三个游戏进行完毕后，小组成员分享从中得到的对于团队组建和运营的启示。如果有时间，教师可组织学生在课上进行三个游戏中的一个或几个，并组织全班同学就游戏启示进行讨论，加深同学对创业团队的深层理解。

专栏：课后学习材料

华为：凝聚 17 万狼性团队的 15 条大智慧

1. 给火车头加满油

“给火车头加满油”意喻：要按价值贡献，拉开人才之间的差距，让列车做功更多、跑得更快。不能按管辖面来评价人才的待遇体系，一定要按贡献和责任结果，以及他们在此基础上的奋斗精神来评价。这充分体现了华为公司的价值评价和价值分配的导向，向优秀的奋斗者倾斜，给火车头加满油，让千里马跑起来，让奋斗者分享胜利的果实，让惰怠者感受到末位淘汰的压力。

任正非说："有成效的奋斗者是公司事业的中坚，是我们前进路上的火车头、千里马。我们要让火车头、千里马跑起来，促进对后面队伍的影响；我们要使公司 15 万优秀员工组成的队伍生机勃勃，英姿风发，你追我赶。"

2. 狼狈组织

任正非在华为市场部的一次讲话中提道："我们提出'狼狈组织计划'，是针对办事处的组织建设的，是从狼与狈的生理行为归纳出来的。狼有敏锐的嗅觉、团队合作的精神，以及不屈不挠地坚持。而狈非常聪明，因为个子小，前腿短，在进攻时不能独立作战，因而它跳跃时总抱紧狼的后部，一起跳跃。就像舵一样操控狼的进攻方向。狈很聪明，很有策划能力，以及很细心，它就是市场的后方平台，帮助做标书、网规、行政服务……"

"狼与狈是对立统一的案例，单提'狼文化'，也许会曲解了狼狈的合作精神。而且不要一提这种合作精神，就理解为加班加点，拼大力，出苦命。那样太笨，不聪明，怎么可以与狼狈相比。"

3. 猛将必起于卒伍

韩非《显学篇》说道："明主之吏，宰相必起于州部，猛将必发于卒伍。夫有功者必赏，则爵禄厚而愈劝；迁官袭级，则官职大而愈治。"意思是，作战勇猛的将领都是从士卒提拔上来的，贤臣良相也都是从地方官提升起来的。因为这些人来自基层，大概更了解战场的形势和百姓的疾苦，也就能够更好地制定方针政策。

在华为某年的新年献词中，任正非指出："要从各级组织中选拔一些敢于坚持原则、善于坚持原则的员工，在行使弹劾、否决权中，有成功经验的员工，通过后备队的培养、筛选，走上各级管理岗位。""现代化作战要训战结合，干部要以基层实践经验为任职资格，'宰相必起于州部，猛将必发于卒伍'。"

4. 田忌赛马

《田忌赛马》主要讲述了齐国的大将田忌与齐威王进行赛马，在马的整体足力并不占优势的情况下，由于调整部署而反败为胜的故事。

任正非在一次讲话中指出："我们在科学家人才领域不搞田忌赛马，华为要靠自己的整体优势取胜，而非像田忌赛马那样整体实力不足，仅靠调整部署取得一两次胜利，华为必须持续取胜。因此，华为要加大前瞻性、战略性投入，要容得下世界级人才，建立起全面超越的专家队伍；把握先机，在理论构建能力、科学家数量、产品质量等诸方面超过业界。只有这样，华为才能避免衰落，不断发展壮大，持续地活下去并且还能活得很好。"

5. 歪瓜裂枣

歪瓜是指长得不圆的西瓜，裂枣表面平滑但有裂痕的大枣；但实际上，歪瓜裂枣虽外表丑陋，但它们比正常的西瓜和枣甜。

任正非把华为公司里一些"歪才""怪才"比喻成"歪瓜裂枣"，即那些绩效不错，但在某些方面不遵从公司规章的人，尤其是一些技术专家，都有着特别的个性和习惯。

任正非说："公司要宽容'歪瓜裂枣'的奇思异想，以前一说歪瓜裂枣，就把'裂'写成劣等的'劣'。你们搞错了，枣是裂的最甜，瓜是歪的最甜，他们虽然不被大家看好，但我们从战略眼光上看好这些人。今天我们重新看王国维、李鸿章，实际上他们就是历史的歪瓜裂枣。我们要理解这些"歪瓜裂枣"，并支持他们，他们可能超前了时代，令人不可理解。你怎么知道他们就不是这个时代的凡·高，这个时代的贝多芬，未来的谷歌？"

如何合理地评价这些人，让这些"歪瓜裂枣"真正发挥自己的价值并获得与其贡献相符合的回报？华为《管理优化》中提出："作为管理者，要在公司价值观和导向的指引下，基于政策和制度实事求是地去评价一个人，而不能僵化地去执行公司的规章制度。在价值分配方面要敢于为有缺点的奋斗者说话，要抓住贡献这个主要矛盾，不求全责备。"

资料改编自：张朋飞. 华为：凝聚 17 万狼性团队的 15 条大智慧[EB/OL]. http://www.hrloo.com/rz/14222962.html, 2017.

参考文献

黄海燕. 2008. 浅析创业团队的组建[J]. 商场现代化，(9)：65-66.

梁巧转，赵文红. 2007. 创业管理[M]. 北京：北京大学出版社.

刘沁玲，陈文华. 2012. 创业学[M]. 北京：北京大学出版社.

彭莹莹，范京岩，段华. 2007. 创业团队构建风险分析与控制[J]. 科技经济市场，(11)：217-218.

陶莉. 2005. 创业企业组织设计和人力资源管理[M]. 北京：清华大学出版社.

王磊. 俞敏洪：2011. 破解组建核心创业团队之道[J]. 国际人才交流，(10)：31-33.

王庆生，王坤，宗毅，等. 2013. 大学生创业基础[M]. 北京：清华大学出版社.

王艳茹. 2017. 创业基础如何教：原理、方法与技巧[M]. 北京：清华大学出版社.

张玉利，陈寒松. 2011. 创业管理[M]. 北京：机械工业出版社.

张玉利，李新春. 2006. 创业管理[M]. 北京：清华大学出版社.

朱琳. 2011. 创业团队成员的角色[EB/OL]. http://abc.wm23.com/zhulin/120127.html.

第5章 需求探索

创业名言

要时刻想清楚用户的痛点是什么，这是战略选择的第一步。接下来就是站在用户角度把体验做到最好，做到极致。

——腾讯公司创始人马化腾

学习目标

通过本章的学习，你应该能够：

1. 理解需求的含义和类型。
2. 明确需求的一般来源和直接来源。
3. 了解需求采集的目的和原则。
4. 明确 $ APPEALS 的基本构成。
5. 掌握需求采集的六个阶段含义。

专栏：开篇案例

“迷你 KTV”开始流行啦！

最近两年，传统 KTV 逐渐走向式微，而以唱吧、全民 K 歌、天籁 K 歌、酷狗 K 歌等为代表的社交 K 歌应用却迅速在年轻人中走红。以发展最为亮眼的唱吧为例，唱吧在 2015 年 8 月完成了 D 轮 4.5 亿融资，估值 43 亿人民币。

早期的唱吧很简单，用户打开应用，下载自己喜欢的歌曲，跟着伴奏一起唱，打分，录制，上传就完了。看似简单的在线 K 歌模式，唱吧能在传统 KTV 一片低迷的境况下，迅速成为现象级产品，主要是抓住了年轻用户以下几个潜在需求。

首先，在线 KTV 满足了年轻人随时随地想唱就唱的需求，非常便捷，而且相比传统 KTV 动辄好几百元的消费，完全免费的在线 K 歌想不吸引人都难。

其次，年轻人大都喜欢社交和分享，唱吧打造成一个 K 歌爱好者社区，还提供了有趣的智能打分系统，所得评分可以分享给好友，这个功能以裂变的形式吸引了很多新用户。

然后，用户都喜欢看美女唱歌，就像现在都喜欢看美女直播一样。唱吧深谙用户心理，产品设计紧紧围绕美女明星用户，推出了一系列活动，吸引了无数宅男围观。

最后，唱吧在后台对用户声音进行了美化处理，可谓是声音版的“美图秀秀”。人皆有爱美之心，这一功能极大地鼓励了用户，增加了用户黏性。

在线KTV如火如荼，进一步冲击了在寒风中颤抖的传统KTV。但是，有一个大家都明白的道理是，无论在线KTV多么受欢迎，也不能完全取代传统KTV，就像路上跑的外卖车再多，还是有人要去餐厅吃饭一样，这里不再赘述。唱吧陈华也知道这个道理，所以在2014年宣布进军线下，携手在KTV行业耕耘多年的麦颂，共同打造从线上APP到线下KTV的闭环，满足用户的不同需求。

与传统KTV最大的不同点在于，除了基本的K歌功能，“唱吧麦颂”延续了唱吧的社交功能，用户可以现场唱歌一键录音，再通过唱吧APP分享给线上线下的其他用户。目前两年过去了，通过直营+加盟，“唱吧麦颂”在全国分店数量已经有150家了。

资料改编自：i黑马.“迷你KTV”开始流行，它是一门赚钱的生意吗？[EB/OL]. http://www.sohu.com/a/128854795_350699, 2017.

问题思考：

1. 通过阅读开篇案例，你觉得迷你KTV很有市场需求吗？你会去体验吗？
2. 唱吧火爆的原因有许多，请从需求的角度进行分析。

5.1 需求的含义与类型

5.1.1 需求的含义

从不同角度看，需求有不同的含义。从经济学角度看，需求指在一定的时期，在一既定的价格水平下，消费者愿意并且能够购买的商品数量。从心理学角度看，需求是由个体在生理上或心理上感到某种欠缺而力求获得满足的一种内心状态，它是个体进行各种活动的基本动力。对于互联网产品而言，由于互联网产品根本是服务，需求不能直接通过购买实物商品的个数或者商品质量来体现，因而对于互联网产品来说，需求实质是基于互联网系统，提出解决用户问题方案，完善体验，让用户获得满足感。基于上述定义，我们可以概括出简洁的需求定义：需求是一个人在某个场景下产生的欲望。

美国著名心理学家马斯洛在其经典著作《人的动机理论》中提出了需求层次理论，它阐述了人类的需求分为五类，即生理需求、安全需求、社交需求、尊重需求和自我实现需求。人类最基本生理需求是衣食住行，若无法满足，人类无法生存。这也是我们提及最多的用户刚需，每一天都离不开，也就蕴含着巨大的市场空间，是众多创业公司和巨头一直抢占的各个山头。随之产生的是安全需求，希望生活有所保障，避免被物理伤害。这是医疗人身保障等社会基础设施的建设，是“互联网+”正在升级的主要领域。两个需求得到满足后个体会产生友谊、爱情、亲情等各种感情诉求，也渴望成为集体的一部分，几乎没有人希望过着孤独，不与外界产生联系的生活。这块目前最主要的便是腾讯的两大关系链产品。随后希望被人尊重，得到认可和赞赏，名誉、声望和地位的尊重需求，这种需求很少得到充分满足。自我实现是最高层次的一种需求，指实现个人抱负、理想、价值的需要。

一般而言，越是底层的需求，用户量越大，如满足生理需求的美食类 APP、外卖APP、滴滴出行。越是高层的需求，新鲜感越多，如满足归属感的社交 APP、自我实现需求的音乐类 APP 等。当然在互联网时代，需求的分类界限也越来越模糊，Wi-Fi 万能钥匙可以说满足了多数人基础的生理需求。

对现代企业来说，产品经理（product manage，PM）变成一个重要的职位。产品经理是企业中专门负责产品管理的职位，产品经理负责市场调查并根据用户的需求，确定开发何种产品，选择何种技术、商业模式等。对于初创企业来说，创业者必须是产品经理。当产品经理在开发某个产品时，经常需要完整地描述一个需求，需求包括四个要素：用户、场景、目标、任务。

1. 用户

用户可以进一步划分为使用者、购买者、决策者。对于 To C 的软件来说，这三者往往是同一个用户。但是对于 To B 的软件来说，可能是不同的角色。例如，在一个 To B 的场景中，一家公司想购买一套结算系统。那么购买者与决策者是公司的老总，但是使用者是公司的员工，所以面对这种情况，在软件设计的过程中，要着重考虑使用者的感受，而不是购买者与决策者。

2. 场景

场景可以理解为用户使用某款产品的所处背景（环境），这里的背景（环境）可以是具体的，也可以是抽象的。例如，用户在使用饿了么软件的时候，场景就是用户感到饿了，而且不想出门，不愿意自己做；用户在使用地图的时候，往往是在路上，这也是一个场景。在描述场景的时候，最好遵循“时间”“地点”“人物”“事件”的方式去进行描述，这样比较全面，可以引发产品经理更为深入地思考。例如一个小伙子（人物）早上（时间）在地铁上（地点）感到很无聊（事件）。通过场景的深入分析，往往会发现很多潜在的需求。

3. 目标

在与用户沟通的过程中，一定要问清楚用户目的是什么。例如，用户跟产品经理讲：我想喝水。产品经理继续问道：为什么想喝水呢？用户回答：因为我渴了！由此产品经理便得知了用户的真实诉求！从而为后来找到一个合理的解决方案奠定基础。

4. 任务

任务指的是用户在实现目标的过程中，与产品所产生的交互过程。这里依然拿饿了么来举例，用户为了解决饥渴问题，使用饿了么订餐，在使用饿了么订餐的过程就是所谓的任务。

所以在考虑一个具体需求时，我们可以从“用户”“场景”“目标”“任务”这四个方面进行理解。

5.1.2　需求的类型

需求分为很多种类，美国心理学家马斯洛提出的需求层次理论把需求分为生理需求、安全需求、社交需求、尊重需求和自我实现需求。而创业项目的需求一般考虑的是强需求和弱需求，高频需求和低频需求，基本需求、期望需求和兴奋需求。

1. 强需求和弱需求

强需求指人在某种场景下一定要做的事情。弱需求指人在某种场景下做了挺好，不做也可以接受的事情。吃饭对每个人来说都是强需求，是每个人一定要去做的事情，不然就会失去生命。但吃零食就是弱需求，不是每个人都爱吃零食，也不是每个人每天都必须吃零食，不吃不会饿死，也不会馋死。

再比如，手机充电就是强需求，手机没电就是块砖；但手机贴膜或套手机壳相对来说就是弱需求，不爱用保护壳的人有很多。用户想在斗图的时候发 GIF 动态图片就是个强需求，但是用户想发个厘米秀（手机 QQ 的一个娱乐功能，类似早期的魔法表情，用户可以收到其他好友发来的人物动作表演）就是个弱需求，因为它并不十分影响聊天的功能和乐趣。

2. 高频需求和低频需求

高频需求指人在正常生活中频繁发生的场景中的核心环节。低频需求指人在正常生活中，非频繁发生的场景中的核心环节，或频繁发生场景中的非核心环节。看新闻在生活中是频繁发生的，上班族几乎每天早上都看；但讨论新闻就是低频的，因为讨论新闻需要人本身健谈，愿意表达，而且还需要有倾听的人。看完新闻，如果身边没有人，或新闻没有什么分量，我们也不会跟人去讨论。

3. 基本需求、期望需求和兴奋需求

KANO 模型是东京理工大学教授狩野纪昭（Noriaki Kano）提出的对用户需求分类和优先排序的有用工具，该模型提出了三个层次的顾客需求：基本需求、期望需求和兴奋需求。基本需求指顾客认为产品“必须有”的属性或功能。当其特性不充足时，顾客很不满意；当其特性充足时，对用户满意度没有多少影响，顾客充其量是满意。例如只要酒店浴室满足了我的基本需要，我并不会关心洗漱台的台面是用什么材料制作的。期望需求指要求提供的产品或服务比较优秀，但并不是“必需”的产品属性，有些期望需求连顾客都不太清楚，但是他们却希望得到。期望需求在产品中实现得越多，顾客就越满意，当没有满意这些需求时，顾客就不满意。如果酒店有健身器材，我会更加高兴，相比没有这类器材的酒店，我下次可能就会再次入住这里。兴奋需求指提供给顾客一些完全出乎意料的产品属性，使顾客产生惊喜。兴奋点和惊喜点常常是一些未被用户了解的需求，用户在看到这些功能之前并不知道自己需要它们。

专栏：创业者感悟

在产品中，“我想要”的驱动远远强于“我应该”，伪需求往往就是把用户的需求当

成了需要，结果就是用户嘴上说想要（我有需求），脚下在投票（可是我不想要）。现实中这样的例子很多：我应该控制饮食，可是我想要吃垃圾食品；我应该多看书学习，可是我现在只想刷朋友圈；我应该早睡早起，可是我想要追两集美剧。因而创业者要学会甄别是“需求”还是“需要”。

——作业盒子联合创始人刘夜

5.2 需求的来源与特征

5.2.1 需求的来源

从开发产品角度看，需求的来源分为一般来源与直接来源。

1. 一般来源

任何社会经济时代的产生和发展，都是生产力发展和人类需求不断升级及其相互作用的产物。

产品经济时代，产品供不应求，人们以农产品作为经济提供品满足他们生存的需要；商品经济时代，商品日渐丰富，顾客需求开始变得苛刻起来，商品质量和技术含量的提升引起他们的关注，这一时期主要以工业产品作为主要经济提供品来满足他们生存和安全等较低层次的需要。

服务经济时代，商品经济空前繁荣，顾客对服务的需求不断增加，对服务的品质日益挑剔。顾客对社会地位、友情、自尊的追求，使得高品质的服务成了满足他们需求的主要经济提供品；体验经济时代，随着社会生产力水平、顾客收入水平的不断提高，他们的需求层次有了进一步的升华，产品和服务作为提供品已不能满足人们享受和发展的需要。从社会总体上看，顾客需要更加个性化、人性化的消费来实现自我。因此，顾客的需求也随之上升到“自我实现”层次。

需求是科技进步驱动的，科技发展会逐渐演变出更多的需求和产品。例如，摩尔定律的出现，电子元件技术的不断升级，让计算机计算处理能力成倍提高，也将电子计算机从最早昂贵的大型机转变成为现代几乎每个人都可以买得起的廉价个人计算机。科学技术的不断发展，让人类产生了更多欲望，有了更多选择，从而不断衍生出更多的需求和产品。

人的需求没有止境，总是希望有更好的产品和服务，不断满足越来越多的需求，需求的“贪婪”才是互联网用户本质的真实需求。创业项目不是如何满足用户需求，而是如何“更好地”满足用户需求，“更好地”主要体现在四个“更”：更便宜、更快、更好玩、更多。国内知名电商企业京东的Slogan就是：多、快、好、省。这最直接地说明了京东致力于解决用户购物最真实的需求；根据发现的需求找到粉丝用户，粉丝用户一开始的特点是规模小或小众化。创业项目一开始不是满足普通用户的需求，而是首先能够更好地满足粉丝用户的需求。从用户的使用场景、用户特征、使用频率几个维度来找出核心用户，对于多数互联网创业项目来说，首批粉丝用户应该聚焦在年轻用户身上。

2. 直接来源

从开发产品角度看，需求的直接来源主要包括用户调研、数据分析、竞品分析、相关人员反馈。

（1）用户调研。用户调研就是通过与用户直接或者是间接的交互来获取用户需求，这是最常用也是最靠谱的方式。用户调研分为直接用户调研与间接用户调研，直接用户调研可以采取调查问卷、用户访谈等方式，间接用户调研是从第三方渠道获取用户反馈、需求表达等信息。

（2）数据分析。数据是客观的，分析出来的需求往往是准确的、有效的。例如在网络购物的环节，用户从浏览商品到加入购物车的转化率为 30%，从购物车到提交订单的转化率为 20%，从提交订单到付款的转化率为 90%。以上现象需要产品经理去思考，并提出相关的解决方案，以进一步提升用户的转化率及支付率，从而提高公司的盈利水平。

（3）竞品分析。开始入手设计一款产品时，竞品分析是绕不过去的。在分析竞品的时候，除了分析竞品的市场、定位、目标人群等宏观上的东西，一些功能点等细节上的东西也需要认真整理与总结，因为竞品推向市场的时间更早，也经受了更多的磨炼，所以在竞品上存留的功能往往是经过时间考验的。在分析竞品功能的同时，更多地要思考竞品功能点设置的背后原因：为什么竞品会有这么一个功能点，这个功能点对应了用户的哪些需求，这些需求还可以通过什么样的方式来解决，等等，从而获得设计和开发本企业产品的灵感。

（4）相关人员反馈。在做产品的时候，往往会遇到客服、销售、运营工作同事的反馈，要求添加一些功能，满足他们的需求。对于这类情况，首先不能仅仅听他们的一面之词，因为这种需求的表达是他们口述中的需求，并不是用户的直接表达。同样的需求，可能通过不同人的转述，就变成了另外一个需求，这个时候，如果能够获取直接的用户录音或者是用户交易记录等一手数据，就是一个很好的解决方式。另外，在面对来自同事的需求时，一定要站在整个产品的角度上去思考问题，因为每个人都是站在自己的角度上在阐述问题，所以都会把自己的需求描述得很紧急、很重要，如果不能跳出来，很容易被别人牵着鼻子走。

5.2.2 需求的特征

需求是随着技术趋势、社会进步、经济繁荣等因素而不断变化的，顾客需求虽然受多种因素的影响，但它具有一定的规律性和特点，即驱动性、多样性、连续性、满足性、竞争性等特点。

1. 驱动性

人们在萌生某种需要后，便会产生一种心理紧张感和不适感，这种紧张感便成为一种内驱力，驱动人们寻求满足新需求的目标和对策，迫使人们去从事各种购买活动，以满足这种需求。这一特点在冲动型消费者中表现得最为突出。

2. 多样性

由于消费者存在生理、心理、经济、文化、民族、风俗习惯等方面的差异。因此消费需求也千差万别，即使是同一类手机产品，不同的消费者对其规格、功能、外观等方面也有不同的需求。随着人们生活水平的不断提高，消费者的审美观念逐渐向个性化方向发展，更加要求手机产品的多样性。

3. 连续性

消费需求的连续性也称为周期性、无限性等，它是指消费需求总是处于“出现—满足—再出现—再满足”周而复始的循环状态。人们的需求永无止境，是由于人们生存的需要永远不会完全被满足，因而就促使人们不断地进行活动以满足它。一旦旧的需求得到满足，就会产生更新的、更高级的需求，达到目标的消费者会为自己确定更高的目标。

4. 满足性

消费需求的满足是相对的，而永不满足才是绝对的。需求的满足性是指需求在某一具体阶段中所达到的满足标准。消费需求的相对满足程度，取决于消费者的消费水平。人们的消费需求是伴随着社会的发展、经济状况的改变、审美观念的提高等因素而得到相对满足的。这种相对的满足阻碍了新的消费，淘宝、京东等网上商城营造的各种促销活动就是希望通过刺激欲望而不断拉动顾客新的需求。

5. 竞争性

在某一时期，消费者会存在多种需求，但只有最强烈、最迫切的需求才能转化为动机，成为行动的主要支配力量。因此，消费者的各种需求之间存在一种竞争，竞争也会要求获得满足。例如，在经济条件有限的情况下，一个家庭计划购置电子产品时，老人、儿童、妻子、丈夫之间会产生一定的需求竞争，竞争的结果就是一种购买人群会被选择，即刻就会转化为购买行为。

专栏：创业者感悟

其实做互联网跟做传统生意最大的差别是对用户体验的理解，就是你怎么能让用户体验得很好，形成正向的口碑，能够大规模地传播。那么极致的用户体验是怎么做的呢？在互联网时代，最重要的是互联网给我们带来了一个非常好的工具，让我们能够倾听用户的声音，快速反应，让用户参与进来，让用户的意见能够得到很快的改善，这是用户体验的源泉。

——小米科技董事长雷军

5.3 需求收集的目的和原则

顾客需求收集的目的在于：通过以市场为导向的用户需求收集，获得产品创新的素材与灵感，保持公司产品的核心竞争力。具体说来，应做到以下几点：①深刻理解市场需求、用户需求，准确把握行业发展趋势，保持高度的市场敏感度。②保证产品研发是围绕用户需求来展开的，真正实现产品研发以市场为导向、以用户为中心，而不是闭门造车。③实现产品创新。通过有创新性的新卖点、新产品的持续不断推出，保证公司产品的核心竞争优势。④及时获得竞争对手相关产品及市场策略，做到知己知彼。⑤通过需求收集等相关活动，有机串接市场营销部门与产品研发部门，建立跨职能部门、端到端的流程进行需求开发。⑥加强与用户互动，提升用户忠诚度及黏性。

互联网时代并不缺少用户需求，恰恰相反，用户需求泛滥。面对市场上众多的需求，哪些才是真正的用户需求呢，哪些需求符合公司的产品战略方向呢？需求采集的指导原则，首先考虑的是公司的产品愿景、产品战略。产品愿景及战略决定需求采集应该面向哪些细分的目标用户群，而非普遍撒网；对不同的用户需求进行优先级排序，出现需求冲突时进行有效取舍；确定哪些是能实现的需求，哪些是不能实现的需求。其次，需求收集应该收集用户真正面临的问题和业务场景，这样才能够捕获用户真正的需求，而不是只盯住用户提出的想要产品实现什么样的功能，需求收集不是需求汇总。用户要的是产品的价值，而非产品的功能。只有当一个产品功能真正帮用户解决了问题，这个功能才具有价值，也才真正有功能。最后，尊重竞争对手和用户。竞争对手和用户并不像我们想象的那么愚蠢，以自己的标准来度量别人的产品才是真正的愚蠢。很多时候我们从自己的预设立场出发，否掉了众多创新机会。对竞争对手，我们应当首先成为其产品忠实用户；对用户，我们应当通过用户社区或社群等互动手段来倾听他们的心声。

专栏：创业者感悟

以销售为导向的思维方式是直接满足用户的需求，用户要什么我就给什么，但是用户说的不一定是他真正想要的。以产品为导向的思维方式则是用户要什么，得分析用户背后的需求是什么，从需求的本质倒推产品方案。

——滴滴出行 CEO 程维

5.4 需求收集的方法

顾客需求收集的方法大概有以下四种：用户访谈、焦点小组讨论、问卷调查、头脑风暴。

5.4.1 用户访谈

用户访谈是通过面对面的交流方式了解具体用户对产品、对流程的需求、观点和看法。

用户访谈包括如下内容。

（1）了解哪些需求对用户比较重要。

（2）就了解到的一些需求请用户协助进行优先排序。

（3）就问题改进建议的初步想法与用户进行讨论，确认是否能够满足用户需求。

用户访谈有以下优点。

（1）由于是面对面的交流，因此在调查内容上更加灵活，可以随时根据问答状况就一些内容进行深入讨论，获得更多的用户感受。

（2）用户可以在调查人的协助下，完成一些较为复杂的问卷调查。

（3）用户访谈方式的适用面广，可以覆盖所有类型的人群，尤其是可以覆盖一些其他方法很难或无法覆盖的人群。例如，对于一些专业人士，我们可以通过调查问卷的方式征集用户需求，而对于一些非专业人士，他们可能对一些深入调查内容不甚了解，使用问卷调查无法获得正确的用户需求。但是，通过用户访谈方式与用户深入沟通和交流，就能获取这些用户的需求。

用户访谈也具有一些无法回避的缺陷，在使用的时候需要多加注意。

（1）由于是面对面的交流，因此获取用户需求的成本较高。

（2）在访谈过程中，调查人的一些观点有可能影响或误导用户的观点。因此，在访谈时应多注意倾听外部用户的声音，尽量减少或避免发表对需求的看法。

（3）由于面对面的交流是一项非常耗时的调查方式，很可能由于样本量不足，导致难以形成可量化的优化需求证据。因此，尽量使用多种调查方式采集用户需求，相互印证、补充，这才是正确的用户需求调查方式。

5.4.2 焦点小组讨论

焦点小组讨论是从用户群中挑选出一组具有代表性的用户，通过集体座谈的方式收集整理所反映的意见。焦点小组讨论可以作为用户访谈的后续步骤、问卷调查的预备步骤，通过集体的力量，对前期收集的用户需求进行澄清、确认，对需求的优先排序进行更深入的了解。

使用焦点小组讨论时，主持人要掌握好讨论的节奏，并且要使参与者在轻松、开放、自然的氛围中进行讨论。进行焦点小组讨论的注意事项包括以下内容。

（1）参与讨论人员不宜过多，一般在 7～13 人。

（2）就座谈话题而言，参与者应当具有相同的特征。

（3）讨论的时间一般控制在 2～4 小时。

（4）为确保针对话题能够进行深入的讨论，事先准备的问题不宜过多。

5.4.3 问卷调查

通过问卷可以调查用户的需求、拟改进需求的重要程度，以及拟改进需求能否满足用户要求等问题。当然，也可以通过问卷调查用户对现有产品的满意度。

问卷调查的首要特点是调查的用户数量大。问卷调查通过大量的数据来佐证用户需求的准确性，因此一般不会出现像用户访谈那样容易出现的观点误导，从这个角度讲，问卷调查属于定量分析，而用户访谈和焦点小组讨论属于定性分析。其次是问卷调查具有低成本的特点。当然，问卷调查也会因一些用户不积极配合，出现回应率低或回答草率等问题，在这种情况下，可以在调查时适当配发一些小礼品、电子货币等来调动用户的参与积极性。

就网站分析而言，问卷调查可以是线上调查，也可以是线下调查，还可以通过发送邮件的方式进行调查。

5.4.4　头脑风暴

头脑风暴又称畅谈法、集思广益法、智力激励法，是采用会议的方式收集人们对有关议题的想法和观点，是一种利用集体智慧的创造性思维方法。

头脑风暴通常用于内部用户的需求征集、分析。此外，该方法在网站优化过程中还广泛应用于分析原因和查找问题解决方案。

头脑风暴法是通过一定的讨论程序和规则来保证创造性讨论的有效性，因此，讨论程序成了头脑风暴法能否有效实施的关键因素。组织讨论程序的关键环节如下。

（1）确定议题。首先要有一个对问题的准确阐述，使与会者明确通过这次会议需要解决什么问题，同时不要限制解决方案的范围。一般而言，比较具体的议题能使与会者较快产生设想，主持人也较容易掌握；比较抽象和宏观的议题引发设想的时间较长，但设想的创造性也较强。

（2）会前准备。为了提高头脑风暴会议的效率，可收集一些资料预先给大家参考，以便与会者了解与议题有关的背景材料和外界动态。就参与者而言，对需解决的问题要有所了解。会场可做适当布置，座位排成圆环形的环境往往比教室式的环境更为有利。在头脑风暴正式开始前可以出一些创造力测验题，供大家思考，以便活跃气氛，促进思维。

（3）确定人选。一般以 8～12 人为宜，人数太少不利于交流信息、激发思维，人数太多则不容易掌控，并且每个人的发言的机会相对减少。

（4）明确分工。要推定一名主持人，1～2 名记录员。主持人非常关键，必须有丰富的经验，能够烘托现场气氛，及时归纳某些发言的核心内容，引导参会者进行主动思考，积极参与讨论；记录员应将与会者的所有设想都及时编号，简要记录，最好写在黑板等醒目处，让与会者能够看清。

（5）规定记录。根据头脑风暴的原则，与会者应积极投入，不消极旁观；不要私下议论，以免影响他人的思考；发言要针对目标，开门见山，不要客套；与会者之间相互尊重，平等相待，切记相互褒贬。

（6）掌握时间。会议时间由主持人掌握，不宜在会前定死。一般来说，以几十分钟为宜。时间太短，与会者难以畅所欲言，太长则容易产生疲劳感，影响会议效果。经验表明，创造性较强的设想一般会在会议开始 10～15 分钟后逐渐产生。

（7）归纳整理。在会议最后，应把经过整理、归纳的观点宣读一遍，以保证与会者的意见都被准确记述，讨论的各个见解的科学性、实用性和可行性。

要成功实施头脑风暴除了符合程序上的要求外，更为关键的是创造一种可以轻松的、非评价性的、无偏见的交流环境，主要有以下几项需要注意。

1. 自由畅谈

既然叫风暴，与会者就应放松思想，不受任何条条框框限制，让思维自由驰骋。从不同角度、不同层次、不同方位，大胆地展开想象，尽可能地标新立异，提出独创性的想法。

2. 延迟评判

实施头脑风暴，必须坚持当场不对任何设想作出评价的原则。既不能肯定某个设想，又不能否定某个设想，也不能对某个设想发表评论性的意见。一切评价和判断都要延迟到会议结束以后才能进行。这一方面是为了防止评判约束与会者的积极思维，破坏自由畅谈的有利气氛；另一方面是为了集中精力先开发设想，避免把应该在后阶段做的工作提前进行，影响创造性设想的大量产生。

3. 禁止批评

这是头脑风暴应该遵循的一个重要原则。与会者不得对别人的设想提出批评意见，因为批评对创造性思维会产生抑制作用。同时，发言人的自我批评也在禁止之列，遇到这种情况主持人应对其积极鼓励。有些人习惯于用一些自谦之词，这种自我批评性的做法同样会破坏会场气氛，影响自由畅想。

4. 追求数量

头脑风暴会议的目标是获得尽可能多的设想，追求数量是它的首要任务。参加会议的每个人都要抓紧时间多思考，多提设想。在某种意义上，设想的质量和数量密切相关，产品的设想越多，其中的创造性设想就可能越多。

5.4.5 选择适当的需求收集方法

方法决定结果，在需求收集的各个时段选择正确的调查方法至关重要。用户访谈、焦点小组讨论、问卷调查三者基本上是一种层次递进关系，上一个方法的调查结果是进行下一个方法的调查基础，而头脑风暴是征集内部用户需求的重要工具。当然，如果问题比较直观，需求比较明确，那么几种方法可以同时进行。需求收集方法选择需要遵循下面一些原则。

（1）当没有掌握需求时，可选择的调查方法：用户访谈、焦点小组讨论、头脑风暴。需求收集结果是初步了解用户的需求，但是尚未对需求进行澄清，也未确定需求的优先级，仅仅是知道了需要关注哪些方面。

（2）已预先了解到用户需求，可选择的调查方法：用户访谈、焦点小组讨论、问卷调查、头脑风暴。需求收集结果是已经澄清需求，并对需求的优先级进行初步排序，此阶段应了解到需要重点解决哪些需求。

（3）已区分优先级的用户需求，可选择的调查方法：问卷调查。需求收集结果是通过大量的问卷，用数据说话，得到被用户普遍认可的用户需求的优先级。

专栏：创业者感悟

特别是我们作为大学生刚毕业，不要去追逐概念，你应该多从你的身边，去寻找用户。还有哪些没有被满足的需求，我们叫刚性需求，那么你要去发现，用户在用已有产品的过程中，还有什么不方便的地方，不舒服的地方。那么其实从这些小的点开始呢，你一样可以做出来差异化和创新。

——360公司董事长周鸿祎

5.5　需求收集模型工具

＄APPEALS 方法是 IBM 公司在进行集成产品开发（integrated product development，IPD）时总结和分析出来的用户需求分析的一种方法。它是一种了解用户需求的、确定产品市场定位的工具。一般用于市场规划和产品规划的细分市场中，因为可以从多个维度、不同的权重来分析需求。所有＄APPEALS 一定会联系到细分市场，联系到竞争对手，涉及差异化分析等内容。差异化可以说是理解市场和分析市场中的一个重要内容，只有清楚了差异化才能够树立自己产品的核心竞争力。

＄APPEALS 方法从 8 个方面对产品进行用户需求定义和产品定位。相关关键词解释如下。

$——产品价格（price）。

A——保证程度（assurances）。

P——性能（performance）。

P——包装（packaging）。

E——易用性（easy to use）。

A——可获得性（availability）。

L——生命周期成本（life cycle of cost）。

S——社会接受程度（social acceptance）。

使用用户＄APPEALS 框架来确定用户的欲望与需要，建立针对每一个细分市场的产品包对应图。用户＄APPEALS 框架的目的主要包括：处理目标细分市场的全部用户欲望与需要，建立用户驱动的需求集；作为投资的重点；确定要想在所选细分市场获得成功必须达到的主要分界标准；确定促使用户选择公司产品的主要差异。＄APPEALS 框架主要内容解释如下。

1. ＄产品价格

这个要素反映了用户为一个满意的产品/交付希望支付的价格。用这个标准来要求供应商时，要从实际和感觉这两方面来考虑用户能接受的购买价格。价格要素包括以下数据评估：技术、低成本制造、物料、人力成本、制造费用、经验、自动化程度、简易性、可生产性等。

2. A 保证程度

这个要素通常反映在可靠性、安全和质量方面的保证。用这个标准来要求供应商时，要考虑用户在可预测的环境下如果减少他关注确定的性能如何评价整个产品？这可以包括保证、鉴定、冗余度和强度。

3. P 性能

这个要素描述了对这个交付期望的功能和特性。用这个标准来要求供应商时，要从实际和感觉这两方面来考虑有关功能和特性的产品性能。产品工作得怎样？产品是否具备所有的必需的和理想的特性？它是否能提供更高的性能？从用户角度来衡量其速度、功率、容量等。

4. P 包装

这个要素描述了期望的设计质量、特性和外观等视觉特征。就软件而言，它描述了交付或提供的功能包。用这个标准来要求供应商时，要考虑用户对外形、设计等意见，还有这些属性对交付的期望的贡献程度。关于包装的考虑应该包括样式、模块性、集成性、结构、颜色、图形、工艺设计等方面。

5. E 易用

这个要素描述了交付的易用属性。用这个标准来要求供应商时，要考虑用户对产品的舒适、学习、文档、支持、人性化显示、感觉的输入/输出、接口、直观性等方面的考虑意见。

6. A 可获得性

这个要素描述了用户在容易和有效两方面的购买过程（例如，让用户有他自己的方式）。用这个标准来要求供应商时，要考虑在整个购买过程的优秀程度，包括预售的技术支持和示范、购买渠道/供应商选择、交付时间、用户定制能力等。

7. L 生命周期成本

这个要素描述了所有者在使用的整个生命周期的成本，用这个要素来要求供应商时，要考虑安装成本、培训、服务、供应、能源效率、价值折旧、处理成本等。

8. S 社会接受程度

这个要素描述了影响购买决定的其他影响。用这个要素来要求供应商时，要考虑口头言论、第三方评价、顾问的报告、形象、政府或行业的标准、法规、社会认可、法律关系、产品义务等对购买决定起了怎样的促进作用。

$APPEALS 方法里面涉及很多内容，首先是要通过用户调查收集具体的用户最关心哪个维度的问题，根据这些调查数据来确定每个维度的权重；其次是要分析自己公司和竞争对手公司的产品在现阶段各个维度的评分，然后是画出相应的雷达图进行差异化分析。根据公司的战略目标和市场策略，应该重点关注哪些核心功能和核心需求，如何减少自己的弱势并提升自我优势以体现差异化，如何进行价值创新等。

专栏：创业者感悟

成功的产品往往不是新鲜事物，而是把已有的产品做得更好、更便捷，解决过去没能解决的、对于用户而言非常重要的那些问题。当你的产品完全在用户体验和情感支持上超过了旧的同类产品，就是成功的创造。只要市场上还有蹩脚的产品，就还有机会。

——硅谷产品集团创始人 Marty Cagan

5.6　需求探索的过程

需求探索是创业企业产品经理（PM）在日常工作中不可缺失的重要组成部分。我们在收集到需求时，要第一时间与用户交流沟通，尽量走到用户中去了解他们的想法，深入了解目标用户在真实环境下的感受，尽可能地挖掘用户的原始需求，充分了解用户真实场景，并帮助他们解决问题，更好地服务用户。产品经理对用户需求探索的过程，主要包括以下六个阶段。

阶段一：分析需求来源，深度挖掘需求本质

需求最初是人们对于某种东西感到缺失时产生的一种心理状态，当这种心理状态达到一定程度时，自然而然地想要去获得某个东西以满足这种心理状态，这个时候心里的欲望有明确的指向性和选择性，当在现有环境中无法获取到这种明确的指向性来满足这种心理状态时，就会向产品提出这种需求。从中可以看出需求的产生有三个步骤。

（1）用户原有的需求——初始需求。

（2）用户认为的需求——经过自我加工后的需求。

（3）用户表述的需求——口述时表达出来的需求。

产品经理接触到的需求大多是用户表述的需求，如在产品中增加一个会议功能、界面上增加一个搜索等。用户在表述这些需求时，往往只会说出一些表面的、自己容易回答或者突然间想到的办法，但这些“办法”不一定是解决用户真实需求的最佳方案，所以我们要怀着好奇的心循序渐进地对本质需求进行挖掘。

举个例子：老王房子刚装修完，想在墙上挂一些有意境的画，来提升自己的格调，画购买完成后，这时想到该如何把画挂上去。按照自己以往的经验，需要在墙上打个洞，通过钉钩挂着，打洞需要用到钻头（刚好家里有个打钻工具），老王又急呼呼地跑商店购买钻头。通过这组例子我们来看看用户需求产生的过程。

（1）用户原有的需求——将画挂到墙上去。

（2）用户认为的需求——通过打洞的方式将画挂到墙上去。

（3）用户表述的需求——我需要钻头。

从这个例子可以看出用户的本质需求是将画挂到墙上去，但由于用户自我认知表达出来的需求变成了钻头，如果我们按照用户的表述给他提供钻头，虽然满足了老王的需求，但是其他用户呢？他们有可能也需挂画，但是否都需要钻头呢？

对于提出解决方案的用户，如果我们和其反复交流，多问“为什么”，还是可以挖掘到用户深层的、本质的需求，因为解决方案不等于具体方案，我们还要挖掘背后的原因，尝试去探索是否有更好的解决方案。

Lao Wang：我要购买钻头。

PM：你要用钻头来干什么？

Lao Wang：在墙上打洞。

PM：好好的墙，为什么要打个洞呀？

Lao Wang：我房子刚装修完，想在墙上挂些画，所以需要在墙上打洞，将画挂上去。

PM：哦，你是要挂画呀。

通过上面例子可以看出老王真正要的是如何将画挂到墙上去，而不是钻头，所以只有真正挖掘出用户的本质需求，才能如实地去判断需求、分析需求，从而做出最佳的解决方案。

阶段二：分析需求提出方所属的目标用户群

每个产品都有其特定的使用人群，按照其重要程度可以分成核心用户、次级用户和边缘用户。按照行业发展规律，核心用户是这个产品的主要用户，每个产品经理在做产品时也都是铆足了劲儿地去满足这些用户需求。那么为什么分析需求时要去判定提出方所属的目标用户群呢？

一方面，明确目标人群可以使你更专注于服务某一类特定人群，提升这类人群的满意度，你的产品也更容易获得成功；另一方面，目标用户的环境和使用场景更符合产品定位。

举个例子，某个公司的安全移动办公软件，核心用户（70%）：政务、企事业单位人员；次级用户（20%）：普通企业；边缘用户（5%）：其他人员。

在这种情况下，产品经理应该更专注于政务、企事业单位人员提出的需求，一是通过目标用户提出的需求不断去了解目标用户真实的办公环境、使用习惯，将自身融入他们的环境中；二是这部分人群对公司更有商业价值，符合公司的战略定位。但也不能说次级用户或者边缘用户提出的需求我们就不去思考，有可能他们提出的需求是产品核心功能所欠缺的，不能一概而论。

阶段三：分析需求提出方的使用场景

大部分时候，用户的需求并非是一直存在的，只有当某一场景出现时才有这个需求。同样，在需求挖掘过程中，我们会从用户的描述中获取到他所谓的使用场景，通过该场景我们可以清晰地了解到用户是在“什么环境下”想要干什么，如上面例子的老王，老王在“刚装修完的房间的墙壁上”通过钻头打洞的方式将画挂上去。

他的使用场景是在“刚装修完的房间的墙壁上”，这时候产品经理就可以通过目标用户群的特征、行为习惯来判定当前场景是否靠谱、是否普遍存在、在整个产品过程中什么时候会促发这个场景，老王可能是因为家里有打钻的工具才想到通过打孔来挂画，但是对于其他用户来说，我为了挂个画就去买一套打孔工具吗？显然这代价有点儿太大了。

用户所提供的使用场景是根据自身条件和环境所产生的，我们在分析其使用场景过程时要去判定该场景的促发条件，这个条件在现有产品中是否经常是高频的，或者促发这个条件所需的代价有哪些，等等。

阶段四：评估需求所在用户规模和使用频次

在日常工作中，我们与用户沟通交流之后，发现很多需求都是在特殊情况下产生的，并不是普遍存在的，也就是在一些特殊的场景下才出现这样的需求，前面我们分析了需求所在方的目标用户群，确定后我们可以做个简单的调研，查看这类人群中是否普遍存在该问题。

举个例子：移动安全软件，其产品核心功能是保证数据安全存储和安全传输，但在实际使用过程中用户会发一些文件，并通过市面上常用软件来编辑查看。通过第三方的软件来使用这些私密文件，我们就无法保证其安全性，但我们又没有资源去做那么多的安全编辑软件，后来我们在调研该用户群的时候发现其公司文件传输频繁，用户为了节省时间和精力，大多数是通过市面上常用软件来编辑和查看。通过该调研我们可以粗略估计有多少人有这样的需求，在其实际工作环境中是否经常遇到。

阶段五：使用 kano 模型，判定该需求对用户的满意程度

日本教授野纪昭构建出的 kano 模型，将影响用户满意度的因素划分为五个类型（前文提到了三个因素，此处内容做了拓展），用户满意度会有很大提升。

（1）魅力因素。用户意想不到的需求，如果不提供此需求，用户满意度不会降低，但当提供此需求，用户满意度会有很大提升。

（2）期望因素。当提供此需求，用户满意度会提升，当不提供此需求，用户满意度会降低。

（3）必备因素。当优化此需求，用户满意度不会提升，当不提供此需求，用户满意度会大幅下降。

（4）无差异因素。无论提供或不提供此需求，用户满意度都不会有改变，用户根本不在意。

（5）反向因素。用户根本就没有此需求，提供后用户满意度反而下降。

通过分析该需求对用户的满意程度来筛选和判定需求，如 QQ 手机端的数字消息提醒，随着 QQ 功能和业务的增多，各种消息提醒，如好友消息、新闻消息、订阅号消息等也增多了，用户每次打开用户端时总是看到这些提醒，在刚开始时用户得一个一个点击消息，全部点击完成后消息提醒才消失。后来 QQ 提供了拖动消息提醒可将所有消息变成已读的功能。对于这种需求是用户想不到的，但是用户看到这个功能的时候会非常满意。

阶段六：思考衍生新的使用场景或需求的可能性

实际工作中，产品经理可能因事务或其他原因忙碌着，就把原先需求和方案或者已经做完的功能放一边了。但是，没有最好的方案，只有更好的方案，所以产品经理在事后也应该关注和琢磨这些需求。例如，当前需求能否和原先功能有所挂钩？如有，二者结合起来会是怎么样的？是否会对原先的功能起到更完善的作用呢？当做出这个需求后，会不会衍生出新的场景、新的需求呢？

大多数产品在融聚一定的用户后，就会想方设法地在用户黏度和用户量上下功夫，一般会以积分的方式进行。如我们通过用户反馈的需求建立了一个积分体系，主要用于激励和回馈用户在平台上的活动行为。积分主要是用于消费或者兑换礼品。这时候如果增加会员系统呢？如 VIP1 的用户每天打卡获取的积分较 VIP2 的少，新增等级差异化积

分奖励。增加会员系统后，通过会员系统控制不同等级会员权限，如只有VIP5的才能下载和使用新的表情包、气泡等。在社交类产品中还可以将会员系统做成等级系列，如军衔系列、武将系列、科举系列等。

通过类似这种衍生出的需求完善之前单一的需求，使之前的需求显得更充实、更饱满，但注意不能乱结合。用户在使用过程中不会花工夫和时间去研究你的产品玩法，所以单一功能或结合后的功能一定要简单明了，让用户容易上手。

专栏：创业者感悟

一件事对不对，在没做的时候，你永远不可能知道。先去大胆地试。试什么？不仅是试探市场的反应，更重要的是试探合作者的反应。如果一件事，刚一启动，你就发现有很多合作者乐于加入这场你发起的协作，他们似乎和你一样，已经为这件事思考了很久，准备了很久，那么，恭喜你，这件事大概就是要做成了。

——罗辑思维创始人罗振宇

专栏：大学生创业故事

OFO共享单车项目的由来

2009年，张巳丁与戴威于北大自行车协会前往凤凰岭的一次拉练中结识，并认识了戴威的室友、同样热爱骑行的薛鼎。共同爱好令他们拥有共同语言，几次骑行经历让他们结下了深厚的情谊。戴威此前曾有过创业经历，那段经历为他打开了创业的窗口，一个想法忽然涌上他心头，“为什么不把自己喜欢的东西做成一项创业？”于是三人开始了对“自行车创业”计划的探索。他们投入大量精力，举办了几次不同寻常的“骑游”活动，如游台湾、游济州岛等，也做了另外有关自行车的尝试。这些探索让这个三人团队小有名气，也维持住了日常开支。然而由于骑行的市场太小，戴威三人还是选择了暂停。

后来，从自行车出发，他们将目光转向身边的校园。他们发现，校园内的自行车非常多，但是大多数同学每天使用时间很短，闲置时间长。此外，大量的废旧自行车也占用了校内空间。“如果把这些自行车都合理调配起来，大家一起使用，有没有可行性？”许多个夜晚，他们都在头脑风暴，假设、讨论、推翻、再假设，他们收集了出行方面许多的创业资料，最后发现，共享自行车可行！

横在他们面前的第一道难题就是资金问题，“没有钱、人力和物资都无法维持，尤其是没办法购买自行车，完全指望同学们无偿‘捐’车太不现实了”。可是，就凭几个没什么工作经历的学生，一个没有完全成型的想法，让别人怎么信任？万分幸运的是，第一位投资人在这时出现了。一位北大校友听说了OFO项目，“让同学们随时随地有车可以骑”的想法打动了他，他决定见一见戴威、薛鼎和张巳丁。而最终，他答应了对项目进行投资。2015年5月开始，戴威团队用这笔资金购车并邀请同学加入共享，正式迈出了OFO运营的第一步。

资料改编自：王涛. 把自行车玩到极致——三个北大毕业生的故事[EB/OL]. http://www.pku.org.cn/? p=23512, 2016.

【行动指南】

创业项目如何发现需求

美国一位著名的天使投资人马克·安德森写了一篇很长的文章，他说一个企业最关键的就是它有没有找到自己的 PMF（product-market-fit）。PMF 是什么呢？就是产品和市场的结合点，这个市场结合得越好，你的公司价值就越大。所以我觉得每个创业者要想不死，首先要找到真正的需求，同时制造的产品一定要满足这个需求，只有解决的瓶颈越大，你的成就才越大。让全中国的所有草根能买便宜的东西，就做出了淘宝。让所有的草根互相信任，能够存点钱，实现草根之间的交易，就出来了支付宝。要想完成人与人之间的交集，首先要上 QQ、上微信，这些都是解决了巨大的瓶颈，尤其是在互联网时代。

要想不死，就要找到一个刚需、痛点、高频的需求，这样的需求我觉得是最好的。周鸿祎这样解释：刚需，就是非玩不可；痛点，就是由于这个痛点导致痛不欲生；还有高频。凡是能针对这六个字进行创业，你就找到了创业的秘诀。我觉得这是非常关键的。

一个创业项目没有需求有五个表现：第一个，是缺乏市场调查，完全凭着一己冲动，个人想象。第二个，就是你做的这个事，用户太多，人人都需要，其实也就没人需要它。第三个，是产品投放市场后，如果你剔除了运营要素，剔除了补贴，用户不能自然增长，你这个事就是个伪需求。第四个，一句话说不清楚产品解决什么问题，就说明创业者对用户需求是没有感觉的，对公司的创业使命没有清醒的认识，对商业本质没有实际的了解。第五个，用户很 high，空吆喝，但不挣钱。咱们要做有需求的，还是必须能赚钱的。在泡沫大潮过后，要是不能够赚钱，不能够完成商业的本质，这个事就没法玩。

告别伪需求是创业成功的头一步，真需求意味着市场的真实存在，一旦你杀入了需求爆棚的蓝海市场，团队也有劲，资金链自动就顺畅了，那个时候即使竞争对手来了，你占得先机，也不害怕。

所以，要想成功创业，第一，要聚集一个用户群，找到典型用户，头一百个用户、一千个用户、一万个用户都是非常关键的，怎么能有一个天大的市场，然后用针一样的切入点切入，我觉得这是创业者的关键。第二，对于需求频次不够，但确定是刚需的，一定要有方法，通过内容把频次拔高。第三，快速做商业转换的测试，分析投入产出比，避免空吆喝不赚钱的陷阱。

资料来源：艾媒网. 薛蛮子：创业者一定得是内行，创业环境中国最好[EB/OL]. http：//www.iimedia.cn/51246.html, 2017.

本 章 小 结

（1）需求是一个人在某个场景下产生的欲望。当产品经理在开发某个产品时，经常需要完整描述一个需求。需求包括四个要素：用户、场景、目标、任务。马斯洛提出人类有五种需求：生理需求、安全需求、社交需求、尊重需求和自我实现需求。此外，创业项目的需求一般考虑的是强需求和弱需求，高频需求和低频需求，基本需求、期望需求和兴奋需求。

（2）从开发产品角度看，需求的来源分为一般来源与直接来源。一般来源指任何社会经济时代的产生和发展，都是生产力发展和人类需求不断升级及其相互作用的产物。需求是科技进步驱动的，科技的发展会逐渐演变出更多的需求和产品。人的需求没有止境，总是希望有更好的产品和服务，不断满足越来越多的需求，需求的“贪婪”才是互联网用户本质的真实需求。创业项目不是如何满足用户需求，而是如何“更好地”满足用户需求，“更好地”主要体现在四个“更”：更便宜、更快、更好玩、更多。

（3）从开发产品角度看，需求的直接来源主要包括用户调研、数据分析、竞品分析、相关人员反馈。具体来说，用户调研就是通过与用户直接或者是间接的交互来获取用户需求，这是最常用也是最靠谱的方式。数据分析：数据是客观的，分析出来的需求往往是准确的、有效的。竞品分析：在分析竞品的时候，除了分析竞品的市场、定位、目标人群等宏观上的东西，还需要考虑一些功能点等细节。相关人员反馈：在做产品的时候，往往会遇到客服、销售、运营工作同事的反馈，要求添加一些功能，满足他们的需求。

（4）顾客需求具有驱动性、多样性、连续性、满足性等特点。顾客需求收集的目的在于：通过以市场为导向的用户需求收集，获得产品创新的素材与灵感，保持公司产品的核心竞争力。需求采集的指导原则：首先考虑的是公司的产品愿景、产品战略，其次需求收集应该收集用户真正面临的问题和业务场景。最后是尊重竞争对手和用户。顾客需求收集的方法主要包括用户访谈、焦点小组讨论、问卷调查、头脑风暴。

（5）$APPEALS 是一种了解用户需求的、确定产品市场定位的工具。它从八个方面对产品进行用户需求定义和产品定位。相关关键词解释如下：$——产品价格（price）；A——可获得性（availability）；P——包装（packaging）；P——性能（performance）；E——易用性（easy to use）；A——保证程度（assurances）；L——生命周期成本（life cycle of cost）；S——社会接受程度（social acceptance）。

（6）需求探索是创业企业产品经理（PM）在日常工作中不可缺失的重要组成部分。产品经理对用户需求探索的过程，主要包括六个阶段，阶段一：分析需求来源，深度挖掘需求本质。阶段二：分析需求提出方所属的目标用户群。阶段三：分析需求提出方的使用场景。阶段四：评估需求所在用户规模和使用频次。阶段五：使用 kano 模型，判定该需求对用户的满意程度。阶段六：思考衍生新的使用场景或需求的可能性。

专栏：课后个人练习

1. 请依据本章中关于需求收集方法的相关内容，仔细分析专栏：大学生创业故事中 OFO 共享单车项目需求收集的具体方法。

2. 请使用四个“更”：更便宜、更快、更好玩、更多，去分别寻找四个产品能与其相对应。

3. 请选一个你经常用的 APP，并用 $APPEALS 进行具体分析。

4. 去找一个产品经理，与他或她聊 10 分钟，获取关于产品经理如何进行需求探索的具体案例。

5. 针对你计划做的创业项目，运用本章提到的相关方法进行需求探索。

专栏：课后学习材料

用户需求整理术

当通过用户需求调查收集到大量的外部用户和内部用户需求之后，需要对这些信息进行整理、归纳，以便能够充分利用这些宝贵的信息进行后续的需求分析。所谓整理，就是把相似的观点、信息放置在一起，这既是一个资料整理过程，又是一个对资料的初步分析过程。

在进行需求整理时，最为常见的方法就是亲和图。“亲和”表示“自然的吸引”，通过把需求按照其相互亲和性归纳整理为有意义的类别，可以使需求更加清晰准确，从而达成一致意见，以利于确定最终的优化需求。

1. 整理步骤

在整理前，需要准备即时贴或卡片、笔和大的工作面积，如墙壁、桌子或地板，然后按下述步骤整理。

（1）在即时贴或卡片上用比较简短、清晰的语言描述用户需求，然后把即时贴或卡片随机散开，使项目成员能够看到。

（2）项目组成员不进行讨论，移动即时贴或卡片，将相似的需求放在一起，最终完成对所有即时贴或卡片的分组。

（3）集体讨论为每个分组选择一个能够概括总体需求的标题，如“流程简单”“速度快”等。

（4）将每个分组的标题与本组的所有需求放在一起，用线连起来，绘制出最终的亲和图。

2. 注意事项

首先在对需求分析进行分组时，项目组成员间不要相互讨论；其次每组需求的标题是分组后根据每组特征命名的，不能事先命名。所谓不要相互讨论，是指只与主持人（产品经理）进行交流。

在确定了用户需求，并对需求整理分类后，还需要进一步地提出特定的、可衡量的功能性要求，以便作为评价、检验和考核的指标依据。比如产品的国外直邮应该尽快处理，那么，需要对尽快进行一个什么样的定义才算是符合需求呢？这就需要制定一个具体的、可量化的数值，比如国外直邮应当在5～7日内发货，15日内到达用户手中。

资料改编自：西蒙. 用户需求整理术[EB/OL]. http://www.cnblogs.com/simonk/p/3727438.html, 2014.

专栏：课后团队练习

结合本章内容，对下面这个创意进行需求调查：在高尔夫球内安置一个电子小标签，以使它们丢失后容易被找到。你们组觉得这可以称得上是一个好创意吗？你们觉得值得投资吗？创意描述如下：高尔夫球比赛期间，还有什么比丢球更令人沮丧的呢？丢球不仅使球手付出两杆惩罚的代价，而且找球也减缓了高尔夫球赛进程。开发一种电子小标签，在制造过程中将其置入高尔夫球内，不就可以解决问题了吗？带有电子标签的球看上去、摸起来以及使用时与普通高尔夫球一样。当高尔夫球手打出一个难以定位的球时，他可以拿出一个手持装置，打开按钮，将其指向高尔夫球可能在的方向，然后开始向球走过去，也许很快就能找到球。

请按上面描述，制定一个需求调查提纲，采用调查问卷与访谈两种方式获得相关人群的需求情况信息，并进行信息收集和整理，并运用头脑风暴法，画出创意高尔夫球的使用场景图（含用户、场景、目标、任务四个要素）。

参考文献

郝志中. 2016. 用户力：需求驱动的产品、运营与商业模式[M]. 北京：机械工业出版社.

马丁・林斯特龙. 2017. 痛点：挖掘小数据满足用户需求[M]. 陈亚萍，译. 北京：中信出版社.

西蒙. 2014. 产品经理常用的四种需求收集方法简述 [EB/OL]. http://www.cnblogs.com/simonk/p/3726600.html.

第6章 产品打磨

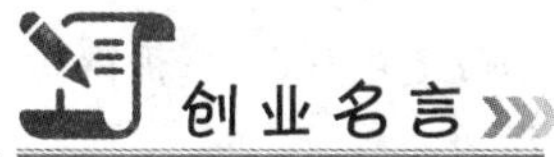

小米公司没有KPI（关键绩效指标法）考核，只考虑两点：用户看到产品会不会惊呼，用户会不会向朋友推荐产品。

——小米公司创始人雷军

通过本章的学习，你应该能够：

1. 理解产品经理的概念和角色。
2. 明确产品和爆品的概念及打造爆品的方法。
3. 明确产品打磨的基本国策。
4. 明确竞品分析的基本思路。

专栏：开篇案例

6年狂赚150亿，有一爆品武器

芬兰有家成立仅6年的公司，连续推出了4款爆品手游，只靠前3款游戏，2015年竟实现23亿美元（约150亿人民币）的营收，9.24亿美元的利润。这家公司叫Supercell。创业初期只有6个人，绝对是草根创业，跟芬兰政府借了40万欧元起步，办公室不到30平方米。《部落冲突》《海岛奇兵》《卡通农场》都是Supercell公司的游戏，多年来一直盘踞应用商店手机游戏下载排行榜前40位，其中有两款一直盘踞前10名。《部落冲突》和《卡通农场》曾为Supercell带来日收入250万美元的辉煌成绩。

爆品秘籍：砍产品，而且每砍一个开香槟庆贺

Supercell用6年推出4个爆款游戏，但背后，Supercell不知砍掉了多少款游戏。Supercell最早开发了一款名为Gunshine. net的跨平台多人游戏，2011年发布。游戏不错，很快就有50多万月度活跃玩家，但潘纳宁还是决定砍掉这款游戏，因为跨平台的定位不好。后来，公司转战市场宽度和深度都非常诱人的手机端，但砍产品依然在进行，单《皇

室战争》上线前，就砍掉了14款在很多人眼中绝对堪称优质的游戏，但Supercell认为它们还达不到玩很多年都不会让人腻的程度。让人更为惊讶的是，Supercell每砍掉一款游戏，就会举行香槟庆祝分享会。为了1款产品的成功，他们愿意背负N款产品的失败。

最狠一招：抓住简单粗暴的人性弱点

Supercell的游戏款款引爆，持续不衰，究其根本是抓住了人性。

1. 洞悉手机娱乐的本质：短平快

以最新的《皇室战争》为例，这是一款创新竞技塔防游戏，集合卡牌养成、策略、塔防等多种元素，而里面的卡牌角色大部分来自《部落冲突》。

不同的是，《皇室战争》的玩法更加简单粗暴，3分钟左右就能打完成一局，只要取得同类型卡牌就能升级，竞技性也更强。

2. 不强迫玩家花钱，同时满足付费、非付费玩家需求

在这一点上，Supercell做得很到位，并不强迫玩家马上花钱，而是确保玩家获得最好的游戏体验，因为花钱买道具是为了装备更牛，升级更快，玩得更爽。

Supercell的游戏，玩家即便不花钱买道具，依然可以玩得很开心，为了玩得更爽，升级更快，很多玩家心甘情愿砸真金白银。

多点开花，优胜劣汰，爆款产品的诞生有一定的偶然性，但更重要的是必然因素的投入，在不断的自我否定中找到最优的答案。

资料改编自：金错刀. 6屌丝创业，6年4款产品赚150亿，有一爆品武器[EB/OL]. http://www.sohu.com/a/77631169_115958, 2016.

问题思考：

1. Supercell为何经常要砍掉一些游戏？
2. Supercell为何能经常打造一些爆款游戏？请从用户角度进行分析。

6.1 产品经理的概念、角色与技能

产品经理在互联网时代变成一个众所皆知的名称，但其实早在工业时代产品经理这个职位就存在了。产品打磨这个工作主要是由产品经理来完成的，当然对于初创企业来说创业者是首席产品经理，他带着其他产品经理人员一起设计、打磨用户所喜欢的产品。

6.1.1 产品经理的概念

关于产品经理有许多定义，不同的人从不同角度可以给出不同的定义。《打造Facebook》作者王淮认为产品经理就是以解决问题为核心，整合和管理各种人力、物力等资源，高效地将解决方案变成实际产品输出的领导者。《缔造企鹅》作者胡澈认为产品经理就是在整个产品生产过程中，从功能策划到用户反馈都需要负责的人。《结网》作者王坚认为产品经理通常是指负责对现有互联网产品进行管理及营销的人员，他也负责开发新产品。一般来说，产品经理是企业中专门负责产品管理的职位，产品经理负责

市场调查并根据用户的需求，确定开发何种产品，并推动相应产品的开发组织，他还要根据产品的生命周期，协调研发、营销、运营等，确定和组织实施相应的产品策略，以及其他一系列相关的产品管理活动。

自 1927 年美国 P&G（宝洁）公司出现第一名产品经理以来，产品管理制度逐渐在越来越多的行业得到应用和推广，并且取得了广泛的成功。自此，国内多家领先企业相继采用产品经理管理模式，走出了产品研发的“象牙塔”，使产品的研制开发有的放矢，快速地满足顾客的需求。一般来说，产品经理是负责并保证高质量的产品按时完成和发布的专职管理人员。他的任务包括倾听用户需求；负责产品功能的定义、规划和设计；做各种复杂决策，保证团队顺利开展工作及跟踪程序错误等，总之，产品经理全权负责产品的最终完成。另外，产品经理还要认真收集用户的新需求、竞争产品的资料，并进行需求分析、竞品分析以及研究产品的发展趋势等。

6.1.2　产品经理的角色

在产品管理中，产品经理是领头人，是协调员，是鼓动者，但他并不是老板。作为产品经理，虽然针对产品开发本身有很大的权力，可以对产品生命周期中的各阶段工作进行干预，但从行政上讲，并不像一般的经理那样有自己的下属，但他又要调动很多资源来做事，因此如何扮演好这个角色是需要相当技巧的。

如果把产品开发当作赛艇运动，在最前面擂鼓喊号的是产品经理，他不但要每个参与者都使足力气，而且要协调所有的参与者，将他们的力气往一处使，他还要保证所有人的方向都是一致的，都知道朝哪个方向走，不能出现有人用力不对的情况。

在很多企业里面，会跨越行政管理的部门，以跨部门的虚拟产品团队方式来运作，产品经理是这个虚拟团队的领头人（leader），虚拟团队的其他人大部分都不是全职只负责某部分工作，但是有约定比例的时间投入。根据公司的情况，也可以约定产品经理对每个虚拟团队成员在某部分的工作表现进行考核。在快销领域产品经理的角色更侧重于产品（生命周期）管理和品牌推广。而在研发生产型企业里，产品经理的角色通常要关注生产的周转率、产品的故障率、版本更新情况、推广计划、财务数据等方方面面的事情，对产品经理的个人能力要求也更强。

而在互联网领域，产品经理通常最关注用户价值、用户体验，以及与用户体验相关的所有事情，都需要产品经理发起或者参与。在一些互联网公司，商业模型和财务部分的核算有单独的商业产品经理负责。

6.1.3　产品经理的技能

产品经理需要具备比较全面的技能，包括项目管理能力、个人能力、业务能力、技术能力、沟通和处理冲突的能力，各部分能力在产品经理总体技能中所占比重及基本介绍如下。

1. 项目管理能力占 35%

在项目管理方面，一个成功的产品经理的能力应该有 35%的能力在项目管理方面，而且这35%的能力包括团队合作的能力。好的产品经理首先是成功的项目经理，项目管理的经验对于产品经理十分重要，可以帮助产品经理更好地进行产品的管理，团队合作的经验和能力可以让产品经理在团队中比较好地处理团队内部的人员关系和团队的其他情况。

2. 个人的能力占15%

成功的产品经理应该是成功的领导人，他的个人能力包括其领导能力，个人的情况和能力以及个人的亲和力。个人的能力可以帮助产品经理更好地进行产品过程的管理。

3. 业务能力占全部的20%

产品经理的业务能力包括专业的业务管理技能。

4. 技术能力占全部的15%

技术能力对于产品经理来说是必备的技能，技术能力让产品经理能更好地理解产品的性能和特点，更好地进行产品的团队管理。

5. 沟通和处理冲突能力占全部的15%

产品经理应该领导项目组，指导产品从概念设计到市场接受全部工作，保证实现设计、收益、市场份额和利润目标，解决项目组的冲突；同时产品经理还应该管理项目，制订项目的计划和预算，确定和管理参与项目的人员与资源，同职能部门之间相协调，跟踪相对于项目基线的进展；产品经理还要负责和管理层进行沟通，提供项目进展状况的报告，准备并且确定状态评审点，作为产品的领导同管理层沟通，提供对项目组成员的工作绩效评审的输入材料。

一个成功的产品经理通常有在一个或多个职能部门从事过管理和操作方面的工作经验，并有管理项目开发的经历。产品经理可以来自财务、R&D、市场等任何部门。产品经理富有项目管理经验很重要，产品经理最好具备项目经理的任职资格证书。

专栏：创业者语录

用户实际上并不关心我们如何构建我们的产品，他们只关心我们的产品在手里是什么感觉，除此之外别无其他。我们不应过多关注于美化“产品人”所做的每件事，而应该将精力放在真正重要的事情上。重要的是，我们开发的产品能让用户微笑，并认识到新东西。

——Jeff Morris Jr.（天使投资人，也是Tinder的产品管理总监）

6.2 产品经理的目标：打造爆品

产品经理终极一生的目标就是打造一款让数亿人使用的爆品，如腾讯的张小龙打造的微信这款产品就是名副其实的爆款产品。打造爆品是有一些原则和路径可以遵循的。

6.2.1 产品及爆品的概念

一个产品的八成信息，都可以囊括在五大要素内。所以，拿到一款产品后，先列出五大要素，然后对这五大要素进行思考。

（1）内涵。指为用户提供的基本效用或利益，满足用户的本质需求。

（2）形式。包括功能、设计、内容在内的表达方式。

（3）外延。使用产品时所获得的附加价值和利益。

（4）理念。信念和宗旨，指用户使用产品时期望得到的价值。

（5）终端。产品的战场，即用户可以在哪些地方使用产品。

透过五大要素，我们可以对产品的表象进行拆解，拨云见雾，很容易得到产品的骨架。

爆品就是引爆市场的口碑产品。爆品战略，就是指以用户的一级痛点切入，做出足够好的产品，集中所有精力和资源，迅速引爆用户口碑，从而实现单点突破和赢得市场。爆品战略是以用户为中心的创新，在一厘米宽的地方做出一公里深的产品，把产品的深度做到极致，在某一个点上做到超预期，做到让用户尖叫，进而引发用户的口碑效应，引爆用户能量。

打造爆品有三个关键因素：极致单品、杀手级应用、爆炸式口碑。具体来说，首先看极致单品。做多是本能，做少是本事。人的天性包含“贪”“嗔”“痴”等，总喜欢贪多求全，所以传统的企业往往使用集海战略，同时推出很多品类很多产品，结果却收效甚微。而在移动互联时代，我们更需要做减法，集中全力打造一款体验极致、能快速获得用户赞誉的产品。例如 snap chat 就是把“阅后即焚”这个单点做到了极致，企业估值已经达到了 190 亿美元。其次看杀手级应用。传统企业往往是聚焦于产品的功能点，是一种自内向外的思维方式；而移动互联时代，我们则需要聚焦于产品的应用点，也就是用户的应用场景，这是一种自外而内的思维方式。所以，爆品一定能满足用户真正的应用需求，要打造极致体验，具有杀手级的威力，能迅速俘获用户的口碑。最后看爆炸式口碑。一切商业竞争的本质都是流量竞争，传统时代流量是“光明森林”，看得见摸得着，靠渠道、靠广告、靠店面等；而移动互联时代，流量是“黑暗森林”，看不见摸不着，是靠用户的口碑和人际链接而发生指数级裂变。所以，如果我们不能推出爆品，则无人知晓，很快就会淹没在无尽的黑暗中。

6.2.2 爆品的三个层次和三大法则

爆品有三个层次，据此打造爆品有三个实现路径：第一个路径，爆款功能。一个功能可以打爆市场，如微信红包。第二个路径，爆款产品。把一个功能升级为产品，就形成了一个整体解决方案。第三个路径，爆款平台。升级为平台，种什么活什么，可以接入很多产品，引爆很多产品。如腾讯，目前可以说是最大的爆款平台。

爆品是一种战略，爆款只是一种产品。爆品战略的最高境界是“垄断”。但互联网的垄断与传统企业不一样，是一种流量的垄断。

要真正打造爆品还需要遵循三大法则。

1. 痛点法则

找痛点，就是找到用户最痛的需求点。找痛点是一切产品的基础，是一切创新的基础，也是一切失败的源头。诺基亚为什么失败？诺基亚前高管在某次分享会上说，诺基亚的失败根源就在于“摔不坏”。诺基亚内部的工作天条就是“手机要摔不坏”。在功能机时代，强到能砸核桃而不坏确实是一个痛点，但是到了智能机时代则成了一个笑话，因为痛点变化了。一位中国手机发烧友用户曾经给诺基亚前副总裁致信抱怨，该副总裁回复：“你说得很对，但我们改不了。”也许是受到了这个刺激，于是有人决定自己生产一款用户全面参与的手机。他，就是小米创始人雷军。痛点法则，有个行动工具：找风口、找一级痛点、数据拷问。

2. 尖叫点法则

什么是产品的尖叫？就是要有用户口碑，就是在没有任何广告的前提下，靠用户的口碑就能实现快速成长，也称为冷启动。一个不能经受冷启动的产品，注定失败。纯广告驱动的产品，注定失败。

尖叫就是产品的口碑指数，在传统的“流量光明时代”产品很重要，有没有口碑指数不重要。但在互联网“流量黑暗森林”里，没有口碑指数将必死无疑。如以前商家很少在乎用户的差评，而今天在淘宝、京东等电商平台，若有一个用户差评，将使商家胆战心惊，彻夜难眠，甚至可能跑到客户家里恳请删除差评。产品是 1，营销是 0，如果产品不够让人尖叫，光靠营销，是不能持续的。大家熟知的恒大冰泉，确切地讲很不成功，投资数十亿元，广告数亿元，但一直销量平平。为什么呢？用户体验太平淡，没有让用户立刻能感知到的体验优势。褚橙就是一款爆品，它的定位是什么，用户记不住，但是因为它的品质、口味、品相给了用户很好的体验，所以才会出现一橙难求的现象。

3. 引爆点法则

现实中很多创业者的心理写照是产品这么好，为何用户不买账？一个产品要想成为爆品，痛点是油门，尖叫点是发动机，引爆口碑是放大器。如何快速引爆呢？有三个小法则：首先是找到一个核心族群，通过小众影响大众，通过大众引爆市场。其次是创造用户参与感，找到核心族群后，就需要引爆用户参与感。只有让用户参与了，才会有真正的体验，才会持续发酵。让用户参与就是酿酒，参与越多，酒香越浓。最后就是事件营销，营销的最高境界就是让它成为一个事件。

6.3 产品打磨的过程

一款产品从概念提出到发布，包括产品规划、产品设计、产品施工等主要流程。产品规划本质是明确什么问题有价值需要解决，我们用什么产品方案来解决这个问题；产品设计是对我们的产品方案进行从概念设计到详细设计的过程；产品施工是按照产品设计把产品开发出来。

6.3.1　产品规划

产品规划包括产品愿景、产品分析、产品定位和产品战略四个主要维度。

1. 产品愿景

产品愿景是描述产品长期期望达到的景象和目标。其概念包含产品价值和产品概念两个维度的信息。产品价值是要明确我们要解决用户存在哪方面的问题，为用户提供什么样的价值，这个价值大不大；另外，需要明确我们提供的产品在解决用户需求的同时，带给我们什么样的商业价值，我们的盈利模式是怎样的，我们怎样经济实现产品，怎样经济传播宣传产品。

产品概念是提出产品解决方案的概念模型。其中需要明确我们的客户是谁；客户的需要是什么，核心需要是什么；市场环境如何，已有解决方案有哪些；我们将采用什么样的解决方案解决客户的问题。

产品愿景的诞生可能是突发奇想、竞品启示、用户抱怨、商业考虑等，产品愿景提出后，需要经过产品分析，才能明确我们所提出的问题是不是真正有价值，真正值得做，我们的产品方案真正合适并能做成。经过产品分析后的产品愿景才可固定下来，指导产品方向，并随产品发展适当调整。

2. 产品分析

产品分析包含用户研究、需求分析、市场调研、团队研究四方面内容，目的是使产品愿景科学化看待和整理，为产品定位和产品发展战略提供背景支持。

1）用户研究

用户研究是对产品使用用户的调研。目的是隔离出用户群体（因为非用户群体会干扰用户群体产品诉求信息的声音），发掘他们的问题，梳理出核心问题，察觉他们在产品使用和付费过程中存在的顾虑。只有足够了解产品用户，我们才能获得真实可靠的产品需求。

用户研究至关重要。用户研究的方式有多种：

首先，让行业内颇具经验的人士参与产品过程最为有效。经验人士对用户的把握更精准，能提炼出最核心的需求和产品价值。行业专家一定是最好的产品经理；产品经理在一个陌生领域做出好产品比较困难。

其次，需要建立用户研究的维度。小团队虽然人数不足，但也应提出这个维度，不断丰富这方面的调研信息积累。

最后，建立用户画像描绘用户特质。可以从基本信息（性别、年龄、地域、人口属性）、兴趣爱好、商业消费（收入、学历）各维度描绘画像。

2）需求分析

需求定义分为两种：用户需求和功能需求。用户需求又分两层次。其一是用户什么问题需要解决；其二是用户需要用什么来解决这个问题。用户需要解决的问题才是需求的深层本质，用户需要用什么来解决该问题是需求的表现形象。功能需求，即为产品赋予什么样的功能来解决用户的问题。这个是在产品实现的方案规划上思考和梳理的事情。

需求分析的流程是确立分析目标、定性分析、定量验证、整理总结。其中，定性分析包括：定性地观察用户的使用行为和定性地收集用户的观点言论；定量验证包括：定量地测试用户使用数据和定量地收集用户观点问卷。需求分析是对用户核心需求的把握，正如用户需求定义所言，很多用户真正的需求是隐藏在用户的诉求中的。比如用户想要一匹快马，实际上是用户想快点到达目的地。需求分析一定要透过现象看本质。

对于功能需求分析而言，并不是你能满足用户的核心需求，你的产品就有价值了。产品需要在和竞品竞争中更具功能优势和体验优势，才能让产品被用户接纳。比别人深挖三尺的工匠精神、极客精神、偏执精神，是功能需求分析的核心武器。

一些需求光靠充分分析并不能发现，只有进入到真实的用户使用过程中才能观察出其真伪和价值高低，这也是产品功能需求小规模测试方法背后的道理。我们也应该知道，需求不只需要思考和理论推导，还必须放到试验实践中，让实践给我们提出更多的观察维度和视角。试验实践中，对于可能的失败也要坦然接受。

需求分析是一个发现和创新的过程，创新不是无源之水。小的创新靠的是科学地调研分析和行业内竞品的启示；大的创新靠的是跨界的借鉴和信息思考整合。

3）市场调研

市场调研的目的是明确我们在趋向产品愿景的过程有什么样的外在阻碍，这些阻碍能不能克服还是会让我们放弃产品；有什么样的风险，值不值得冒险；有什么样的轻松地实现方案来优化我们的设想方案；别人是不是留给我们机会了。

调研内容包含下面三个方面：首先是宏观环境研究，了解市场环境。包括政策、经济、文化、技术。其次是行业趋势研究，了解市场环境。包括行业概览、细分行业、行业趋势。最后是竞品格局研究，了解竞品。包括竞品的市场定位（细分市场、目标人群），竞品的差异优劣（产品和产品策略），竞品格局的未来趋势。调研方法，除了切身调研外，现有的行业报告、产品分析、信息暴露和媒体报道也是不错的外力选择。

4）团队研究

不是所有美好产品我们都有能力追求，不是所有美好产品我们都能一步实现。因为资源是有限制的、时间是有限制的。做产品前，我们需要科学评估我们目前的团队能力，根据这个资源现状合理安排项目步骤。不然，蚍蜉撼树只有悲剧。

团队研究包含下面四个方面：建立项目前团队评估的维度。依据评估结果安排项目节奏。在能触及的范围内，尽量争取资源，而不是接受资源现状。根据 SWOT 模型，设计自己的产品策略。

3. 产品定位

产品愿景在产品分析后，帮我们科学回答了用户的什么问题需要解决、值得解决，我们有什么样的解决方案和资源配置可以解决这个问题。此后，我们需要将产品方案收敛为产品来真正解决用户的问题。产品定位帮我们明确我们的产品是什么，什么样子。它是根据用户的需求、市场的计划、团队的实力来确定的产品切入点，约束产品的范围。

产品定位包含产品概念和产品定义两方面：产品概念指我们在产品愿景阶段明确的客户是谁；客户什么问题需要解决，什么问题最核心；市场是什么样子的，别人是怎样解决的；我们采用什么样的方案解决。产品定义指定义出产品是什么，产品的市场定位什么，产品的功能边界是什么。总体上看，产品定位有六个相关问题：什么行业？什么类型的产品？目标用户群体是谁？解决用户什么问题？给用户带来什么价值？跟竞争对手的差异化在哪？

比如网易严选：

（1）APP 是零售行业的电商产品，整体来看又包含了供应链部分。

（2）目标群体具有几大特性：注重品质、看重性价比、了解品牌及品牌效应、了解 ODM 模式。ODM（original design manufacturer）意为“原始设计制造商”，是指一家公司根据另一家公司的规格来设计和生产一种产品。

（3）解决了用户不能接受品牌货价格的问题。

（4）在质量略减、去除品牌效应的前提下，给用户带来了性价比的提升。

（5）在非垂直电商领域，差异化主要在 ODM 模式所带来的商品质量和性价比。

（6）线上性价比高版的“无印良品”，从让你信任我的“甄选”，到信任我的“品牌”。进可以走 OBM（指原始品牌制造商，此处指推出网易衍生品牌产品），退可以通过线上优势从竞品手中获取流量。

定位产品后，不但得到了产品的形象，更得到了它的态势和所处位置，能对外部因素有一个整体的认知，基于这个认知，我们可以解决下面的问题。

（1）产品原则：一句话表达清楚产品。

（2）产品优先级：评估需求的标准。

（3）产品态势：预测存活和未来机会。

专栏：创业者感悟

产品定位很重要，我们说很多时候产品经理做的是功能而不是定位。功能是做需求，定位是做一种心理诉求，也就是说定位是更底层的一些心理供给。最后说我们做的东西，能够把它做到底层的需求。

——微信创始人张小龙

4. 产品战略

在明确了我们要解决什么问题，我们做什么产品来解决问题之后，我们还需明白通往产品愿景的道路并不是一步可达的，甚至我们都可能看不清路，需要多版本的迭代开发才能看到我们期望的产品的样子，微信、微博等皆如此。这个过程我们明确的是我们的产品是什么，我们的期望是什么，我们不清楚的（或者说不能确定的）是我们在实现期望的过程路线。那么朝着产品长期愿景去实现产品所选择的阶段目标和阶段目标构成的路径即为产品战略。产品战略是由一个个阶段目标和阶段目标构成的网络组成的。明确战略的好处：对我们的期望有节奏限制，让我们有忍耐依据，不可能一步登天；在产品推出的每一步都能抵抗压力干扰，能放心走好每一步；我们的行动是连贯的，并不是没有体系章法的乱打。

6.3.2 产品设计

产品设计包括概念设计和细节设计。概念设计包括产品范围定义和产品信息架构设计，细节设计包括流程设计、交互设计、视觉设计。一版产品的诞生核心是要满足其在产品战略框架下的阶段目标。产品设计和阶段目标之间的连接就是解法模型。简单讲，解法模型是解释这种设计能达成阶段目标的道理，是一个类似于数学模型的概念。

产品规划明确了我们要做什么，每一步要达成什么目标。产品设计是把每一步的执行步骤画出来，解法模型是建立执行步骤到阶段目标的推导等式模型。

建立解法模型需要考虑的维度包括：流程的逻辑充分条件和因果关系；流程的闭环，是完整的流程链条；流程的通畅，没有无法实现的中断环节；流程的简单；流程以用户为中心，场景化思考；流程的可持续扩展。

在产品设计中建立解法模型有以下一些具体思路。

（1）扎实处理基础体验，做到极致优秀。产品的需求分为基础需求（满足用户基本需要）、扩展需求（主流用户的期望功能）、增值需求（用户的个性化需求）。针对基础需求确保是业内最稳定的，形成优势，至少不能成为劣势。

（2）差异化竞争。在产品框架范围内，提供特别的功能，形成差异化优势，确保被关心这个局部差异的用户能优先选择。

（3）剥离核心价值。不断澄清产品的核心价值，将资源着重打造核心价值上，而不是随意分散资源。集中资源在关键价值的地方，建立以核心价值为中心的稳固的护城河。

（4）基于用户场景的微创新。归纳、细分用户场景，模拟场景发现用户的现实需求，进行创新改进。遍历用户场景，直面最现实的使用问题，针对性解决，形成能真正解决现实问题的优势。

（5）细分功能点优化。针对单个功能点进行行业内比较和跨界比较，再深挖三尺发现更多的改进点。每一个点其实都会有改进的空间，只要能够去面对这个点，并且去和别的事物对比，总有高低。

6.3.3 产品施工

产品是什么？产品是由一系列设计流程和设计功能组成的解决用户问题（产生价值）的设备。产品是流程和功能的有序组织。施工过程是什么？是通过一系列流程把产品生产出来的过程。施工过程是施工资源的有序组织。我们探讨施工过程主要目的是深刻学习和认知这个过程的有序性和规律性。规律结构能带给我们固定的期望，就像蒸馏瓶总是很令人满意地分馏出我们期望的物质一样。施工过程需要重点考虑以最节省资源的方案科学实现，保证时间、保证质量地完成产品。有些情况下把产品的设计纳入产品施工过程，在规定时间内，按照规划，设计和开发出产品，同样没有问题。

1. 项目目标

和产品规划中定义的产品目标不同，产品目标是产品的期望，项目目标是完成项目，项目可能是完成一个产品，也可能是完成产品的一个模块。大家都知道，一个产品规划确立后，会以此为基础建立 N 个项目，并分配任务，各个部门会按照项目流程去执行它，项目的目标达成就实现了产品的各个过程点，过程点的输出结果集合成产品。产品规划构建产品朝向产品愿景的发展轨迹，项目规划构建项目趋向项目目标的行走轨迹。施工过程本质是项目管理的过程。

设计项目目标需要考虑三个维度：①大的目标要有意识地拆分，拆分的目标要有整体的目标地图格局，分步实现，聚合成项目。②目标要具象化、可评估。可评估的才叫目标，解决一个具体的问题比解决一个模糊的问题简单太多，模糊的问题甚至无法解决。事实上许多问题表象较模糊，都是有一些具体的关键问题支撑起来并自然被很多无关紧要的问题混合和遮盖。解决了 20%的具体关键问题，就能解决所有的问题。③目标的实现总是受到资源匮乏等各种现实阻碍，现实必然如此，结果才非常可贵。所以上坡的过程一定是十分辛苦的过程，需要我们具有耐心和前瞻性，忍耐住当前的这段窘迫，只要过去了，一切都会好起来。这并不是心灵安慰，而是在我们规划中可预见的发展过程和结果。

2. 项目计划

项目计划是规划整个项目从开始到结束的发展过程，包括方案管理、人力管理、资源供给、时间规划、风险管理等方面。

1）方案管理

方案指的是执行项目阶段任务，为保证阶段目标采用的系列措施。该概念和产品解法模型的概念是有区别的。产品解法模型是指为实现产品阶段目标而设计的产品建设维度。产品建设维度导致产品目标实现，项目方案导致项目目标实现。产品和项目会在很多方面重合到一起，项目目标、项目方案和产品阶段目标、产品解法模型就不必区分了。

方案的产生途径包括产品经理思考、团队的头脑风暴、用户的建议、竞品的参考、老板的意见。方案需要和目标区分开，我们是通过方案来达成目标，对方案的取舍没什么主观偏向。功能极简的产品就是以最简单的方案来解决问题，不是功能越多越好，而是问题能解决就好。

对方案的管理，需要有方案池的概念。持续不断汇总方案；隔离目标，客观取舍方案；针对上级的方案意见，需要通过科学分析，独立论证，并采用合适的方式表述出来，并归档管理。

2）人力管理

产品经理对一款产品的结果负责，需要运营各种需要的资源实现产品愿景，而不是只做狭义的产品工作。解决问题的人可能不是产品经理，但是解决问题的那个人需要产品经理寻觅和运营。产品经理需要评估项目所需要的人力配置，并在缺乏时，向上级和外部争取这些人力资源。争取到必要的人力是核心，如果无法争取到，也需要预测到可能的结果并预测影响。

产品经理对产品人力资源需求负责。项目执行过程中，产品经理需要努力树立自己的威信。以目标为中心，调和各个部门之间的工作，避免自己成为和其他部门的斗争角色。

3）资源供给

产品经理需要评估并争取项目所需要的资金、团队奖励、外部支持等资源支持，要在正向趋势上，争取资源、承担任务、争取收获和奖励，这三者的节奏不要打乱。

4）时间规划

规划自己的项目时间表，实现对项目时间维度的严格控制。时间设置一定要做到明确且拆分，否则没有约束意义。

5）风险管理

事实上，我们在项目执行的过程中遇到的问题总比我们想到的问题要多。如果做一件事情，我们在最初的时候并没有明确的把握，那肯定存在较大风险。就好比我们没有掌握游泳技术，那下水肯定是有风险的；如果我们熟练掌握了游泳技术，那么下水的风险就很小。我们在面对新鲜项目时需要充分警惕风险，做好充分的准备而不仅仅是必要的准备。

3. 过程管理

过程管理的核心目的是避免项目执行过程中失控。合适的规划是过程管理的依据和前提，但不是规划完，项目就能按照既定规划走，我们还需要时时动态调整。过程管理主要包括结果导向、渠道畅通、时间控制、品质控制、动态执行、节奏敏捷、大试验原理等几个方面。

1）结果导向

郭德纲说过这样一句话：相声是个手艺，只有会与不会，没有好与不好。这句话极具普世道理。很多事情都是只有会与不会，没有好与不好。例如，一个简单的道理，你要么明白这个道理，并能运用指导做事；要么你只是听过，理解一部分，并未达到质变的深度，道理是指导不了你做事情的（甚至只是浅薄的理解，而且是错误的），本质上就是不懂这个道理。例如，一根 1 000 米长的电线，只差了 1 厘米长度不能构成电路的通路，其实那 1 000 米同样没什么意义。

事情在很多情况下是以结果为导向的，我们差极小的一点并不能改变事情失败的结果（这可以用缝隙原理来解释：极小的缝隙决定了事情的本质），我们必须有这种维度的思考方式。

产品经理以结果为导向，对结果高度负责，必须多维度思考，运营充分导致各种资源协力实现结果。产品经理若单一地认为这是一份以产品规划、产品设计、项目管理等为主要工作内容的单维度执行工作，那是狭义的产品经理，我们定义的是大写的产品经理。

2）渠道畅通

信息是不会自然流动的，就是说信息本质上是不流动的，需要有通畅的信息流通渠道和推动作用才会流通。团队合作的时候，你所知的信息，其他成员不会自然知道。信息的不畅通导致的问题，经历过的人都有体会，不必多言。

信息渠道畅通的意义在于：团队成员能够对产品目标有共识，深刻理解产品的愿景和意义，有充分热情去工作。团队成员能充分明白项目的方向和当下形势，这样能自然造就高势，让团队成员自然参与进来，主动监控项目和提供力所能及的助力。困难的问题，在一次次充分曝光后，会自动聚焦，被集中力量解决。

信息畅通与否不是单个人的问题，而是组织协作过程中有没有搭建沟通的路径，因此，必须建立团队向上、向下和团队成员之间的沟通渠道，并不断检查此渠道的畅通性。

3）时间控制

不能按时完成项目是很多团队经历过的问题。我们抱怨项目时间失控的时候是否考虑过我们其实根本没有对项目进行完美控制，甚至没有控制的意识。项目不是计划了时间就能自动按时完成的，中间出现的问题一定会比我们想到的多。为此有以下建议。

（1）对项目时间有充分、细分、具化的规划。

（2）对项目时间有控制的意识和失控的处理准备。

（3）建立项目节点型的监控点，据此调整项目安排。

（4）建立周、月项目日历型的监控会议，据此调整项目安排。

（5）对项目的困难度和团队能力要有动态的了解和判断。

4）品质控制

严格控制产品的品质，做到不随意轻易妥协（允许科学妥协）是产品经理应具备的极其重要的能力，有时候只做好人做不成好事，面对各方面的压力，保持孤立和严格的要求是对产品经理的考验。

产品严格的前提是产品的各个环节的输入输出做到标准化和规范化约定。一旦发现不规范的地方必须修正，不然会导致整个产品不规范，为品质失控埋下隐患。另外，必须获取充分的资源，我们一再提及产品经理不只是单纯的产品经理，还是资源的运营者。

品质严格控制和科学妥协需要区分开。我们始终坚持严格控制品质，始终坚持科学妥协。我们的产品始终是在当下阶段最严格的品控。现实决定我们不能做一个脱离现状的理想主义者。事物有其阶段发展的规律，需经历从小到大，从不太满意到超出预期的过程，想法可以超越现实的节奏，但步伐还要贴着现实前进，为了产品的一步一步稳健发展，我们必须保留科学妥协的思考维度。

5）动态执行

面对我们熟悉的业务，我们能轻松处理，获得收益，但我们面对的更多的是不熟悉和不知道的场景。这种场景下，不知道和不可控性是自然的属性。这种情况下，我们对当下项目，需要动态执行，以对结果负责。产品分析，充分论证，道理上可行；预研，小团队快速建立 demo（样本），验证需求真伪；灰度发布，科学分析，平滑过渡；灵活上线，适当的运营和宣传；迭代优化，通过数据分析和用户反馈，快速修改和优化。

实现产品愿景的长期过程中，我们的需求管理、设计管理、产品管理、服务管理、用户管理都是动态发展的，有持续稳定的投入和输出。在最开始的阶段，我们不一定拥有这些，但是需要为这种持续性创建一个维度，伴随其诞生、发展和长大。

6）节奏敏捷

保持敏捷执行的节奏，MVP（指最小可行产品）的模式带给我们的不只是高效，还有整个团队状态和项目氛围的积极正向影响。伟大的团队一定是敏捷且不断向上的，迟钝的团队则注定不伟大且逐步向下。

7）大试验原理

我们在产品实践过程中，力图梳理出能科学规划和生产产品的方法理论，让这一切的发生不是随机的，而是趋向必然的。

面对创新的存在属性——未知，我们的每一步其实都是在验证我们的产品思路（对产品发展的判断和假设），如果成功了，这个思路就更值得信赖；如果失败了，这个思路就值得反思和吸取教训。进步就是把更多的未知变成已知，我们在理论化的同时，需要尝试更多的新的思路和未触及的方式与领域，那里才藏着更多宝藏。

专栏：创业者感悟

什么是产品体验？总结一个字就是“爽”，两个字是“好玩”。事实上如果我们问用户为什么喜欢用微信，没一个人会说它可以省钱，或者是很方便地发短信。他们会告诉你这个东西挺好玩的，或者用起来挺爽的。

——微信创始人张小龙

6.4 竞品分析

竞品分析是产品打磨过程中非常重要的一个环节，由于其比较重要，所以从上述产品打磨过程中抽取出来，专门进行分析。本节主要介绍竞品分析的原因及注意事项，并提出了竞品分析的套路，最后简单提一下竞品资源获取的渠道。

6.4.1 竞品分析的原因及注意事项

为什么要作竞品分析？说好听点是知己知彼有所准备，说难听点就是不自信。做产品初期，不自信是正常现象，正是自己的不自信才会让我们急于去补充知识、补充内容、认识市场、了解环境。在补充的过程思想会剧烈碰撞也是正常现象，碰撞的结果有两种：一是你更不自信了，于是你放弃了或隐藏了你的想法，从此不再提及；二是你比原来更自信了，产品准备得越来越充分，PPT/文档写得挡都挡不住，说服领导更是自己都感动得哭了。

所以，竞品分析就是构思酝酿之后我们获取补充内容的一个重要来源渠道，有了自己的产品构思再看看市场环境是什么样？同行是什么样的情况？同行产品是什么情况？判断是红海还是蓝海？收集补充必要信息框架内容让我们产品思想更坚定就是做竞品分析的初心，强制任务的竞品分析出发点是不对的，带着目的与初衷愿景去做，其结论才有意义。

竞品分析有下列注意事项。

1. 不轻易开始竞品分析

竞品分析是你想再拓宽视野时的一个方法途径，产品人在没有想法或立场不坚定的情况下盲目启动竞品分析是极度危险的。若产品人的思路模糊或毫无立场，会被竞争对手的产品带走并容易被洗脑，此时的竞品分析犹如竞争对手植入公司产品基因里的病毒，终归会病毒发作造成一发不可收拾的损失。为避免感染病毒，产品人在竞品分析前必须充分准备：你已经对新产品有充分的思考立场坚定，有足够的定力，能清醒地认识到自己的优劣势，防止盲目学习模仿给“病毒入侵”提供渠道。

你已经充分分析公司的现状、优劣势、特征特性，因为任何产品都是基于其公司基因生产而成的，基因决定产品的命运。在资源允许的情况下，竞品分析能安排其他信得过的产品经理完成，然后与他激烈 PK，防止你抵不住诱惑会产品覆盖范围盲目暴增失去核心，一个竞品下来发现什么都想做了，那也算完了。

2. 错误结论比不做还更要命

竞品分析十分忌讳文档洋洋洒洒十几页，却在关键阶段结论部分没有自己的看法与见解。如果竞品分析是你自己完成的，到下结论时你无法下手说明你对新产品构思还欠火候，还需要提炼；如果竞品分析是其他产品经理作的，结论部分犹如白蜡嚼之无味，说明该产品经理道行还不够深厚。

当然竞品分析最忌讳的是你投入精力与成本，在最终结论报告时却得出一个错误的结论，其后果绝对是致命的；轻则，产品一出生就面临红海搏杀生存概率极低；重则，产品夭折前功尽弃给产品人留下阴影。所以结论很重要，会影响产品环境的一些走向，需要好好把持。

3. 不要过度追求数据

切忌过度追求第三方研究报告或竞争对手公司的运营数据，能外流的竞争对手运营数据都是有水分的，第三方研究报告有时也未必可信。数据只能看，不能太认真，认真你就掉入竞品圈套中，影响判断力。

6.4.2 竞品分析的套路

1. 竞品分级研究

在竞品分析中我们必须确认我们研究的核心目标，按产品影响力将产品分级分类，投入不同的精力与关注度进行分析。将有限的资源投入到核心竞品分析中以提升对行业产品深度的认识，适当关注一般竞品分析以提升对行业产品宽度的认识。多增加一家竞品，资源投入就要多加一分，成本也高一分，权衡好竞品分析范围十分重要。

2. 竞品战略策略研究

竞品战略方向是竞品分析的核心，弄清楚竞品的客户对象（用户对象）、应用场景、切入痛点、推广策略与运营策略对自己的产品未来有很大的借鉴意义。

3. 竞品信息框架研究

竞品信息框架是竞品分析的重要组成部分，很多产品人认为竞品信息框架是竞品分析的核心，便专攻这部分内容，这是一个错误的观点认识。竞品信息框架包含产品功能点、产品信息流程、产品交互亮点、产品视觉感官亮点以及你作为用户在使用竞品过程中的体验感受，其中你认为优秀的交互界面或美观的视觉内容可以截取留存为将来自己产品的 UI/UE 提供一些参考意见。

4. 竞品市场分析

市场分析主要收录竞品数据内容，为竞品分析不可缺失的部分，数据内容尽量追求来源渠道的权威性，数据只作参考，用将信将疑的眼光去看待这些市场数据对产品人百利无一害。市场分析内容包含行业研究报告、竞品公司公布的用户存量与日活动量、产品营收、产品版本发布记录、融资情况、商业合作情况等；这些数据在产品评审时可以为你提供帮助，但是产品人自己不可陷入太深。

5. 竞品资深用户反馈

使用竞品需要全身心投入，把自己当作竞品的发烧用户认真对待，能混入竞品种子群效果更好，收获竞品种子用户对竞品的看法对产品人深入了解竞品有巨大好处。

6. 竞品分析报告

产品人不要过于纠结报告套路，上级希望看到的是你在投入精力后对行业竞争环境的认识与对比差异化结论，清晰准确表述自己的看法，坚定自己的信念，结论观点清晰，能帮你获得更多资源。

6.4.3 竞品资源渠道

在互联网时代，信息来源多样化，不是没有渠道，而是你愿不愿意开拓渠道。目前公司资源渠道有以下几种。

（1）售前渠道。在公司最能直接深入了解竞品的人群是售前工程师，他们有机会听竞争对手的产品宣讲，看竞争对手的 PPT 甚至产品演示，他们能实时给你提供所见所闻且信息内容准确性极高，为重要渠道。

（2）客户渠道。客户一开始都是小白，需要招标厂商都会卖力地宣讲自己的产品优势，久而久之小白被洗成专家，产品人需要抓住一切可以和客户沟通交流的机会，甚至可以获取其他公司信息情况。

（3）互联网渠道。知乎、百度、头条、TODAY、INFOQ、Mindstore、HC3I、HIT、36 氪……主要看你的精力与投入，在此不作过多说明。

专栏：大学生创业故事

90 后北大法学硕士创业卖米粉

90 后、北大法学硕士、创业卖米粉，几个关键词放在一起，就是张天一这两年来走过的路。2014 年夏天，张天一从北大毕业。为什么选择卖湖南米粉这条路？张天一这样对记者说：首先，餐饮行业前景广阔，与麦当劳等国际连锁餐饮品牌相比，国内的餐饮连锁还有广阔的发展空间；其次，湖南米粉名声在外，是南方人喜爱的主食，但是在北京却很难吃到正宗的；最后，湖南米粉的准备工作主要在前期，现场做一碗米粉用时不超过 30 秒，有利于标准化生产。

于是，2014 年 4 月，张天一和几个伙伴凑了 10 万元钱，在北京环球金融中心地下室的拐角，拉起了伏牛堂米粉的大旗。为了把正宗的常德米粉引进到北京，张天一回常德走街串巷寻找口味最好的正宗米粉，配制出伏牛堂米粉的独家配方。

开业之初，小店业绩蒸蒸日上，不到一个星期单日营业额就接近1万元，让张天一和他的创业伙伴们欣喜不已。然而，面对越来越多通过移动互联网的口碑带来的“食客”，发米粉、炖牛肉、烧开水等工作让张天一和他的几位伙伴忙得不可开交，难免在服务等方面疏于把关，影响了一些顾客的用餐体验。

为此，四位创业伙伴展开多次讨论，最终形成了统一认识：绝不能为了业绩而违背对品质的坚持，必须坚持做最正宗的湖南米粉。有了好的产品和服务，再利用互联网平台宣传推广，吸引人流，精确定位消费者，保持核心竞争力，米粉店的生意越来越红火。

“例如，有顾客给我们提建议，说你的米粉太辣、太油，但是我并没打算改变。因为我清楚地知道，在互联网时代，我只要精准地在北京找到30万到40万接受这个口味的人，并坚持做到最好就行了，我并不需要满足2 000万人的胃。”张天一说，“真正的生机在我们运营3个月时就显示出来，那时我们积累了8个QQ大群、3个微信大群，以及微博上将近1万人的粉丝群体，这就是我们真正的核心竞争力。”

资料改编自：钟超，邱玥. 行进中国 • 创业创新的故事：90后北大毕业生的智慧餐馆[EB/OL]. http://edu.people.com.cn/n/2015/0609/c1053-27123394. html, 2015.

【行动指南】

成功产品人必备的10项特质

1. 从问“为什么”开始

你必须能清晰地回答为什么会有人用你的产品，你的产品能为他们解决生活上的什么难题等这样的问题。你要关注用户写的评论。一旦确定了这个产品的定位和愿景，就一定要围绕这个定位和愿景开发产品。正如亚马逊CEO杰夫 ·贝佐斯所说：“Be stubborn on the vision，flexible on thedetails。”（坚持愿景，灵活执行。）

2. 打造可以解决你自己问题的产品

你要知道好的产品一般都是从解决自己的问题开始。虽然这一点通常跟CEO提到的比较多，但对于每一个做产品的人来讲都至关重要。你每天使用自己开发的产品才能对用户有同理心，才能感受到用户真正需要的是什么。Y Combinator掌门人Paul Graham曾说：“如果你深究成功的创业公司的起源，就会发现很少有人是模仿其他的创业公司来开发产品的。那么他们是从哪里得来的想法？通常都是来自一些具体的、未曾解决的问题。”

3. 设定目标、跟踪目标

你必须对你所在的团队和所做的产品的“成功”有清晰的定义。目标有很多种，如有抱负的目标（帮助人们实现理想）、现实的目标（帮助团队集中关注重点）和量化的目标（可以帮助引导）。还有共同的目标——团队公认并愿意去付出努力的目标。你需要跟踪这些目标的进展，而且要知道指标只是成功的证明，而不是成功本身。

4. 要有市场意识

你应该对市场非常了解，而且知道你的产品在市场中的位置。你要了解竞争对手并使用他们的产品。通过新闻链接、PPT和产品拆解会议，与其他团队成员定期分享更广泛的市场情况。你要使用这些信息告知和指导（而不是要求）自己产品的发展方向。

5. 既要向别人学习也要去教别人

最有效率的学习是从已经做了你想要做的事情的人那里学习。你必须在“导师”的身上“投资”，以便能够随时请教，并对自己产品的成长产生实际的意义。你学到东西之后，还要指导新的产品经理，这样你才能不断地改进和学习，从而对产品有整体的概念和观点。

6. 建立信任

你必须学会信任别人而且值得别人信任。知道信任与盲目信仰之间的区别，以自己的行为为榜样，来建立一个充满信任的工作环境。你需要倾听并努力了解他人的背景、观点和看待问题的角度。信任是有商业意义的，双方越信任，沟通成本越低。

7. 要知道“如何做”

你需要将团队的关注点放在可以执行操作的想法上。因此你必须有技术可行性的知识，这样才能实现紧密有效的反馈环节，从而节省很多工程周期。不能把实现某个功能全部交给实验或是机器学习（例如，使用机器学习来确定用户的偏好），你必须脚踏实地去做。

8. 对产品施加约束

世界上最富创造性的解决方案，都是从对绝大多数人造成的约束中成长出来的。你不仅需要理解选择的矛盾性，而且应该明白一些开放性的说法，如“我们的产品可以做很多事情”反而会适得其反。你有时应该人为地去加上一些约束，来测试用户的反馈，进而可以帮助你思考产品应该有什么样的边界。

9. 发扬优势，积累技能

有的时候“会做很多事情”意味着“几乎没有什么擅长的事情”，所以如果你有明显的优势，就应该在这个优势上继续投资，这样就可以弥补你的弱点。你最终应该形成自己的规则（如在开发和设计中），而且要积累自己的技能，这比任何头衔更有价值。

10. 确定优先级

你应该是一个很会将复杂问题拆解成小问题，并能够排好优先级去逐一解决问题的人。核心问题应该最优先考虑，其他的问题都需要与核心问题相权衡。在需要达到一个阶段的目标时，更需要优先考虑该阶段核心问题是否解决。

为了提供更好的用户体验，你应该舍得削减一些功能，虽然在开发这些功能时你花费了大量的时间和精力。更重要的是你不仅知道要去削减一些功能，而且知道哪些功能应该去削减，这些应该是基于场景而不是基于功能本身。

资料改编自：星河互联. 观察了数百位产品经理，我总结出成功产品人必备的20项特质[EB/OL]. http://36kr.com/p/5085279.html, 2017.

本章小结

（1）产品经理是企业中专门负责产品管理的职位，产品经理负责市场调查并根据用户的需求，确定开发何种产品，并推动相应产品的开发组织，他还要根据产品的生命周期，协调研发、营销、运营等，确定和组织实施相应的产品策略，以及其他一系列相关的产品管理活动。

（2）在产品管理中，产品经理是领头人，是协调员，是鼓动者。在很多企业里面，会跨越行政管理的部门，以跨部门的虚拟产品团队方式来运作，产品经理是这个虚拟团队的领头人（leader）。对于产品经理来说需要掌握比较全面的技能，包括项目管理能力、个人能力、业务能力、技术能力、沟通和处理冲突的能力。

（3）产品经理终极一生的目标就是打造一款让数亿人使用的爆品。一个产品包括五大要素：内涵、形式、外延、理念、终端。爆品就是引爆市场的口碑产品。爆品战略，就是指以用户的一级痛点切入，做出足够好的产品，集中所有精力和资源，迅速引爆用户口碑，从而实现单点突破和赢得市场。

（4）打造爆品有三个关键因素：极致单品、杀手级应用、爆炸式口碑。爆品有三个层次：爆款功能、爆款产品、爆款平台。要真正打造爆品还需要遵循三大法则：痛点法则、尖叫点法则、引爆点法则。

（5）一款产品的打磨，包括产品规划、产品设计、产品施工等主要流程。产品规划包括产品愿景、产品分析、产品定位、产品战略四个主要维度。产品设计包括概念设计和细节设计。概念设计包括产品范围定义和产品信息架构设计，细节设计包括流程设计、交互设计、视觉设计。产品施工是通过一系列流程把产品生产出来的过程。产品施工过程需要重点考虑以最节省资源的方案科学实现，保证时间、保证质量地完成产品。

（6）竞品分析是产品打磨过程中非常重要的一个环节，产品思想更坚定就是我们做竞品分析的初心。竞品分析的思路主要包括竞品分级研究、竞品战略策略研究、竞品信息框架研究、竞品市场分析、竞品资深用户反馈、竞品分析报告等。竞品资源渠道有：售前渠道、客户渠道、互联网渠道。

专栏：课后个人练习

1. 在你的身边寻找至少三个被称为爆款的 APP，使用本文提到的观点去分析为何它们被称为爆款。

2. 请找一名产品经理，和他聊聊近期的工作，感受一下一名优秀产品经理所需要的技能。

3. 请选一个你经常用的 APP，用竞品分析的思路寻找另一个 APP，并对两者进行界面、功能比较分析。

4. 针对下面的课后学习材料，请认真阅读，并思考周鸿祎的观点对你的启发。

5. 针对你计划做的创业项目，运用本章提到的产品规划方法进行针对性思考。

专栏：课后学习材料

有了“四心”才能成为好的产品经理

在奇虎360，我（编者加：指360公司董事长周鸿祎）觉得我就是最大的产品经理。因为我曾经是个失败者，曾经在用户体验上犯了很多错误，甚至被别人骂得狗血喷头，有很多不成功的功能和产品。但正是这些经验教训，帮我做出了后来更多、更好的产品。同时，也正是这些经验教训，让我对产品经理有了更多的感悟和心得。好的产品经理必须具备以下“四心”。

1. 用心：对自己、对产品负责任

实际上，我每做一个新产品，既没有锦囊妙计，也不是三分钟就能找到灵感。相反，我也要花很多时间去看同行的产品，去看论坛的用户评论，然后也要花很多时间、心血思考和打磨产品。总之，对每个产品都可谓呕心沥血。在我看来，做产品有时候就像一个女人十月怀胎生孩子。就算你已经成功养育了3个孩子，第四个孩子也不会说3个月就能健健康康地生出来，还是得经历10个月痛苦的孕育过程。产品经理也是一样，无论你之前有过多少成就，但只要有一刻不用心，就没办法再继续拿出让用户满意的产品。这是必然的。所以，我经常跟产品经理讲，我们心里一定要有一个大我，要对产品负责任，要把产品看成你自己的产品。这样做，我相信每个人都是有潜力的。

2. 同理心：从用户角度出发

“同理心”讲的则是小我、忘我、无我。做产品，无论有多高的技术、多好的设计，想要给用户提供良好的用户体验，都要遵循一个原则，即从用户角度出发。很多产品，没有瞄准用户的刚需，解决的不是痛点，又或者用户没有需求，做出了伪需求。做产品最大的陷阱是伪需求。还有，有些产品不是痛点，而是痒点。痛点是让你坐立不安，任何伟大的战略都是从小点开始切入的。战略就是找到用户的痛点和刚需，然后去解决它。我经常告诉产品经理们一句话——像“小白”用户一样去思考，思考完了得出结论，然后再像专家一样采取行动。但事实上，很多人颠倒过来了。而我之所以比他们更能找到用户需求的点，就是因为我能这么多年一直被用户骂，能一直坚持在一线看用户的帖子，能在微博做用户的客户。这些当然都不是为了作秀，而是为了能够真正理解用户的想法，做到将心比心。

3. 处处留心：产品体验无处不在

很多人觉得改善用户体验都是在公司、在上班时间、在产品讨论会上完成的，下班之后，这事就跟自己没关系了。要我说，这种人很难成为优秀的产品经理。在优秀的产品经理眼中，产品体验无处不在，甚至我们每时每刻的所见、所闻、所感都与产品体验有关。例如，在乘坐航空公司的飞机时，登机过程、机场安检流程等都是体验；在医院里，排队挂号、问诊、住院等都是体验。作为产品经理，如果你能在日常生活中，把自己当成一个抱怨的用户，处处留心，然后把它再上升一个层次——抱怨完了之后，想想为什么会抱怨，该怎么改善。我觉得这个过程，就是训练自己用户体验感觉的过程。

4. 没心没肺：脸皮要厚，不要怕人骂

最好的产品可能是优美的和优雅的，能解决用户问题，但它一定不是完美的。苹果的产品即便到了今天也有很多缺点，但是没关系，只要你的产品有一个点或者几个点能够给用户带来强大的诱惑和感动，这就够了。很多设计师出身的产品经理：一方面，做事要求完美，要求一步到位把产品做到极致；另一方面，又有一颗玻璃心，被老板一批评就蔫了，被同行一挑战，被用户一抱怨，就觉得受打击了，“好，我不跟你讨论了，你不懂”。

当我们谈论苹果或其他成功公司的产品的时候，一定不要看它们今天的成功，然后去模仿，一定要看它们刚起步的时候的原型有多么粗糙。因为任何好的产品，都是经过不断失败、不断打磨最后才出现的。好的体验更不可能一次到位，你需要不断地、一点一滴地去改进。总之，任何一个成功的产品，它的成功都不可能一招制敌，更不可能一炮而红，而是至少经过三五年不间断的打磨、尝试和失败，最后才脱颖而出，走进我们的视线。产品经理必须对此有心理准备。

资料改编自：周鸿祎. 周鸿祎自述：我的互联网方法论[M]. 北京：中信出版社，2014.

专栏：课后团队练习

请基于互联网下载一些互联网公司产品发布会的视频，如苹果公司、小米公司、华为公司等。在团队内部进行两两组合分工，共同完成上述公司视频的观看。在观看时请从产品经理的视角去解读相关公司的产品，并做好要点记录。观看后在团队内部进行分享讨论，形成一个关于上述公司产品优点、缺点的比较分析图表，并尝试总结新产品发布会的流程与注意事项。

参考文献

大宋. 2017. 产品经理方法论体系[EB/OL]. http://36kr.com/p/5069029.html.

金错刀. 2016a. 爆品手记[M]. 北京：中国友谊出版公司.

金错刀. 2016b. 爆品战略：39 个超级爆品案例的故事、逻辑与方法[M]. 北京：北京联合出版公司.

袁文. 2016. 产品经理基本功：如何做好竞品分析？[EB/OL]. http://36kr.com/p/5060730.html.

第7章 资源整合

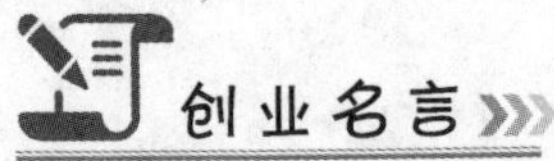

创业名言

创业者在企业成长的各个阶段都会努力争取用尽量少的资源来推进企业的发展，他们需要的不是拥有资源，而是要控制这些资源。

——哈佛商学院教授霍华德·史蒂文森

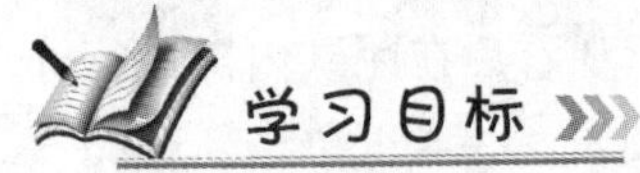

学习目标

通过本章学习，你应该能够：

1. 理解创业资源的内涵。
2. 了解创业资源获取的方式。
3. 了解创业资源整合的概念与意义。
4. 掌握创业者资源整合策略与机制。

专栏：开篇案例

整合资源，创立公司

1997年，互联网刚刚兴起，在南澳大利亚大学计算机和信息科学学院任教的陈健博士敏锐地认识到互联网将会给中国带来巨大的机遇。同年，在完成了一次学术交流返澳途中，在深圳他邂逅了自己的一位小学同学。两人相谈甚欢之余发现，一个在技术上有专长，一个在商场上事业有成。于是一拍即合，两人决定在中国建立一个信息公司。

可是，在哪里组建公司呢？最早，陈健想把公司设立在深圳，但他发现，深圳方面只关心他能带去多少投资，而不关心其他问题。于是，陈健又去了北京，但北京留学归国人员比较多，在服务态度上不尽如人意。最后，陈健接触了西安高新区。这里向他传递了巨大的善意。对方首先认为他是个人才，而不是单纯考虑他能带去多少东西。此外，陕西虽然在很多方面有所不足，但在某些局部条件上却优于沿海地区。于是，他选择西安作为自己创业的基地，成立西安恩科网络技术有限公司。成立之初，公司就获得国家、省市政府以及西安开发区和创业中心（留学生产业园）的大力支持，包括资金的支持，以及企业成长过程中对企业的关注和支持。

选择西安作为创业基地，陈健清晰地知道："不仅是因为西安有着丰富的科教资源和大量的软件人才，更因为西安优良的创业环境。"陕西省是人才大省，全省现有 107 万专业技术人员，其中关中地区占到 62.5％，为软件企业提供了强有力的智力支持。陕西省对专业技术人员还提供了很多政策上的支持，如出资用于技术人员的出国考察和培训，对人才在科研经费的使用、职称的评聘以及生活待遇上也做了很多力所能及的工作，这些对科技企业来说无疑都是巨大的支持。

自 1998 年公司成立以来，拥有员工 95 名，注册资金 1 100 万元，承担了 300 多家企业、政府、机构等各类客户的信息化建设项目，开发形成了一系列拥有自主知识产权的软件产品，其中有平台先锋（互联网维护管理平台）、互联网应用开发平台、企业/机构信息门户系统、网络办公与信息管理软件、网站远程自助建设与维护管理系统、基于 Web 的广域分布式企业销售管理系统等。

资料改编自：创业资源整合三：信息资源[J]. 中国孵化器，2005（2）：30-31.

问题思考：

1. 陈健是如何整合各类资源来创立公司的？
2. 基于案例，你认为创业者在进行资源整合时需要哪些胆识和能力？

7.1　创业资源的内涵与获取

资源是任何一个主体在向社会提供产品或服务的过程中，所拥有或者所能够支配的能够实现自己目标的各种要素以及要素组合。它是创业过程的基本要素之一。对大多数创业者来说，只要对项目和企业的发展有帮助的要素，都可以看成是资源，如人员、资金、技术支持、销售渠道、顾客等。但是企业创业之初资源往往都相当匮乏。因而，了解创业过程中的关键资源，开展有效获取和整合，成为创业者开展创业活动必须应对的挑战。

7.1.1　创业资源的内涵

创业资源是新创企业在创造价值的过程中需要的特定资产，包括有形资产与无形资产，主要表现在创业人才、创业资本、创业机会、创业技术和创业管理等方面。创业是一个资源整合的过程，而创业者本身也是独特的资源，是无法用金钱买到的稀缺要素。因此，创业资源是创业企业在其成长过程中所需要的各种生产要素和支撑条件。

创业者获取创业资源的最终目的是组织这些资源追逐并实现创业机会提高创业绩效和获得创业的成功。无论是哪种资源类型，无论它们是否直接参与企业的生产，它们的存在都会对创业绩效产生积极的影响。

美国学者 Barney（1991）和 Hall（1992）把资源分为有形资源和无形资源，有形资源包括财务资源、组织资源、实物资源和技术资源；无形资源包括人力资源、创新资源和声誉资源（见表 7-1）。

表 7-1 资源分类

有形资源	财务资源	借款能力；产生内部资金的能力
	组织资源	报告系统；正式的计划、控制和协调系统
	实物资源	厂房和设备；获取原材料的能力
	技术资源	技术的含量，如专利、商标、版权和商业机密
无形资源	人力资源	知识；信任；管理能力；组织惯例
	创新资源	创意；科技能力；创新能力
	声誉资源	客户声誉；品牌；对产品质量、耐久性和可靠性的理解；供应商声誉；有效率的、有效的、支持性的和双赢的关系与交往方式

资料来源：

[1] Barney J. Firm resources and sustained competitive advantage[J]. Journal of Management，1991（1）：99-120.

[2] Hall R. The strategic analysis of intangible resources[J]. Strategic Management Journal，1992（2）：135-144.

具体来说，无形资源是那些根植于企业的历史、长期以来积累下来的资产。主要有：①人力资源，包括创业者与创业团队的知识、经验、判断力、技能等，也包括创业者本身的人际关系网络。其中创业者自身的洞察力和领导能力是最核心的资源，直接决定了创业者能否洞察合适的创业机会，并领导其他团队成员有效采取创业行动。②创新资源，指产生新产品、新服务或新技术的想法，以及创业者和团队成员所拥有的研发能力与最新技术使用能力。在互联网时代，创新资源变得尤其重要。③声誉资源。声誉资源一般不是别人给予的，需要创业者通过自己的行动来积累。在创业初期，创业者个人的声誉和企业的声誉总是密切联系在一起。创业者诚实经营、对用户和合作伙伴真诚、关注产品质量等都会有助于提升企业的声誉。有了良好的声誉，企业融资会变得更加容易，顾客忠诚度也会得到提升。

有形资源指具有固定生产能力特征的实体资产以及可自由流通的金融性资产。主要有：①财务资源。包括现金、股票、债券等。在创业初期，财务资源主要来自创业者本人、家庭及朋友。随着企业规模的扩大，经营记录及声誉的积累，外部财务资源的筹集将变得更加容易。②组织资源。包括组织结构、作业流程、工作规范、质量系统等。通常指组织内部的正式管理系统，包括信息沟通、决策系统以及组织内正式和非正式的计划活动等。组织资源主要为企业的生产经营活动提供坚实的保障。它会随着企业规模的扩大、管理规范化程度的提升，而不断积累和优化。③实物资源。指企业所拥有的机器、厂房、设备及土地等资源。实物资源是创业活动得以开展的重要条件。许多实物资源属于一次性固定成本，它们在使用中会逐渐被损耗掉。加强维护和保养，推动实物资源的保值增值显得特别重要。④技术资源。指专利、商标、版权等。技术资源是创新资源产生的结果及表现，一般与声誉资源结合在一起使用，从而提升其潜在的价值。

总体来说，有形资源的价值是有限的，很难再深入地挖掘它们的价值；而无形资源在使用中不会被消耗掉，事实上，如果运用得当，有些无形资产在使用中不仅不会萎缩，相反还可以获得增长。由于无形资源更加不可见，而且更难以被竞争对手所了解、购买、模仿或替代，因而创业者需要将无形资源而不是有形资源作为开发企业能力和核心竞争力的基础。实际上，一种资源越不容易观察得到（无形），以之为基础建立起来的竞争优势就越具有持久性。

7.1.2　创业资源的获取

创业者如何获得创业资源是项目成功的关键。

1. 技术资源的获取方法

技术资源对于所有的企业而言都是极其重要的资源之一，也是形成企业核心竞争力的最重要因素。对于创业企业特别是技术型创业企业而言，技术资源更是其安身立命之本，甚或成功吸引风险投资的决定性因素。因此，如何拥有技术资源，尤其是技术领先型资源，成为创业企业最为重要的课题之一。

创业企业获得技术资源的方法一般有以下三种。

（1）吸引技术持有者加入创业团队。很多成功的创业企业都是使用此法，如创立于 2014 年底的美国公司 Cadre。它是一个平台，得到认证的卖家可以通过这一平台出售经过审核的商业地产，包括商店、百货大楼和写字楼。该公司拥有 40 人的创业团队，其中包括 Square、谷歌和 Facebook 的高管。那么，如何说服这些人员加入团队呢？第一，学习一些技术知识。你学得越多，那么你就会越了解研发人员，你的想法也会越来越接近他们的想法，最后，他们就会越尊重你。第二，展示你的决心。如果你想说服研发人员放弃自己高薪的工作，去参与你甚至还没有获得投资的创业计划，你就要展示出自己不惜一切也要成功的决心。你的团队必须知道你是会全身心地持续投入到这个创业计划中的。第三，获得尽可能多的理论验证，验证你的企业和项目成功的可能性。这是最难的环节，但是你必须完成，因为这是说服优秀人才为你工作的最简单的方法。

（2）购买他人的成熟技术，并进行分析或者再完善开发。如联想集团通过并购 IBM 的 PC 业务，不仅获得了 IBM 的 PC 业务和市场，同时也获得了 IBM 所拥有的全球最好的笔记本研发能力，包括其研发技术和品牌，以及其在美国和全球各地注册申请的 4 000 多项专利，从而极大提高了自身技术实力和自主创新能力。如果联想完全依靠自己关门研发，要达到这样的技术水平恐怕要很多年以后。而高科技巨头思科也是通过并购来获取技术和实现成长的最成功的公司。有资料表明思科 1 / 3 的技术来自收购。

（3）自己研发。这对于创业企业而言，可能是几种方法中成本最低的一种。拥有自己的技术而创业也是创业常见的一种现象，俗称“技术创业”。技术创业者获得成功的例子很多，如小米手机的雷军、JavaEye 创办者 Robbin、SGI 创始人吉姆 • 克拉克和马克 • 安德森、Facebook 创始人扎克伯格……但是，技术创业失败的例子也不少，所以技术创业者应该注意什么问题呢？在“专栏：创业者感悟”中小米手机的创始人雷军提出了几点建议。

专栏：创业者感悟

雷军：我给技术创业者的建议

在创业过程中其实只有一个风险，所有的公司“死”也只有一个原因：那就是没钱了。我记得 21 年前，我们金山软件发不出工资，我当时很痛苦，难受了很久。经过那次考验后，只要是我负责的公司，我都特别喜欢看到公司账户里有非常多的现金，因为之前总担心发不出工资。如何解决？

1. 开源

认真做好融资工作。公司没钱的时候最难融资。还剩多少钱的时候需要融资呢？在上一轮融资的钱花了一半的时候，就要开始融资，千万别等花完了再融。

2. 节流

节流的本质是控制好你的固定开支。在你要冲的时候，你可以花很多变动开支，但是千万不要把固定开支定得很高。在2000年互联网泡沫破灭的时候，很多人都死在什么地方？就是固定开支太高。

方法1：工资选择制度

现在人才竞争很激烈，我主张给那些优秀的人才可选择的激励制度。创业公司不是说我们要给员工低的报酬，而是我们要给有弹性、有选择的报酬，这样人才自己也变成了创业者，他们会全身心地投入，整个公司才能真正做好，这是小米初期很重要的经验。

方法2：组织员工自己投资自己

中国很多人没有在期权上挣过钱。尤其在我当初做小米的时候，吸纳的都是硬件方面的人才，没有人相信股票值钱。所以弹性的报酬体系，再加上自愿的投资行为，使公司在初期阶段的凝聚力非常之强。

资料改编自：雷军：我给技术类创业者的3个建议[EB/OL]. http://tech. ifeng.com/a/20170822/44666862_0. shtml，2017-08-22.

2. 人力资源的获取方法

这里的人力资源不是指需要的员工，而是指创业者及其团队拥有的知识、技能、经验、人际关系、商务网络等，即社会网络。通常一开始，创始人或创业团队的个人社会网络就是企业的社会网络，公司资源完全依赖于个人资源。随着企业的发展，个人社会网络就逐步转化成公司社会网络。

那么，如何构建公司的社会网络呢？

（1）招聘对企业有帮助的人。创业企业需要根据发展主动构建社会网络。例如，为了突破企业经营中出现的市场、融资、研发或运营等“瓶颈”，通过倾斜工资、奖金、福利等待遇，争取招聘到能填补这些漏洞的员工。当招聘到这样的员工之后，及时跟进刚刚建立起来的社会网络，并根据对创业企业的重要性程度将关系强度提高到相应水平。

（2）把员工的社会网络提升为企业的社会网络。企业里无论是CEO还是一名基层保安，都有自己的社会网络，这些社会网络可能在企业发展的不同阶段、不同情况下发挥作用。创业企业要尽量避免这样的事发生：员工对企业的事情漠不关心。如何使他们急公司所急呢？就是把员工的利益与企业的利益紧密关联。这又联系到了激励制度。企业要对动用个人社会网络来解决企业困难的行为进行奖励。

3. 外部资金的获取方法

创业企业获得外部资金资源的方法主要就是进行融资。目前来说，主要包括私人融资、股权融资、债权融资和政府融资四种。

1）私人融资

私人融资渠道主要指通过创业者个人积蓄及亲戚朋友资助等方式来筹集资金。这种渠道有两个突出优势：一是能够节省寻找投资者的时间和精力；二是能够按照自己的意愿创办公司，具有灵活性。根据世界银行所属的国际金融公司对北京、成都、顺德、温州 4 个地区的私营企业的调查发现：我国的私营中小企业在初始创业阶段几乎完全依靠自筹资金，90％以上的初始资金都是由主要的业主、创业团队成员及家庭提供的，而银行、其他金融机构贷款所占的比重很小。

首先在个人积蓄方面，几乎所有创业者都向他们的新创企业投入了个人积蓄和血汗股权。考夫曼基金会针对 5 000 位创业者的调研发现，仅有 10%的创业者在创业期向外部融资。血汗股权代表着创建者投入新企业的时间和努力的价值。当评估一个企业时，投资者通常对创建者的血汗股权连同他投入企业的任何有形资产赋予某些价值。

其次，朋友和家庭对许多新企业来说，是第二种融资来源。这种赞助经常被称为“爱心资本”，包括纯粹赠送、贷款或投资，并经常以不计报酬、拖延报酬或减免租金等形式出现。例如，盖特威电脑公司的创始人泰德·韦特（Ted Waitt），从他祖父那里得到 1 万美元借款开始创业。

在向朋友和家人融资时，创业者必须遵守三个原则：第一，融资请求必须符合商业规范，要把家人和朋友当成银行家或投资者来对待，必须向他们客观描述创业可能存在的风险。第二，如果是以贷款形式融资，那么就必须签署一个备忘录，包括借贷金额与还款计划，同时双方必须签字。第三，要找那些经济实力相对宽裕的朋友或家人融资，如果经济实力不济，无论家人或朋友帮助你的意愿有多强，都不应该找他们借钱。因为与接受来自朋友或家庭帮助相关联的一个潜在危险是：如果新创企业没有成功，会造成关系紧张。

2）股权融资

股权融资渠道相对比较正规，主要从企业外部来筹集资金，需要通过让出部分股权来实现融资目的。主要有三种具体方式：天使投资、风险投资、发行股票。

（1）天使投资（angel investment）。投资天使最早是指在 19 世纪为纽约百老汇喜剧提供资金的投资人，当时投资喜剧风险很大，很多出资者是出于对艺术的支持，而不是为了获得超额的利润。天使特指创业过程中的第一批投资人，资金在产品或服务形成之前注入，此时企业处于很不成熟的种子期。投资天使必须具备一定的伯乐眼光、一定的风险承受能力和成熟的投资心态。天使投资的获利及资金退出方式主要包括：借助首次公开发行股票由发起人或创业企业出售股票或者是股票回购，买壳上市或者借壳上市，转让给其他投资者，并购、清算等。面对竞争日益激烈、退出渠道收窄、投资回报降低的市场环境，国内天使投资纷纷设立天使基金，来谋求机构化运作。

在美国硅谷，有一个最常被人引用的经典案例：1998 年，两位还没毕业的穷学生去向 Sun 公司的共同创始人安迪·贝托尔斯海姆讲述他们的创业梦想，后者对他们说：我听不懂你们的商业模式，先给你们一张支票，半年之后告诉我你们在做什么。靠着这 20 万美元支票起家，两个人一步步打造出了今天的 Google，而贝托尔斯海姆的 20 万美元后来演变成了近 3 亿美元。这样的例子也曾发生在中国创业者的身上：张朝阳的“爱特信”得到其老师美国麻省理工学院尼古拉·庞帝教授等的 20 多万美元天使投资，后转型为搜狐网，并发展到今天的规模；2000 年李彦宏和徐勇借助 120 万美元的天使投资，创建了今天的百度。

（2）风险投资（venture capital）。风险投资在我国是一个约定俗成的具有特定内涵的概念，其实把它翻译成创业投资更为妥当。风险投资是指专业机构将资本投向快速成长并且具有很大升值潜力的创业企业，以取得高资本收益的一种投资过程。其基本特点是：为创业企业提供“收益共享、风险共担”的长期股权资本；为创业企业提供增值服务（管理经验、社会资源、融资咨询服务）；推动创业企业改善内部治理机制，创建现代企业制度。广义上看，天使投资也属于创业投资的一种，但两者有着明显的区别：天使投资的资金是投资人自己的，并且自己进行管理；而创业投资机构的资金则来自外部投资者，他们把资金交给创业投资机构，由专业经理人管理；天使投资一般投资于企业的早期或种子期，投资规模相对较小，决策比较快；创业投资的投资时间相对要晚，投资规模较大。关于如何与风投打交道，请看本章的“专栏：行动指南”，别被 VC 忽悠了。

中国的风险投资业出现比较早。1984 年国家科技促进发展研究中心在《新的科技革命与我国的对策》的研究中，就提出了“风险投资”的概念。次年发布的《关于科学技术体制改革的决定》明确指出，“对于变化迅速、风险较大的高技术开发工作，可以设立创业投资给予支持”。随后，中国第一个风险投资公司中国新科技创业投资公司（简称“中创”）于 1985 年 9 月成立。截至 2011 年年底，全国获得政府创业风险投资引导基金支持的创业风险投资机构数量达到 188 家。

（3）发行股票。股票发行是指符合条件的企业按照法定的程序，向投资者或原股东发行股份的融资方式。发行普通股票是公司筹集资金的一种基本方式，其优点主要有：一是能提高企业的信誉。发行股票筹集的是权益资金。普通股本和留存收益构成公司借入一切债务的基础。有了较多的权益资金，就可为债权人提供较大的损失保障。因而，发行股票筹资可为使用更多的权益资金提供有力的支持，提高企业的信用程度。二是没有固定的到期日，不用偿还。发行股票筹集的资金是永久性资金，没有固定的利息负担。公司有盈余，并且认为适合分配股利，就可以分给股东；公司盈余少，或虽有盈余但资金短缺，就可以少支付或不支付股利。融资风险小。由于普通股票没有固定的到期日，不用支付固定的利息，不存在不能还本付息的风险。发行股票筹资的缺点主要是容易分散控制权。当企业发行新股时，出售新股票，引进新股东，会导致公司控制权的分散。

创业板市场着眼于创业，是指主板市场之外为满足中小企业与新兴行业创业企业融资需求和创业投资退出需求的证券交易市场，如美国的纳斯达克市场、英国的 AIM 市场等。与主板市场相比，创业板关注具有自主创新能力的成长型创业企业，上市门槛相对较低，具有较高成长性与市场风险。我国创业板市场于 2009 年 10 月 23 日正式开板，首批 28 家公司在创业板市场挂牌上市，截至 2016 年 10 月创业板上市公司数量从首批 28 家增加到目前的 484 家，公司所发行的股票总市值超过 45 688.56 亿元。

3）债权融资

债权资本融资是一种非常昂贵的融资方式，要求企业有较高的投资回报才能到期偿还债务，因此存在较高的风险性。债权资本融资一般有银行借款、商业信用、发行债券和租赁几种方式。

（1）银行借款。银行借款是创业者按照借款合同从银行等金融机构借入长期和短期债权资本的主要筹资方式。在我国，尽管有国家政策的支持，但由于普遍缺乏有效担保和有效抵押，信用度不够，初创企业很难顺利地从银行借到资金。国务院 2009 年 9 月颁布过《关于进一步促进中小企业发展的若干意见》，银监会也拿出了“银十条”，乃至 2011 年 6 月，四部委还联合颁发了《关于印发中小企业划型标准规定的通知》。但有“意见”无细则，有精神无举措，投融资之难，仍是一道坚硬的玻璃天花板。据 2011 年全国工商联对 17 省市中小企业的调研结果显示，90%以上的受访中小企业表示无法从银行获得贷款，小微型企业的融资状态更为窘迫。

（2）商业信用。商业信用即企业通过赊购商品、预收货款等商品交易行为筹集短期债权资本的一种筹资方式。如企业赊购商品或服务的资本可能占到其流动负债的 30%～40%，在小企业其百分比可能更高，这其实就是一种短期的融资。

（3）发行债券。发行债券即企业发行向债权人定期支付利息和到期偿还本金的债券以筹集资本的一种筹资方式。债券有两种，一种叫作“抵押债券”，即债券发行方以某种资产作为该债券的抵押品，如果借贷方破产，无法偿还，债券的持有人可以获得作为抵押的资产，将其变卖以收回他们的投资。另一种叫“无担保债券”，这种债券没有什么特别的资产作为抵押品，这种债券的持有者是以借债的公司的整个资产作为“抵押”，如果借方破产，整个公司会被拍卖，所得款项就用来偿还债权人。

（4）租赁。租赁是另一种形式的资金来源方式，一般按照租赁合同租入资产。企业可以采用租赁方式租入所需资产，并形成企业的债权资本。2012 年，因为融资需求的不断提高，以及中小企业发展的需要，融资租赁行业迅猛发展。据《2013—2017 年中国融资租赁行业深度调研与投资战略规划分析报告》统计，截至 2012 年年底，全国在册运营的各类融资租赁公司（不含单一项目融资租赁公司）共 560 家，比年初的 296 家增加 264 家，增长 89.2%。其中，金融租赁 20 家，内资租赁 80 家，外商租赁增加较多，达到约 460 家，外商租赁比上年增加 250 家。

4）政府融资

为推动地区创业活动，提升中小科技型企业的创新能力，中央政府及各地政府都迫切关注中小企业的融资难问题，制定了相关的政策和措施。常见的政府背景融资主要有科技部科技创新基金、针对大学生（或青年）群体的创业资金等。

科技型中小企业技术创新基金是经国务院批准设立，用于支持科技型中小企业技术创新的政府专项基金。通过拨款资助、贷款贴息和资本金投入等方式扶持与引导科技型中小企业的技术创新活动，促进科技成果的转化，培育一批具有中国特色的科技型中小企业，加快高新技术产业化进程，必将对我国产业和产品结构整体优化，扩大内需，创造新的就业机会，带动和促进国民经济健康、稳定、快速的发展等起到积极的作用。

对于大学生创业，中央政府及地方政府都有相应的基金（或基金会）给予支持，如大学生就业创业基金、中国青年创业就业基金会、上海市大学生科技创业基金会。大学生就业创业基金是由中华人民共和国民政部主管的国家 3A 级公募基金——中国社会福利基金会发起设立的一个全新的资助+运作型公益基金。

4. 市场与政策信息的获取方法

一般信息来源分为两类：一类是直接来源，即创业团队成员亲自搜集、整理、加工的各种原始信息；另一类是间接来源，即他人收集并通过整理、加工的信息资料。

1）直接来源

直接信息主要是靠实地考察得来的。现在，许多发达国家都有比较严密的直接信息收集网络。通过这些信息网，创业企业对市场有关产品的生产、销售、财务、技术、价格等行情或者政策信息，可以说是了如指掌。

（1）企业派技术人员、信息人员或推销人员等，对市场进行实地考察，收集信息。如上海易初摩托车公司规定公司不管是经理还是技术人员、修理工，出国回来都必须写一份国外市场信息汇报。

（2）委托专门机构对市场或政策进行专门调查，获取信息。

（3）政府机构。政府的统计机关，定期发布各种统计数据。从政府机构可以得到的信息有统计资料、销售机会、经营各类具体产品的批发商、代理商等，求购具体数量的具体产品的买主名称。

2）间接来源

（1）竞争对手的报价单、产品目录、公司年报、公司刊物等，从中了解竞争产品价格、款式、型号、包装、服务、成本、技术等方面的情况。

（2）公共机构的资料。这种公共机构也许是政府的，也许是私人的。这些机构有的把提供信息作为主要功能，有的是作为次要活动，但可能为它们本身的长远利益考虑。

（3）图书馆。图书馆能提供有关市场的基本经济资料，它们往往可提供各种产品、卖货机构等具体的资料。公共图书馆和大学图书馆，至少可以提供市场背景资料。有关具体课题的大量资料一般从专业图书馆和资料室索取。

（4）出版物。包括报纸、贸易杂志、专业杂志、统计专刊、年鉴、专著、手册等。从已公开出版的资料中也可以找到创业企业需要的关于市场和政策的信息资料。

7.2 创业资源的整合

所谓资源整合是指企业对不同来源、不同层次、不同结构、不同内容的资源进行选择、汲取、激活和有机融合，使之具有较强的柔性、条理性、系统性和价值性，并对原有的资源体系进行重构，摒弃无价值的资源，以形成新的核心资源体系的一种复杂的动态过程。

7.2.1 创业资源整合的意义

创业者能否成功地开发出机会，进而推动创业项目向前发展，通常取决于他们掌握和能整合到的资源以及利用资源的能力。因此，创业资源整合有如下意义。

1. 提高企业核心竞争力

从企业的初创到最终的收获，资源的获取和整合伴随整个创业过程，创业者需要有效识别各种创业资源，并且积极借助企业内外部的力量对创业资源进行组织和整合，实现企业的核心竞争力，促进创业成长。创业资源对于创业的重要意义不仅仅局限在单纯的量的积累上，应当看到创业过程实质上是各类创业资源重新整合、获取竞争优势的过程。在创业过程中，不仅仅要广泛地获取创业资源，更要懂得如何使用这些资源。资源整合是企业竞争力的主要源泉，市场竞争优势常常属于那些善于进行资源整合的企业，而不是那些拥有大量资源的企业，也不是那些投入巨资进行开发新资源的企业。也就是说，竞争优势的真正来源是企业对资源的整合能力，这种能力使得企业高层管理人员能够基于对未来发展趋势的正确预测判断而有效地识别与选择、汲取与配置、激活与融合企业内外部资源、新旧资源、个体与组织资源、横向与纵向资源。通过持续不断的资源整合，企业能提升其竞争优势。因此，在企业资源管理任务中，我们在重视对企业资源整合的同时，应该要采取相应的整合策略，以提高企业资源整合能力，这样才能有效地提高企业整体的资源竞争力，从而增强企业竞争优势。

2. 促进企业可持续发展

创业之初，创业所需的各项资源往往只能依靠创业者通过自身努力获取，由于新创企业的高度成长性，在其迅速成长扩张的过程中，组织很快就发展到一定规模，创业者就发现，通过自身努力获取的资源远远不能支持企业的发展，为了使企业能够继续发展，创业资源，也就是外面环境给予企业的资源是相当必要的。

（1）新创业的企业，由于是新进入者，在对于信息资源的把握广度和深度上将会处于劣势，由于竞争十分激烈，就更加需要丰富、及时、准确的信息，以争取到更多的生产要素资源，为创业者制定研发、采购、生产和销售的决策提供指导与参考。对于各种市场信息的充分了解，企业可以预测市场趋向，为企业的各种工作开展提供一个较安全的环境，促进企业持续发展。

（2）资金资源对于任何一个企业都非常重要，对于新创企业来说，无论是进行产品研发还是生产、宣传、销售，都需要大量的资金，如何有效地吸收资金资源是每个创业者都极为关注的问题。这就需要企业做好自己的各种优势报告，抓住海内外投资者的眼光，获得其投资；并且充分利用现有的各种资金，不能花冤枉钱，做无用功。

（3）高素质人才的获取和开发，是现代企业可持续发展的关键，特别是技术要求高的创业企业，因为其更大的知识比重，人才资源则更为重要。创业企业要善于培训员工，培养员工创新能力，挖掘员工潜力，为企业的发展奠定基础。

（4）对于新创企业来说，积极引进寻找有商业价值的科技成果，充分利用科技促进企业创新，推出新品，吸引更多消费者，为企业提高竞争力。有较强的竞争力，才能在激烈的竞争中站住市场，继续发展下去，如果没有竞争力，就不堪一击，企业在竞争中处于劣势，发展将会止步或是落后。

3. 有利于企业管理

企业是一个管理性组织，企业要对已有的经营思想、管理模式、人事制度等内部资源进行整合，因地、因时制宜，以适应经济全球化的需要。不能墨守成规地坚守以前陈旧的管理模式，让企业管理跟不上外部资源更新脚步，失去获得更好的外部资源的机会。

这就需要管理者根据时代经济发展的新趋势，提高自己内部管理的科学性、合理性，以获得外部关注，获得发展。在经济全球化过程中，企业外部市场环境和内部资源对于企业制定和实施战略都是十分重要的，资源整合是企业绩效的重要源泉。通过对企业内外资源、传统资源与新资源、个体资源与组织资源、横向资源与纵向资源等实施有效的整合，企业可以充分发挥这些资源的使用效能并创造出新的资源，从而提升企业经营绩效。

7.2.2 创业资源的整合策略

虽然创业企业资源匮乏，但创业者所拥有的创业精神、独特创意以及社会关系等资源，却同样具有战略性。因此，创业者要设法整合各类战略资源。

1. 善用资源整合技巧

创业总是和创新、创造及创富联系在一起。一位创业者结合自身创业经历提出了这样的观点：缺少资金、设备、雇员等资源，实际上是一个巨大的优势。因为这会迫使创业者把有限的资源集中于销售，进而为企业带来现金。为了确保公司持续发展，创业者在每个阶段都要问自己，怎样才能用有限的资源获得更多的价值？

1）学会拼凑

很多创业者都是拼凑高手，通过加入一些新元素，与已有的元素重新组合，形成在资源利用方面的创新行为，进而可能带来意想不到的惊喜。创业者通常利用身边能够找到的一切资源进行创业活动，有些资源对他人来说也许是无用的、废弃的，但创业者可以通过自己的独有经验和技巧，加以整合创造。例如，很多高新技术企业的创业者并不是专业科班出身，可能是出于兴趣或其他原因，对某个领域的技术略知一二，却凭借这个略知的“一二”敏锐地发现了机会，并迅速实现了相关资源的整合。

整合已有的资源，快速应对新情况，是创业的利器之一。拼凑者善于用发现的眼光，洞悉身边各种资源的属性，将它们创造性地整合起来。这种整合很多时候甚至不是事前仔细计划好的，而往往是具体情况具体分析、“摸着石头过河”的产物。而这也正体现了创业的不确定性，并考验创业者的资源整合能力。

2）步步为营

创业者分多个阶段投入资源并在每个阶段投入最有限的资源，这种做法被称为“步步为营”。步步为营的策略首先表现为节俭，设法降低资源的使用量，降低管理成本。但过分强调降低成本，会影响产品和服务质量，甚至会制约企业发展。例如，为了求生存和发展，有的创业者不注重环境保护，或者盗用别人的知识产权，甚至以次充好。这样的创业活动尽管短期可能赚取利润，但长期而言，发展潜力有限。所以，需要“有原则地保持节俭”。

步步为营策略表现为自力更生，减少对外部资源的依赖，目的是降低经营风险，加强对所创事业的控制。很多时候，步步为营不仅是一种做事最经济的方法，也是创业者在资源受限的情况下寻找实现企业理想目的和目标的途径，更是在有限资源的约束下获取满意收益的方法。习惯于步步为营的创业者会形成一种审慎控制和管理的价值理念，这对创业型企业的成长与向稳健成熟发展期的过渡，尤其重要。

2. 发挥资源杠杆效应

尽管存在资源约束，但创业者并不会被当前控制或支配的资源所限制，成功的创业者善于利用关键资源的杠杆效应，利用他人或者别的企业的资源来完成自己创业的目标：用一种资源补足另一种资源，产生更高的复合价值；或者利用一种资源撬动和获得其他资源。其实，大公司也不只是一味地积累资源，他们更擅长于资源互换，进行资源结构更新和调整，积累战略性资源，这是创业者需要学习的经验。

对创业者来说，容易产生杠杆效应的资源，主要包括人力资本和社会资本等非物质资源。创业者的人力资本由一般人力资本与特殊人力资本构成，一般人力资本包括受教育背景、以往的工作经验及个性品质特征等。特殊人力资本包括产业人力资本（与特定产业相关的知识、技能和经验）与创业人力资本（如先前的创业经验或创业背景）。调查显示，特殊人力资本会直接作用于资源获取，有产业相关经验和先前创业经验的创业者能够更快地整合资源，更快地实施市场交易行为。而一般人力资本使创业者具有知识、技能、资格认证、名誉等资源，也提供了同窗、校友、老师以及其他连带的社会资本。

相比之下，社会资本有别于物质资本、人力资本，是社会成员从各种不同的社会结构中获得的利益，是一种根植于社会关系网络的优势。在个体分析层面，社会资本是嵌入、来自并浮现在个体关系网络之中的真实或潜在资源的总和，它有助于个体开展目的性行动，并为个体带来行为优势。外部联系人之间社会交往频繁的创业者所获取的相关商业信息更加丰裕，从而有助于提升创业者对特定商业活动的深入认识和理解，使创业者更容易识别出常规商业活动中难以被其他人发现的顾客需求，进而更容易获得财务和物质资源——这正是其杠杆作用所在。

3. 设置合理利益机制

资源通常与利益相关，创业者之所以能够从家庭成员那里获得支持，就因为家庭成员之间不仅是利益相关者，更是利益整体。既然资源与利益相关，创业者在整合资源时，就一定要设计好有助于资源整合的利益机制，借助利益机制把包括潜在的和非直接的资源提供者整合起来，借力发展。因此，整合资源需要关注有利益关系的组织或个人，要尽可能多地找到利益相关者。同时，分析清楚这些组织或个体和自己以及自己想做的事情有利益关系，利益关系越强、越直接，整合到资源的可能性就越大，这是资源整合的基本前提。

利益关系者之间的利益关系有时是直接的，有时是间接的，有时是显性的，有时是隐形的，有时甚至还需要在没有的情况下创造出来。另外，有利益关系也并不意味着能够实现资源整合，还需要找到或发展共同的利益，或者说利益共同点。为此，识别到利益相关者后，逐一认真分析每一个利益相关者所关注的利益非常重要，多数情况下，将相对弱的利益关系变强，更有利于资源整合。

然而，有了共同的利益或利益共同点，并不意味着就可以顺利实现资源整合。资源整合是多方面的合作，切实的合作需要有各方面利益真正能够实现的预期加以保证，这就要求寻找和设计出多方共赢的机制。对于在长期合作中获益、彼此建立起信任关系的合作，双赢和共赢的机制已经形成，进一步的合作并不很难。但对于首次合作，建立共赢机制尤其需要智慧，要让对方看到潜在的收益，为了获取收益而愿意投入资源。因此，创业者在设计共赢机制时，既要帮助对方扩大收益，也要帮助对方降低风险，降低风险本身也是扩大收益。在此基础上，还需要考虑如何建立稳定的信任关系，并加以维护。

7.3 创业资源的整合机制

创业者整合资源的能力决定着创业的成败。如果创业者整合资源的能力强，能整合到大量的资源，就可以整合吸引到更多的人才、资本、技术等，创业就会变得很容易。

7.3.1 人脉资源的整合

人脉资源与其他资源不同，有几点特性：①长期投资性。平时要注意人脉资源的积累，不要事到临头才去找人帮忙。在公司做业务也一样，现在不是你的客户，明天就可能成为你的客户，因而你必须从现在开始建立联系。人脉资源的形成需要很多时间和精力，这也是一种投资。②可维护性和可拓展性。人脉资源可以通过合作、交流、关心、帮助、友情、亲情等进行维护，并会不断巩固，当然如果不去维护就会变得疏远，所以人脉资源需要经常性地维护，同时在维护中可以不断地发展新的人脉。③有限性和随机性。每个人一生中能认识多少人？包括老师、同学、亲戚、同事、朋友、客户等，一般不超过 500 人，而能够真正帮助自己的一般不会超过 50 人，所以每个人的人脉资源都是有限的，你的发展同样也会受到你的人脉资源的限制。同时，你所认识的可能没有能力帮助你，有能力帮助你的，你可能不认识，所以在客观上就需要你不断认识更多的人，但是每个人的能力又是有限的，又不可能认识所有那些潜在的帮助者。④辐射性。你的朋友帮不了你，但是你朋友的朋友可能会帮你。

因此，人脉资源的整合一定要整合健康的人脉资源，要以自身的人格魅力来积聚。如何创造吸引人才的条件，为企业吸引和留住人才，整合人才资源以获得长期持续发展的内在动力？

创业企业应根据自身发展，建立起一套人才资源规划体系：①建立完善的激励体系。激励体系包括精神上的和物质上的。用奖惩制度去激发员工的潜能，让员工的潜能发挥到极致。②建立培训机制，培养人才，同时也让人才在企业里发挥其最大的潜能为企业做出贡献。③善待员工，让员工有一种家的感觉。善待员工，是留住人才的唯一法宝。这种善待，不光是指精神上给予人才的满足，适当地也要配以物质利益。④要量才而用，用人的长处，控制人的短处，不要为了节省开支而凑合着。⑤分工尽可能明确，但可根据职务的重要与否适当地兼职。⑥引入外部力量，如培训班等可以协助你快速找到自己所需要的人才。

7.3.2 信息资源的整合

随着信息技术的发展，信息与日常生活工作越来越密不可分，最直接的体现就是信息量陡然增大，信息流转加快；但也同时带来了一个问题，就是信息爆炸，各种信息充斥在我们周围，创业企业如何在最有效的时间内获得最有效的内外部信息、抓住成功创业的机会却成了一个难题。因此，应该像整合其他资源那样整合信息资源。

创业企业信息化的最高层次是决策，它具有前瞻性。企业在做决策时，关心的问题是来自包括竞争对手、政府、行业、合作伙伴、客户等在内的周边环境的变化。在对变化的预测、分析的基础上做出尽可能合理的决策。但往往信息是不对称的，所以，要想做到“知己知彼，百战不殆”，做到决策的“有的放矢”，创业企业就要建立收集各类信息的机制。

对于信息资源，整合当然包含有管理的内涵，既要整合管理好企业外部的资源，即要抓住企业好的发展机遇，又要整合管理好企业内部的信息资源，进行信息资源的规划。通过建立全企业的信息资源管理基础标准，根据需求分析建立集成化信息系统的功能模型、数据模型和系统体系结构模型，然后再实施通信计算机网络工程、数据库工程和应用软件工程等一个系统化的企业信息化解决方案，以使企业高质量、高效率地建立高水平的现代信息网络，实现信息化建设的跨越式发展。

7.3.3　技术资源的整合

创业企业成功的关键是获得成功的创业技术。原因有二：①创业技术是决定创业产品的市场竞争力和获利能力的根本因素。②是否为创业核心技术决定了所需创业资本的大小。对于在技术上非根本创新的创业企业来说，创业资本只要保持较小的规模才可维持企业的正常运营。

一个成功的企业必须有好的产品，而企业的产品必须做到专业化，这非常重要；要做到产品专一，在同一领域内做到最专，技术上就要一直领先。

创业企业如何保持这样技术优势呢？整合企业之外的技术资源，尽可能地与科研院所大专院校合作，因为那里有技术上前沿人才，而且科研院所大专院校的人才也很愿意把自己的技术资源转化为产品，实现技术成果的转化。

技术资源的整合，不仅要整合、积聚企业内部的技术资源，还要整合外部的可资利用的技术资源。整合技术资源只是起点，技术资源整合是为了技术的不断创新，自主研发并拥有自主知识产权，保持技术的领先，占领市场，壮大企业。

7.3.4　行业资源的整合

充分了解某行业，掌握该行业关系网，如业内竞争对手、供货商、经销商、客户、行业管理部门以及技研机构、行业协会、行业杂志、行业展会等，这些对于创业很重要。

市场竞争没有永远的对手，也没有永远的伙伴，更没有永远的敌人。凡以为有敌人的竞争者，大多是竞争中的失败者。创业企业不可避免地存在诸多方面的不足。因此，同行之间或者产业上、下游之间的创业企业通过策略联盟或股权置换等方式整合资源，使人力资源、研发能力、市场渠道、客户资源等方面实现优势互补，对内相互支持，对外协同竞争。这种方式往往是有几家创业企业作为核心，同时带动一批创业企业，形成利益共同体。

与行业内优质资源的整合，道理好讲，做起来却必须具备许多条件，如自身在优质社会资源面前的质量、分量。对创业企业而言，自身的建设是每天的必修课。自身的问题解决了，还要具备对优质资源的发现和把握，这需要强烈的市场意识和眼光，必须是1＋1>2的做法和方式。否则，整合了，却可能离失败近了。

具备上述两点后，创业团队一定要懂得基于企业利益基础之上的放弃，以企业利益为第一利益，合作是双赢的；但任何优质的资源进来，都是需要自身付出代价的，这里的代价在某一刻，容易被人误以为是失去和损失，创业者需要具备长期的战略发展眼光。很多创业企业长不大，追根究底，是一次又一次地放弃了合作的机会，个人或少数人的单打独斗，是无法在现代市场中取胜的。

7.3.5 政府资源的整合

政府资源对创业者而言是不可多得的成功创业的助推器。掌握并充分整合创业的政府资源、享受政府扶持政策，可使你的创业少走许多弯路，达到事半功倍之效。创业的扶持政策主要包括财政扶持政策、融资政策、税收政策、科技政策、产业政策、中介服务政策、创业扶持政策、对外经济技术合作与交流政策、政策采购政策等。

（1）财政扶持政策。中央财政预算设立中小企业科目，安排扶持中小企业发展专项资金；地方政府根据实际情况为中小企业提供财政支持。

（2）融资政策。人民银行加强信贷政策指导，改善中小企业融资环境；鼓励商业银行调整信贷结构，加大对中小企业的信贷支持。各商业银行在其业务范围内提高对中小企业的融资比例，扩展服务领域。国家政策性金融机构采取多种形式为中小企业提供金融服务。县级以上人民政府和有关部门推进和组织建立中小企业信用担保体系，推动中小企业的信用担保。

（3）税收政策。国务院和省级人民政府对符合下列条件之一的中小企业，在一定期限内给予税收优惠：一是由失业人员开办，初期经营困难的；二是吸纳社会再就业人员比例较高的；三是设立在少数民族地区、边远地区和贫困地区的；四是从事高科技产品的研究开发的；五是从事资源综合利用和环保产业的；六是国家产业政策规定需要扶持的。

（4）科技政策。国家制定政策鼓励中小企业按照市场需要，开发新产品，采用先进的技术、生产工艺和设备，提高产品质量。国家实施了一系列的科技计划，包括科技攻关计划、星火计划、重点新产品计划、“863”计划、科技型中小企业技术创新基金。

（5）产业政策。对我国境内新办软件生产企业、集成电路设计企业和生产线小于0.8微米（含0.8微米）的集成电路生产企业，经认定后，自开始获利年度起，第1年和第2年免征企业所得税，第3年至第5年减半征收企业所得税……

（6）中介服务政策。政府有关部门在规划、用地、财政等方面提供政策支持，推进建立各类技术服务机构，建立生产力促进中心和科技企业孵化基地。国家鼓励社会各方面力量建立健全培训、信息、咨询、人才交流、信用担保、市场开拓等服务体系。

（7）创业扶持政策。政府有关部门在城乡建设规划中合理安排必要的场地和设施，支持创办中小企业；地方政府应为创业人员提供工商、财税、融资、劳动用工、社会保障等方面的政策咨询和信息服务；国家鼓励引进国外资金、先进技术和管理经验，创办中外合资（合作）企业；鼓励依法以工业产权或者非专利技术等投资参与创办中小企业。为促进中小企业发展，科技部及地方政府大力发展科技创业服务中心即企业孵化器，为创业提供全方位的服务，并实行优惠政策鼓励其为中小企业提供良好的创业服务。

（8）对外经济技术合作与交流政策。政府有关部门和机构为中小企业提供指导和帮助，促进中小企业产品出口。国家制定政策，鼓励符合条件的中小企业到境外投资，开拓国际市场。国家有关政策性金融机构应当通过开展进出口信贷、出口信用保险等业务，支持中小企业开拓国外市场。

（9）政府采购政策。政府采购应优先安排向中小企业购买商品或者服务。政府是最大的消费者，各级政府每年要采购大量的商品和服务，创业企业要注意政府采购信息，向当地政府采购管理机构了解政府采购如何向中小企业倾斜。

专栏：创业者感悟

如何找到创业成功的密码

郭台铭

1. 人是创业成功的关键

创业是一个丛林，成功没有法则。具备狼性的企业家精神，能够牺牲自己的生活时间，将事业排在第一位，专注产品核心竞争力，是创业者成功的关键。

2. 钱不是关键

优质项目能够引起资本市场的追逐，钱对创业者来讲已经不是很难的事情，融资之后的产品开发和市场变现，以及资源整合才是创业者需要经营的核心。

3. 市场趋势是创业者必备的基本条件

在互联网经济时代，产品制造工艺的核心竞争力正逐渐消失，而产品定位和市场定位越来越成为产品能够实现规模化变现的关键。创业者一定要洞察市场趋势，具备创业精神和资源整合能力。

4. 创新与传统并存

在大众创业、万众创新的时代，传统与创新并不矛盾，而是有机结合的整体。传统不代表守旧，传统中必须带有创新，创新也必须依赖传统的技术。

5. 没有失败，永远不会成功

在创业过程中，没有失败，你永远不会成功，创业者要用时间和金钱累积小失败的经验。失败不可怕，可怕的是被失败吞噬掉理想和情怀。

专栏：行动指南

警惕VC（风险投资者）对你的忽悠

创业者在向VC融资的时候，会面临VC对企业、对创业者、对所在行业和市场的质疑与调查，有些创业者会耍小手段，忽悠和欺骗投资人。但更多的创业者在跟VC的接触中，常常被VC忽悠了。下面就列举VC常用的十大忽悠用语，以备创业者在融资时参考使用，明白自己的处境，不要被VC忽悠之后还说句：“谢谢哦！”

忽悠用语一：保持联系

这句忽悠用语的频率是最高的，一个活跃的VC也许一天就要用这句话忽悠10个创业者，几乎可以成为他们的口头禅了。在某个会议论坛上，一群创业者将某个大牌VC团团围住，VC逐一分发名片之后，有一两个幸运儿拉住VC要沟通一下他们的商业计划。3分钟之后，VC为了尽快摆脱，跟创业者挥手："保持联系！"然后一路小跑溜之大吉。如果VC真的对创业者的项目非常感兴趣，他们会马上查一下级别更高的"领导"的时间表，尽快安排下一次会面，他们会说："张总，我们基金的主管合伙人本周五下午有空，到时候我们再详细沟通一次，您看时间方便吗？"

忽悠用语二：我还有个会

VC做得最多的一件事就是开会了，他们的日程通常被各种会议塞得满满的，而跟创业者见面、沟通项目的会则是最多的一种，也是他们用来忽悠创业者常用的一个借口。还是在VC的会议室，你和你的创业团队给VC做融资演示，100页的PPT，你激情澎湃地讲到第30页，对面的几个VC却开始面色呆滞了，一个资深的VC打断你的话，说："抱歉啊，张总，我们后面还有一个会，先过去一下，你们继续。"于是只留下一个投资经理、分析员之类的小角色陪你们继续后面的演示。要是真的是好项目，VC撵都撵不走。

忽悠用语三：我们内部讨论没有通过

VC要看大量的项目，但通常只会投很少的项目，投资比例可能为1%。所以要拒绝99%的项目，对于VC来说，就是要让99%的创业者不高兴了。按说一天到晚拒绝创业者，那VC的口碑和人品应该遭到很多创业者的唾弃才对，但通常很少有VC会让创业者因此而憎恨自己，那他们是怎么做的呢？很简单——推卸责任。即便是某个VC自己觉得某个项目不好，他拒绝的时候，也会跟创业者说："我很喜欢你们公司和你们的团队，但是我们内部讨论没通过。"这样拒绝，会让创业者觉得他人不错，认可你的公司，但VC公司的"其他人"不认可，所以不要怪他。

忽悠用语四：如果有人领投，我们跟

众所周知，VC都是非常贪婪的，他们整天都梦想着能够投资下一个Google，获得几百、上千倍的投资回报。可现实是，真正获得超过10倍回报的项目都可以被VC称为"明星"案例了。既然VC是贪婪的，那么遇到好项目的时候，只有独享才能保证利益最大。VC说愿意跟投就如同是婉转拒绝，这种忽悠话，比"保持联系"更加赤裸和讨厌。对于创业者来说，如果某家VC知道你同时还在跟很多其他的VC沟通，这家VC愿意独自投这一轮，创业者的融资额度他可以独自消化，不愿意或不需要其他投资者的参与，那么创业者才有理由相信这家VC是有诚意的。

忽悠用语五：我们最看重的是团队

每家VC都有自己的投资准则，包括投资领域、投资额度、投资阶段等，也有各自的评判项目的标准。可是，几乎所有的VC，都会声称自己评判项目的标准中，最重要的是"团队"。这句忽悠话不知道让多少创业者误入歧途，很多创业者为了便于向VC融资，创业之初就拼凑所谓的"梦幻团队"，这样的团队绝大部分是很难产生预期的公司经营方面效果的，当然也对融资没有帮助。VC说"我们看重的是团队"，其实这不是一句完整的话。尽管他们也许确实是投资这个团队，但创业者千万不要以为VC不会炒掉你，VC 隐去的后半句是："如果公司运作良好，我们是投资你们的团队，否则，我们会炒掉你，因为没有谁是不可缺少的。"

忽悠用语六：我们的基金投过 × × × 等很多成功的项目

几年前，VC 在国内还是新鲜事物的时候，拿着大把美元的外资 VC 是大爷，融资的企业得求爷爷告奶奶才能找到机会跟 VC 见上一面。现在的世道反过来了，在国内 A 股和创业板的催动下，满世界都是投资公司、VC 基金、个人投资者。只要是好项目，就轮到项目方做大爷了，该投资人、VC 做自我推介，说服创业者来接受他的投资、拿他的钱。VC 的业绩主要不是表现在管理多少钱、投了多少项目，而是成功了多少个，回报情况怎么样。不要看 VC 吹嘘自己的投资业绩有多么成功，只需要问他几个小问题："您公司上一个成功的项目是几年前上市的？是在第几轮投资进去的？投资后多久上市的？您本人有过成功的项目吗？"

忽悠用语七：我们能够给企业带来很大的帮助

VC 的钱其实跟别人差不多，如山西煤老板、江浙富二代，但 VC 自己绝对不会这么看，他们常常号称他们的钱更有价值，除了钱之外，他们还会附上"增值服务"。VC 的商业模式里，最重要的一条就是"不把鸡蛋放在同一个篮子里"，通常 VC 公司的一个合伙人都需要同时"照顾"10 多个的"篮子"——做企业的董事会成员。VC 合伙人要是能够每月花 5 ~ 10 个小时去了解每家企业经营状况，帮助企业出谋划策，就算是谢天谢地了。这些 VC 每天还要忙着见一大堆新项目，国内国外、省内省外飞来飞去的，能够带来的"增值服务"可能仅仅是为企业省了一点儿广告费而已。

忽悠用语八：这是标准的条款

创业者在拿到 VC 的 Term Sheet 的时候，是既高兴又发愁的。高兴的是，终于得到 VC 的一个书面的投资承诺（尽管没有法律效力，并且还有一些前提条件），融资成功就近在眼前了；发愁的是，Term Sheet 里的条款稀里糊涂的，搞不明白其中的奥秘啊！自己搞不懂那就请律师帮忙吧，可是律师的费用对于创业者来说实在是太贵了，动辄几万美元或者几十万人民币。于是 VC 就说了，"其实这些条款都是标准条款，也没什么好谈的，要不让我的律师给你解释一下就行了。"有一些对法律语言本来就感觉啰唆的创业者，稀里糊涂就答应了。VC 说得没错，他给你的条款基本都是标准条款，但是这只是 VC 保护自己的标准条款，这些条款都是大量的 VC 通过大量的案例、请费用昂贵的律师设计出来的，这样的条款确实是可以"标准化"地维护 VC 的利益，可是创业者的利益呢？这也是为什么创业者也需要自己的律师。

忽悠用语九：现在估值太高对公司没有好处

估值问题通常是创业者在向 VC 融资时最为关注的一个问题，也是他们最为迷惑的问题。VC 尽管有自己的一套估值方法，但估值通常是一件艺术性和科学性相结合的事情，对初创、没有利润、没有收入的企业，更是艺术性大于科学性，也就是所谓的"拍脑袋"。既然是拍脑袋，VC 拍的和创业者拍的一定是不同的脑袋，双方的结果也会相差十万八千里，企业估值的最终确定通常是双方协商的结果。其实，VC 一旦决定投资，是认为项目有很大的把握成功，这种情况下，多投 100 万仅仅会让最后的回报总额降低一点儿而已；即便是看走了眼，投资失败，也只不过再多损失 100 万而已。可是 VC 仍然会在投资的时候尽量压低公司的估值，告诉你"估值太高对公司没有好处"，以便能在获得同样股份比例的情况下，尽量少投资，这样可以获得更为好看的回报倍数。

忽悠用语十：投资以后咱们就是一家人了

谈判结束了，文件都签署了，VC和企业双方得庆祝一下，VC免不了要拍着创业者的肩膀，语重心长地说："以后咱们就是一家人了。"真的就是一家人了吗？当然不是！VC基金的生命周期只有8~10年，这就决定了VC不可能跟企业真正成为过日子的"一家人"。他们如果高兴，可能双方能够一起过上3年、5年，如果不高兴，1年都会嫌长。VC想要让创业者认为自己以后是一家人，无非是想创业者以后不要把他当作外人，公司经营管理、业务、财务等方面的信息不要对VC有隐瞒，日常的事务定期汇报、重大事项单独汇报。

资料改编自：桂曙光. VC十大忽悠用语. 中国投资，2012（22）：50-54.

专栏：大学生创业故事

一个大学生创业者与风投的故事

曹扬，一个阳光男孩，黄伯云的嫡系弟子——中南大学2003级粉末冶金系的学生，自己开了个公司，可谓大学生创业的典型。2007年，大学毕业的曹扬和几个同学一起创业，创建了"启明商务信息有限公司"，旗下的主要项目就是"中国教育团购网"，他把马云、马化腾"二马"奉为圭臬，欲打造中国最大的教育团购平台，立誓凭此在江湖扬名立万。为了这个公司，或者谓之事业，曹扬拒绝了月薪6 000元的英雄帖。不到半年，他的簇拥者纷纷告别，他旋即将公司改组，把公司的名字也改成了以曹扬为法人代表的智邦文化传播有限公司，项目依旧。

公司的主营业务是什么？曹杨回答：教育团购——为大学生和白领找一个培训学校。在他的网站报名都是按团购价，比自己报名和到别的地方报名都便宜。网站的核心竞争力就是他的运作流程、人脉资源。至于盈利模式，他回答说，主要依靠广告收入和培训单位的返点、提成。从开始别人不理解网站的理念，到不相信网上团购能优惠，到现在在长沙大学校园有20万的注册会员，每月为各类培训机构送去近万学生，和长沙百多所教育培训机构建立团购合作关系。3年时光，他的网站影响日盛。

曹扬这3年不差累、不差人，只差钱。长沙市出台的鼓励创业的"富民基金"，他也得到了4万元的资助。但这只是杯水车薪。曹扬做梦都想有一天获得风险投资的青睐，有一天风投就真来了。2009年年中，一家风险投资商找到他，一顿夸奖，当下表示愿意投资，数额是50万。以后有效益还接着追加，曹扬听到这个数字又惊又喜。50万对于曹扬来说，简直就是生命。曹扬和这家风投机构进行了长时间的接触，资质验证、专家评审、内部审核——都了解一遍了，这过程甜言蜜语，甚似恋爱，最后投资却因为一些原因没有达成，曹扬一度认为是自己公关不力。当然，最重要的一点是，还有一个人要到曹扬的公司切磋下业务，他就是A君。在2009年年底，曹扬从一个做网站的朋友那儿了解到，最近有一个和他一模一样的网站诞生了，他发现A君的幕后，还有一个背影，那位风险投资商。

曹扬这个江苏伢子用长沙话说：我觉得自己被撮了。他还找到了证据：给自己进行网络建设的这家单位同时也建设着山寨版的网站，这家单位甚至告诉曹扬，山寨版网站的公司出了 1 万块钱。他把自己的 QQ 签名改了：因为不成熟而被别人欺骗和模仿。也许只有让自己尽快地强大起来，才能抵御潜伏者的威胁。曹扬说下一步想和那家风投公司交流交流，至于是否要启动法律武器，他还不知道。只能记录到这里，故事仍然继续。

资料改编自：一个大学生创业者与风投的故事. http://finance. ifeng.com/gem/vc/20120921/7066597. shtml, 2012.

本章小结

（1）创业资源分为有形资源和无形资源，有形资源包括财务资源、组织资源、实物资源和技术资源，无形资源包括人力资源、创新资源和声誉资源。一种资源越不容易观察得到（无形），以之为基础建立起来的竞争优势就越具有持久性。创业者可以凭借社会网络来获取资金、关键技术和人力资本等新企业所需的资源。

（2）在创业过程中，创业企业要获得各类资源，包括技术资源、人力资源、外部资金资源、市场与政策信息资源等。

（3）创业资源的整合不仅提高了企业核心竞争力，而且促进创业企业可持续发展，还有利于企业管理。因此，创业企业要善用资源整合技巧，发挥资源杠杆效应，设置合理的利益机制，从而进行有效的创业资源整合，包括对人脉资源、技术资源、信息资源、行业资源、政府资源等的整合。

专栏：课后个人练习

1. 借助一些社团活动拓展你的人脉圈子，思考新认识的人对你未来的创业有何帮助。

2. 阅读相关媒体，寻找最受天使投资者关注的 3 个行业，并分析这些行业为什么有如此吸引力？为什么其他行业的创业者没有同样的吸引力？

3. 如果你是一家即将上市的教育培训公司的 CEO，你决定给全体员工写一封电子邮件，解释公司要公开上市的原因。你在信里会写哪些内容？

4. 融资绝非易事，经验非常重要。对于初尝创业的你来说，需要找一个精神导师来指导其融资过程。请思考你会通过哪些渠道找到精神导师。

5. 如果你现在要开一个学生餐厅，请思考你现在拥有的资源和缺乏的资源，并寻找资源整合的有效途径。

专栏：课后团队练习

寻找身边的大学生创业者，以小组为单位，调查他们获取资源、整合资源及利用资源的方式，并分析比较不同创业者之间的差异。此外，请特别关注他们的融资渠道。具体需要关注的问题有：

（1）他们获取资源的方法和手段是什么？

（2）他们为什么能用这些方法和手段去思考与行动？

（3）他们在整合资源时使用了什么样的激励手段和方法？

（4）他们在利用资源时采取了哪些态度和原则？

（5）这些创业者之间存在不同之处吗？

（6）在融资渠道方面，他们有何相似性和差异？

参 考 文 献

巴林格，爱尔兰. 2010. 创业管理：成功创建新企业[M]. 3 版. 杨俊，薛红志，等译. 北京：机械工业出版社.

巴隆，谢恩. 2005. 创业管理基于过程的观点[M]. 张玉利，谭新生，陈立新，译. 北京：机械工业出版社.

桂曙光. 2012. VC 十大忽悠用语. 中国投资，（22）：50-54.

卢福财. 2007. 创业理论[M]. 北京：高等教育出版社.

孙德林. 2012. 创业基础教程[M]. 北京：高等教育出版社.

王红. 2009. 天使投资在中国的发展探索[J]. 企业管理，（1）：94-95.

张玉利. 2011a. 创业者如何整合资源[J]. 中外管理，（6）：102-103.

张玉利. 2011b. 如何防范创业期关键资源流失[J]. 中外管理，（7）：98-99.

张玉利，陈寒松. 2012. 创业管理[M]. 2 版. 北京：机械工业出版社.

张玉利，李新春. 2006. 创业管理[M]. 北京：清华大学出版社.

朱秀梅. 2008. 新创企业与成熟企业的资源管理过程比较研究[J]. 技术经济，（4）：22-28.

第8章 模式设计

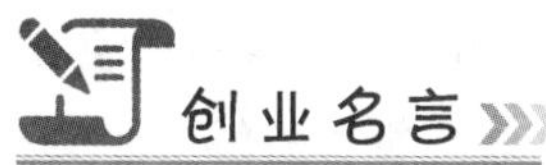

我希望新公司能够集中精力于商业模式以及潜在的业务经营方面，因为作为一家新兴企业，必须首次建立一个稳固的商业模式。相对于商业模式而言，高技术反倒是次要的。

——时代华纳前 CTO 迈克尔·邓恩

通过本章的学习，你应该能够：

1. 掌握商业模式的内涵。
2. 了解商业模式的类型。
3. 掌握商业模式的设计思路和方法。
4. 了解商业模式验证的方法。

专栏：开篇案例

Uber 如何改变出租车世界

Uber 是一家按需交通服务公司，它也是世界上为数不多的市值超过 500 亿美元的科技公司，通过融资，它已经募集了 82 亿美元资金，目前业务拓展到了全球 60 多个国家。Uber 的商业模式很简单：用户点击一下自己的智能手机，便能在最短时间内叫到一辆车。这种商业模式为什么得到了投资人的信任？它给全世界的出租车行业带来了怎样的颠覆性革命？

Uber 的运用包括四个步骤。

第一步（叫车）：Uber 商业模式的第一步就是创造需求。智能手机中的 Uber 应用可以让用户立刻叫到一辆出租车，或是和司机约定某个具体时间来接人。

第二步（匹配）：一旦用户叫车，他们的详细信息就会发送到附近司机的手机上面，出租车司机可以选择接单或拒单。如果某个司机拒单，相关叫车通知就会发送到该区域里的其他司机手机上。

第三步（驾乘）：客户也可以追踪出租车，直到他们接到你。同时司机的电子证件也会发送到客户手机上。一旦用户上车，计价器就会开始计费，同时客户端 APP 也会追踪相关计费信息。热情的司机会确保乘客在乘车过程中感受舒适。

第四步（支付&评分）：当乘客到达目的地，他们便可以对司机评分，评分系统是 Uber 商业模式中最重要的一部分，通过司机评分，用户可以在打车之前就了解司机情况，也可以帮助乘客和司机之间构建更多信任。

Uber 的这种商业模式，成功之处在于以下几点。

1. 不同的打车模式可以顾及每个用户

和有特定标识的出租车不同，任何车辆都有可能成为 Uber 出租车，同样，任何人都可以成为 Uber 司机。Uber X，Uber Black 服务于那些喜欢旅行的用户，通常使用的是黑色汽车；Uber Taxi 主要服务于普通打车用户，可以提供成本较低效率更高的解决方案；Uber SUV 则服务于高端用户。

2. 按需上涨定价技术

根据实际情况改变打车费用，是 Uber 商业模式中的一个重要技巧。无论需求在何时增长，每公里的车价都会自动增加。新的价格依赖于可提供服务的司机数量，以及消费者有多少打车需求。在美国，Uber 甚至为这种按需定价的技术申请了专利。

3. 其他 Uber 驾乘服务

事实上，Uber 早已经不局限在传统出租车行业领域里了，他们还提供船舶、直升机等其他按需交通服务。Uber 在巴黎推出了摩托车接送服务，在旧金山推出了快递服务，还在其他 7 座城市推出了速递冰淇淋服务。这些在特定地点推出的个性化服务，意味着将为 Uber 的商业模式引入新的收入来源。

毋庸置疑，Uber 不仅仅颠覆了出租车行业，它的商业模式也同样值得所有服务本地消费者的初创公司借鉴。很多初创公司已经精准复制了 Uber 的商业模式，还有一些创业者已经在某些垂直行业里创业成功。

资料改编自：揭秘：Uber 颠覆行业的背后，发生了什么？天诺，雷锋网，www.leiphone.com，2015-09-30.

问题思考：

1. 通过阅读开篇案例，你觉得 Uber 为什么能够获取投资人青睐？
2. 请你结合这个案例来谈谈自己对于商业模式的理解。

创业融资的实质就是“讲故事”，而“故事”的核心就是商业模式。创业者有了好的商业创意、发现了创业的大好机会，就一定意味着能够成功把握吗？怎么才能使创业机会变为盈利模式？作为创业者，你对如何赚钱考虑得是否周全呢？本章将为创业者展开一幅蓝图——适合你的商业模式怎么寻找？如何在众多的商业模式中进行创新，使之成为你和你的企业盈利的保证。

企业之间的竞争已不再是简单的产品层级的竞争而是商业模式的竞争。企业必须根据自身的资源与禀赋、结合外部环境，选择一个适合自身发展的商业模式，并且随着客观环境的变化不断加以创新，获得持续的竞争优势与核心竞争力。

8.1 商业模式的内涵

通过开篇案例，我们初步了解到，好的商业模式是企业盈利的坚实保证。Uber 通过简单的软件操作将需要乘车的人和有闲的车联系起来，不仅解决了人们“打车难”的问题，而且有效地利用了闲置车辆，还获得了投资人的青睐，从而成为租车市场的主导力量。再如 Skype 公司，基于点对点技术上的创新商业模式，为广大消费者带来了相当廉价的全球通话以及 Skype 客户端之间的免费通话。现在，Skype 已经成为全球国际语音通信的最大运营商。那现在就让我们认识一下商业模式吧！

8.1.1 商业模式的含义

商业模式（business model）的概念，第一次出现在 20 世纪 50 年代，20 世纪 90 年代风靡开来。学者们对商业模式的解释观点不一，众说纷纭。

Timmers（1998）认为商业模式是产品、服务和信息流的一个体系架构，包括说明各种不同的参与者以及他们的角色，各种参与者的潜在利益，以及企业收入的来源。Amit 和 Zott（2001）认为商业模式描述了交易的内容、结构和规制，用以开发商业机会创造价值。Joan Magretta（2002）认为商业模式是用以说明企业如何运营一组故事的概念，它必须回答管理者关心的一些基本问题：谁是顾客，顾客价值何在，如何在这个领域中获得收入，以及如何以合适的成本为顾客提供价值。咨询师 Mitchell 和 Close（2003）对商业模式的定义是：一个组织在何时（when）、何地（where）、为何（why）、如何（how）和多大程度（how much）地为谁（who）提供什么样（what）的产品和服务，并开发资源以维持这种努力的组合。Voelpel（2004）认为商业模式表现为一定的业务领域中的顾客核心价值主张和价值网络配置，包括企业的战略能力和价值网络其他成员（战略联盟及合作者）能力，以及对这些能力的领导和管理，以持续不断地改造自己来满足包括股东在内的各种利益相关者的多重目的。Osterwalder（2005）认为商业模式是一个概念性工具，它借助一组要素以及要素之间的联系，用以说明一个企业的商业逻辑。它描述了企业向一个或多个顾客群提供的价值，企业为持续的盈利性收入所建立的构架以及移交价值所运用的合作网络与关系资本。哈佛商学院教授克莱顿・克里斯滕森（2008）认为商业模式就是如何创造和传递客户价值与公司价值的系统。

综上所述，我们发现很多学者对商业模式的总结无非就是三个关键词汇：体系、价值（利润）获取方式和管理方法。也可以说，商业模式是一种包含一系列要素及其关系的概念性工具，用以阐明某个特定实体的商业逻辑。它描述了公司所能为客户提供的价值以及公司的内部结构、合作伙伴网络和关系资本等用以实现这一价值并产生可持续盈利收入的要素。例如，食品公司通过卖食品赚钱，网络公司通过点击率赚钱，航空公司通过提供服务赚钱……总之，不管你想做什么，先要找到利润获取的有效方法，即商业模式。

基于此，我们可以认识到，要成功创立一个企业，只有好的机会是远远不够的，如何让机会转化为适合企业发展壮大的盈利模式，才是企业生存下去的基础。因此，本书将给出一个通俗的商业模式的定义：商业模式是用于阐明某个特定实体的商业逻辑。它包括：①企业经营产品所涉及的一系列流程和体系，如发展战略、营销策略和企业经营理念；②企业获取利润的方式，如价值创造方式、财务预算、产品定价和促销组合等；③企业创造核心竞争力的管理方法，如差异化的产品定位、员工激励和渠道选择等。简言之，通过稳定的商业模式，即通过什么途径或方式，企业能获得持久的商业利润。

8.1.2 商业模式的构成

商业模式包含哪些要素呢？从不同的视角可以看到学者们的各种观点。

1. 从盈利的角度看

Afuah 和 Tucci（2003）认为商业模式是影响公司业绩的首要因素，是公司运作的秩序，包含如何使用资源，超越竞争者为公司和客户提供更高的价值，从而获得利润。他们认为一个商业模式包括顾客价值、价格、范围、收益来源、执行、能力和持续、相关活动等要素。

Mitchell 和 Coles（2003）认为，商业模式包括 7W，即 who（谁是商业模式的利益相关者）、what（提供哪些产品和服务）、when（何时提供产品和服务）、Where（在什么地点）、why（企业为何存在）、how（交易如何进行）、how much（客户价格支付）等方面来理解经营的本质。Magretta（2002）认为，精准的角色定位、合理的动机及开启内在价值的计划构成了一个完成的商业模式。此处的角色是指参与企业经营的各方，包括生产企业、供应商、分销商、顾客等相关者；动机是指相关者参与经营的意图和需求；价值是指参与经营的相关者的偏好和利益。

2. 从运营的角度看

PaulTimmers（1998）认为商业模式包括产品、服务和信息构成的要素。Applegate（2001）基于 I/O（input/output，输入/输出）原理，指出一个商业模式的框架包括理念、能力和价值三个要素，理念指一项交易的市场机会、竞争动态、产品和服务、维持市场地位的战略；能力则通过人员、组织结构、文化、伙伴、运作模型、营销和销售模型等来建立和传递；价值是给所有利益相关者的回报，包括组织的回报、品牌、名誉、市场占有率和财务绩效。

魏炜和朱武祥在《发现商业模式》中指出一个完整的商业模式应该包括六个因素，分别为定位、盈利模式、业务系统、关键资源、现金流结构和企业价值。企业价值是商业模式的落脚点；定位体现了企业对客户价值的定义和诠释；盈利模式、业务系统、关键资源、现金流结构一起构成了企业的运行机制，是连接客户价值和企业投资价值的桥梁。

3. 从战略的角度看

哈默尔（Hamel，2000）将商业模式构成分为四个部分，即客户界面、战略资源、核心战略和价值网络。其中客户界面包含履行与支持、关系动态、信息与洞察力、价格结构；战略资源主要有核心竞争力、核心流程和战略资产；核心战略包含经营理念、市场范围、产品差异化基础。

商业模式这个词与战略不同。它们的主要差异在于：战略是关于如何有效地打败竞争对手的长远规划，商业模式强调价值的创造，通过整合资源，实现顾客价值和企业价值，是为了绕开竞争者创造新价值的活动。两者的差异在于如何有效地传递价值给顾客。

4. 从协同的角度看

Amit 和 Zott（2001）认为商业模式是以创造价值为目的，在拓展商业机会的过程中设计交易活动的组合方式。其构成包含商品和信息的交换、利益相关者的联系、对交易的控制三个要素。吴伯凡在《这，才叫商业模式》中认为商业模式的构成包括价值主张、消费者目标群体、分销渠道、客户关系、价值配置、核心能力、合作伙伴网络、成本结构、收入模型方面。这以更为具体的形态表现出来并相互作用构成有机的整体，就形成企业商业模式的具体形态。

原磊（2007）在对大量文献综述的基础上，指出商业模式是一种描述企业如何通过对经济逻辑、运营结构和战略方向等具有内部关联性的变量进行定位和整合的概念性工具。而后提出商业模式的 3—4—8 的构成体系，其中 3 代表联系界面，4 代表构成单元，8 代表组成因素。翁君奕在其著作《商务模式创新》中提出商业模式是由价值主张、价值支撑和价值保持构成的三维空间。

5. 从营销的角度看

市场营销在企业中居于比较特殊的地位，创业企业在制订创业计划书时都必须对营销计划做出明确安排。而在营销计划中，著名的 4PS 策略（产品、价格、渠道和促销）是创业企业实现战略蓝图的根本保证和具体战术。基于此，美国学者莫瑞斯、辛德胡特和艾伦等创业营销专家在 2005 年提出，一个清晰的商业模式应由六个关键要素组成。

一是价值主张，即企业要为满足客户需求而决定生产的产品或服务从而给客户提供价值，而且这种价值可以超越竞争者而不被替代。

价值主张是商业模式的核心要素，也是其他几个要素的预设前提。这也符合最基本的商业逻辑：你想赚钱？好！请问你能给别人带来什么价值？如果不能给别人带来价值就想赚钱，那注定不会成功。商业的本质是价值交换，要交换价值就得首先创造价值，这不是单边的。因此，创业者一定要搞清楚两个问题：第一，你的目标客户是谁？第二，你能为他们提供什么价值？这个问题虽然不复杂，但还是有很多创业公司没搞清楚。正如很多失败的创业企业案例一样，他们认为只要技术领先、产品过关、服务良好，客户就会乖乖地买单。但其实，市场并不是这样认为的。像当年摩托罗拉的铱星手机，满足上述的各种条件（技术、产品和服务），但还是失败了，被市场所淘汰，因为它不知道目标客户的真正需求是什么，这款手机并不能给客户带来他们所想要的真正价值。再比如一个成功案例——脑白金。你可能不喜欢脑白金的广告，其产品也确实没什么技术含量，但是它的价值主张非常成功。它的目标客户并不是产品消费者，而是那些想要用不多的钱买一份体面礼物的年轻人；它的价值主张也不是睡眠和健康，而是一种情感表达的载体。因此，很多人到超市给父母买礼物，第一反应就是“送礼要送脑白金”。

二是目标客户选择，即企业首先要决定选择消费者市场客户还是组织市场客户来作为主要服务对象。其次是要通过运用市场细分原理，进一步有目的地选择该市场上的目标客户，为其设计相应的产品或服务。如你把目标客户定义为知性女人、白领，然后自以为是地认为相对应的产品应该如何如何，这是没意义的。有意义的是弄清楚白领女性里面哪一个更有价值，哪一个更易获得、更易冲动，然后获取她的成本最低，更容易转化。这才是有价值的客户细分。

三是内在流程和能力，即企业的核心竞争力所在。企业的自身优势一定要明确，如沃尔玛以“天天低价”闻名，源于其供应链管理方面的优势；苹果以“简洁创新”闻名，源于其技术和设计上的优势；亚马逊和戴尔以“超值”闻名，源于其分销渠道上的优势；腾讯以“贴近用户需求”闻名，源于其业务布局的优势。

如果说客户价值主张和战略相关，盈利模式和销售和运营相关，那么关键资源和关键流程则考验的是一个企业的执行能力。谷歌的“关键资源”就是那些天才的工程师，“关键流程”则是苹果公司鼓励创新的公司制度、企业文化和日常管理工作，这些流程确保谷歌的创新具有可复制性和扩展性，从而不断开发出一个又一个具有颠覆性创新的产品。想要不断地驱动市场成长，就要不断地创新核聚变，让自己的资源能给别人更好的回报、更多的价值，你才能获得应有的价值，盈利才是水到渠成的事。

这一点往往是很多创业者容易忽视的。他们往往把自己或者所谓关系当作关键资源，却同时高估了自己和所谓关系的力量，而没有建立其组织的竞争能力。在制度和流程建设方面，则是大多数创业公司的软肋，他们往往迷信于创业者的个人能力，而忽视了在制度和流程方面的建设。这样的疏忽往往会导致这些企业熬不过初创期，或者熬过去了，也长不大。

四是竞争战略，即企业区别于竞争对手的差异化定位。企业的核心竞争力是企业差异化定位的基础，如沃尔玛的定位就是降低全球生活的成本，苹果的定位是不断创新，亚马逊追求定价低于传统书店，戴尔则是“直销先驱”，腾讯的目标是“中国规模最大的网络社区”。

五是如何盈利，即企业的收入来源包括什么。企业盈利的多少，一定与你可带来收入的业务有关。业务多并不代表收入就多。春兰集团在中国 20 世纪 90 年代一直是空调之王，有一天它突然觉得既然空调我能做到第一，为什么其他电器不可以，于是全面拓展生产线，结果呢？春兰集团除了空调还有什么，又有谁现在买空调首选春兰？再比如很多互联网公司喜欢讲故事：只要我们的用户达到 1 000 万，其中有 10%的人付费，那么我们就能赚很多很多钱！但大多数时候，这只能是一个故事，有盈利可能和有实际的盈利模式是两回事，因为盈利需要有合理的收入模式和成本结构，这是很多公司不具备的。而美国西南航空公司就是成功的范例。在创立之初，该公司仅有 56 万美元、3 架波音 737 客机，经营着达拉斯、休斯敦和圣安东尼奥的短程航运业务；到了 20 世纪 70 年代，该公司仍然坚持着一贯的短程航运业务，无国际航班，以低成本、低价格、高频率、多班次作为其固定收入来源，占据市场主动。此后，这种高市场销量、低利润空间的盈利模式保持不变，且每年盈利。

很多创业者很清楚，他们从消费者手中赚不到钱，就从投资者那里赚。的确，有些创业者已经成功地从投资者手里拿了很多钱，但就是没有盈利，这样的故事结局往往不太好，因为投资者的耐心是有限的。饼画得再圆，总有一天要兑现的。如果过了一定的时间还是不能盈利，公司的价值基本上就为零，自然也不会赢得投资者的持续青睐。

六是未来成长目标，即企业的新业务计划安排。传统上，新业务增长计划包括密集型增长方式（市场开发、产品开发和市场渗透）、一体化增长方式（前向一体化、后向一体化和水平一体化）和多元化增长方式（同心多元化、水平多元化和集团多元化）。依据企业资金实力的由弱到强，企业可依次进行选择；新业务增长方式从投资角度还可分为生存模式（满足基本财务目标）、收入模式（投资稳健收入流的业务）、成长模式（尝试益于企业成长的投资）和投机模式（合适的买进卖出）。“现代魔法王国”——迪士尼近年来一直是其他企业学习模仿的对象，以明确的战略增长方式而知名。从早年专注于主题公园与家庭娱乐业为主，到目前投资扩展到电视电影运营、品牌专营、体育项目运营、传媒出版、游轮等多元化增长方式，已成长为国际娱乐传媒集团巨人。

尽管众多学者对商业模式要素的观点各有不同，但由上述分析可知，商业模式的要素主要是由价值创造体系和价值获取体系及与这两个体系有关的其他组织关系构成。商业模式的构成最终逐步趋于整合协同视角。

8.1.3　成功的商业模式特征

长期从事商业模式研究和咨询的埃森哲公司认为，成功的商业模式具有以下三个特征。

第一，成功的商业模式要能提供独特价值，即“差异化”的打造。如 Grameen Bank 不同于传统商业银行，主要以贫穷妇女为主要目标客户，贷款额度小，不需要担保和抵押等。亚马逊相比传统书店，其产品选择范围广，通过网络销售，在仓库配货运送等。西南航空也在提供点对点基本航空服务、不设头等舱、只使用一种机型、利用大城市不拥挤机场等方面，不同于其他航空公司。独特的价值可能是新的思想，但更多的时候，是产品和服务差异化的组合。这种组合具有以下三个与众不同之处。

（1）高质高价，即为客户提供更好的产品或服务，并索取比成本更高的价格。像利兹卡尔顿酒店、万宝龙笔、梅赛德斯车，都能为客户提供更优质的质量、更好的款式、更杰出的服务，同时也让客户心甘情愿地支付更高的价格。

（2）同质低价，即客户能用更低的价格获得同质的产品或服务——物美而价廉。如戴尔电脑，以渠道差异化著称，全球首创网络直销模式。由于其根据订单生产，几乎没有存货，平均成本低于竞争对手 12%；接到订单前不订购部件，部件平均比竞争对手新 60 天，等于拥有 6%的利润优势。造就了戴尔高性能、低价格的典型模式。

（3）高质同价，即客户可以用同样的价格获得更多的利益。如雷克萨斯汽车。丰田公司认识到全世界有大量的消费者希望得到一辆昂贵的汽车，许多消费者希望购买像奔驰一样性能的车，并且价格要合理。这给了丰田一个想法，开发一辆能与奔驰竞争甚至定位于更高价值的轿车，一个“聪明”的购买者欲获得身价但不会浪费钱。丰田的设计者和工程师开发了雷克萨斯汽车并开展多方位的进攻。新汽车安装精良、内部装饰豪华、有更平稳的引擎和提供更稳定的驾驶，而奔驰却在这些方面稍逊一筹，但二者价格却在同一档次。

第二，成功的商业模式要难以复制。企业通过确立自己的与众不同，如对客户的悉心照顾、无与伦比的实施能力等，来提高行业的进入门槛，从而保证利润来源不受侵犯。竞争对手只能看到企业商业模式的表象，而无法获知其运作的具体细节。例如，美国西南航空公司的商业模式就是极难复制的。虽然众多商学院和同行都把西南航空作为案例和研究对象，也总结出“单一机型、点对点、低票价、收费服务”等经营特点，但各家航空公司的模仿却几乎没有成功的。因为廉价与高效率仅仅是西南航空商业模式的结果，真正帮助西南航空连续几十年盈利的因素是其和谐的企业文化，高度适应的组织结构与高效标准化的团队及优秀的成本控制。

第三，成功的商业模式要有良好的业绩表现，体现在成本、盈利能力等方面。如Grameen Bank虽然不以盈利为主要目的，但它一直是盈利的。亚马逊在一些传统绩效指标方面良好的表现，也表明了它商业模式的优势，如短短几年就成为世界上最大的书店，数倍于竞争对手的存货周转速度给它带来独特的优势，消费者购物用信用卡支付时，通常在24小时内到账，而亚马逊付给供货商的时间通常是收货后的45天，这意味着它可以利用客户的钱长达一个半月。西南航空公司的利润率连续多年高于其全服务模式的同行。如今，美国、欧洲、加拿大等国内中短途民用航空市场，一半已逐步为像西南航空那样采用低成本商业模式的航空公司占据。

8.2 商业模式的类型

什么样的商业模式可以帮助企业获得持续的价值和竞争优势？我们可以从两个角度来认识商业模式的分类。

从管理的角度看，商业模式可以分为运营性商业模式和战略性商业模式。

1. 运营性商业模式

业务模式：企业向客户提供什么样的价值和利益，包括品牌、产品等。

渠道模式：企业如何向客户传递业务和价值，包括渠道倍增、渠道集中/压缩等。

组织模式：企业如何建立先进的管理控制模型，如建立面向客户的组织结构，通过企业信息系统构建数字化组织等。

2. 战略性商业模式

战略性商业模式是对运营性商业模式的扩展和利用，是在运营性商业模式的基础上更进一步表现一个企业在动态的环境中怎样改变自身以达到持续盈利的目的，其涉及企业生产经营的方方面面，包括与产业价值链环节的互动关系。

产业价值链定位：企业处于什么样的产业链条中，在这个链条中处于何种地位，企业结合自身的资源条件和发展战略应如何定位。

盈利模式设计（收入来源、收入分配）：企业从哪里获得收入，获得收入的形式有哪几种，这些收入以何种形式和比例在产业链中分配，企业是否对这种分配有话语权。

与运营性商业模式相比，战略性商业模式更难以被竞争者模仿，常给企业带来战略性的竞争优势，而且优势往往可以持续数年。

从运营的角度看，商业模式创新领域专家奥斯特瓦尔德将企业现有的商业模式分为非绑定式商业模式、长尾式商业模式、多边平台式商业模式、免费式商业模式和开放式商业模式。

1. 非绑定式商业模式

它又可分为三种基本的业务类型，即客户关系型业务、产品创新型业务和基础设施型业务。这三种业务类型可能同时存在于一家公司里，但理论上三者应分离成独立实体，以避免冲突。如移动电信行业的业务拆分（网络运营外包，专注于用户和内容）。

2. 长尾式商业模式

核心是多样少量。它们专注于为细分市场提供大量产品，每种产品可以卖得很少，但各细分市场的销量相加则总体销量也很可观。如图书出版行业的变革，将传统以畅销书为中心的出版模式转变为提供让每个人都能出版作品的服务。

3. 多边平台式商业模式

将两个或者更多有明显区别但又相互依赖的客户群体集合到一起。建立一个平台，为不同的客户群体提供不同的价值主张并获得收入。实例：Google的商业模式（第三方网站的广告）；苹果的平台运营商（iTunes）的演变。

4. 免费式商业模式

至少有一个庞大的客户群体可以享受持续的免费服务。它又可分为三种模式：基于多边平台（基于广告）的免费产品或服务（内容网站）；免费增收服务（人人网，可选收费服务）；诱钓模式（合约手机；吉列）。

5. 开放式商业模式

通过与外部伙伴系统性合作，来创造和捕捉价值，可以是“由外到内”（外部创意引入公司内部），也可以是“由内到外”（内部闲置创意提供给外部伙伴）。实例：宝洁（通过外部伙伴关系促进内部研发工作）。

专栏：创业故事

“商业模式清晰了再去找风投”

“当今企业之间的竞争，不是产品之间的竞争，而是商业模式之间的竞争。”央视《赢在中国》季军窦大海用“当代管理学之父”彼得·德鲁克的话作为开场。窦大海说，商业模式前端联系的是消费者的需求，后端实现的是投资者的投资价值，那么中间我们如何来设计商业框架，就是商业模式。

“当时我参加《赢在中国》时，参赛项目其实就是一个最传统的学生食堂。”窦大海结合自身的创业经历说道，同样是学生食堂，不同的人按照不同的商业模式来运作。

如有的人将食堂所有的食品都自己加工、销售，他的商业模式就是卖产品；还有的人是把整个食堂租下来，然后把窗口分包出去，不直接生产产品，就像一个二房东一样，他的商业模式就是一个房屋租赁模式；还有一些人则是给学校或者企业单位派驻劳务管理食堂。这些都是不同的商业模式。参加《赢在中国》时，窦大海设计的商业模式是以学生食堂为主的团体餐饮管理项目，最终打动投资人并获得700万元风险投资。

窦大海认为，一个好的商业模式需要情任良好的定位，同时需要设计好自己的业务系统，找到关键资源能力，发现自己的盈利模式，设计好现金流结构，最终才能实现投资价值。

窦大海说，商业模式和管理模式是相互配合、相互补充、相互支撑的，管理团队能不能形成一套配合机制，所有人员及设备能不能有效运转，这都有赖于一个企业的管理模式。"一个好的商业模式在一开始就决定了企业未来会成为什么，而企业最终能不能成为我们设想的目标，取决于团队的管理水平。"

在互动环节，很多创业者都提到了如何吸引投资的问题。做移动电商股权众筹平台的胡军提到了关于创业初期与风投对接的问题，窦大海强调说，在创业初期不要急于去寻找投资，重要的是要先做好自己，选择合适的时机再去寻找投资。

"创业者应该先把自己的商业模式考虑清楚，做出一个基本的框架和雏形来，最好在创业项目蓄势待发的时候，再去寻找投资，让别人都能够很轻松地看到项目未来的前景，否则你费再多的口舌也不会找到投资。商业模式的优劣使其在融资过程中的难易程度是完全不同的，风险投资一定不是可以轻易被我们用语言说服的，而是靠商业模式和团队运营实力去说服的。"窦大海说。

资料改编自：李虎. 商业模式清晰了再去找风投[N]. 齐鲁晚报，2015-08-27.

8.3 商业模式的设计

通过对以上商业模式内涵的了解，我们知道商业模式致力于给出一个框架，帮助创业企业决定战略的发展方向（如企业的任务何在，需完成哪些具体会计指标，以及业务安排规划等）和策略的具体实施（如哪些产品不能提供或哪些价格不能改变，渠道选择原则等）。尤其是体现在价值的创造上，商业模式直接决定了盈利的具体方式，而利润是企业永远的终极目标与存在意义。因此，商业模式是一个企业创造价值的核心逻辑，价值的内涵不仅包括企业为自身创造利润，还包括为客户、员工、合作伙伴、股东提供的价值，在此基础上形成的企业竞争力与持续发展力。

8.3.1 商业模式的设计原则

对于企业而言，商业模式的设计主要解决企业的利润从哪里来，也就是企业利润来源于什么样的价值链条，以及主要由价值链中的哪些环节实现，为什么是这样而不是其他的选择。它首先必须是对企业盈利方式的假设和设计，而这些依赖于企业对市场前景和发展趋势的思考，对竞争对手商业模式的分析和优化，对自身资源的优化和对外部资源组合方式的思考等。

基于此，商业模式的设计原则可从以下几点出发。

（1）商业模式必须能够创造价值。价值创新是商业模式的灵魂。企业必须借助商业模式进行价值创造、价值维护和价值提供，从而使企业创造的价值最大化。

第一，保证创业企业自身的盈利。也就是说，虽然新创业企业无法在一开始就保证盈利，但至少要找到可持续的盈利方法。如麦当劳，虽然一开始只卖汉堡包，但后来又开发出了炸鸡、可乐、薯条甚至是儿童玩具等来赚钱。再如，市场上有茶吧、酒吧、棋吧……于是有人仿照这些开了“哭吧”，目的是为“好哭一族”提供一个想哭就哭的减压场所，释放他们内心的苦闷和悲伤。目前在武汉、南京、西安等地都出了“哭吧”，甚至还有“出气吧”，每小时收费 50 元，哭完后，心情不好不收费。哭特别消耗能量，“哭吧”就开始按顾客需求增加项目：一流眼泪，你就得补水，于是增加饮料、矿泉水；流眼泪需要卫生纸擦，于是柜台上就出现了卫生纸；哭的时间长了，嗓子沙哑冒火，于是润喉片又有了销路；哭的中途还要休息一会儿，嘴巴不能停歇，于是瓜子又成了解决寂寞的食品；哭完后，肚子饿想吃东西，于是哭的各种菜品又出来了，诸如孟江女哭长城、哭转负心郎……有的顾客想哭又哭不出来，还准备了洋葱和辣椒等催泪物品；还有的觉得哭还不够发泄心中的郁闷，需要来点暴力，于是为顾客配备了玩偶供其发泄，如果还不够，那么你就买一个带回家，随便你怎么虐待。“哭吧”后来火爆到什么程度？那就是不得不提前预约限时服务。

从以上就能看出，“哭吧”的主业务是为顾客提供哭的场所，收费 50 元。后来又增加饮料矿泉水、卫生纸、润喉片、瓜子、饭菜、洋葱和辣椒等催泪物品以及玩偶。在主业务和固定成本不变的情况下，公司又根据顾客的需要提供了与哭相关的衍生产品，这就是企业的盈利点。据说现在“哭吧”为了满足顾客哭的需求，还招了员工为顾客提供陪聊和陪哭的服务。为了提高员工陪聊陪哭的水平和艺术，还让他们接受心理学、社会学、情感学等课程的培训。与此同时，还根据典型的“哭案”研究整理出洒泪排忧法、友情诉说法等不良情绪消除法等，更进一步丰富了企业的盈利点。

第二，保证能够为战略合作伙伴创造出更多的价值。企业的战略伙伴包括供应商、分销商以及其他业务合作伙伴组成的供应链或价值链，在新的竞争环境中，企业越来越面临缩短交货期、提高产品质量、降低成本和改进服务的压力，单个企业仅依靠自己的资源已经不能胜任整个供应链条中的市场变化了，如今的商品竞争已不再是单一企业的竞争，而是供应链或经营网络之间的整体竞争。因此，商业模式的设计必须考虑到企业整体阵营的利益，要使企业的经营网络能够获得更大的价值，即“共赢”。如当今智能手机市场上，苹果 iOS、谷歌 Android 和微软 Windows Phone 三大软件阵营已成型。在这三大手机软件的引领下，硬件市场也分为三大格局：苹果 iOS 系统，盟友（自己：iPhone）；谷歌 Android 系统，盟友（HTC、摩托罗拉、三星）；微软 Windows Phone 系统，盟友（诺基亚、三星、HTC）。因此，竞争的焦点不再仅是某个品牌的知名度或销量，而是整个阵营的整体表现如何。

（2）短期内不能被他人复制。创业企业要能够自我保护，在企业自身的专利技术、品牌的差异化、独特的营销网络、商业机密或领先优势等方面，创业企业至少要保证占有 1～2 项。

其中，专利战是近年来科技公司的重要策略。例如苹果公司，2011 年 8 月 10 日，苹果公司的市值超过埃克森美孚，成为全世界市值最高的上市公司，登上了全球第一的宝座。在这个漫长而光辉的过程中，苹果公司的专利工作功不可没。乔布斯早就为苹果的专利进行了出色布局：在苹果的专利组合中，共有 313 项将乔布斯列为“主要发明人”或“共同发明人”。从 2007 年推出第一代 iPhone 时就开始提出专利申请的远见，其专利技术包括著名的 NFC（近场通信）替代技术、屏幕用户接口与应用程序、触控相关应用（多点触控、触控手势）、手指滑过屏幕解锁等。业界认为，拥有这些专利几乎让苹果得以主宰电容式多点触控的操作所有权，未来厂商只要使用电容式触控产品，想要做出质量等同苹果的产品，就必须付给苹果权利金，如果不付，专利诉讼攻防战将一触即发。一旦苹果发动专利战或开放授权，非苹果阵营都有可能面临法律诉讼、支付高额权利金，此举意味着非苹果阵营，若要做出跟苹果一样功能的产品，其总成本一定比苹果高，不易发动价格攻势，等于是帮苹果在赚钱。由于近几年便携设备的触控技术多以电容式为主，后进者多半投资此技术，导致目前眼见苹果专利纷纷通过，进退两难的局面。据了解，目前其他阵营如无法提出有效的应对方式，1～3 年内，恐怕只能看着大好商机从眼前溜走。

此外，品牌差异化的打造也是创业企业盈利的有效方式。例如，在汽车市场，不同车企早已为自己的品牌在消费者的心中定好了位置：丰田威姿和福特福克斯定位为经济车，奔驰和卡迪拉克定位为豪华车，保时捷和宝马定位为高性能车，沃尔沃有力地定位在安全性能方面。而丰田的普锐斯混合动力车定位为应对能源短缺的高科技方案。正因为差异化的内涵，才可能使消费者选择你而非对手。对于营销网络的构建，则是企业独特的宝贵资产，可以帮助企业顺利推出新产品，获得市场份额。如国内著名民营企业娃哈哈集团，通过组建稳定的分销渠道形成独有的营销网络，保证新产品上市可以第一时间向全国铺货；可口可乐公司则以商业秘密为领先优势，其可乐配方一直被视为公司的高级机密，并借此而名声大噪、利润滚滚。总之，对于企业特别是创业企业而言，总要有自己独特不易被模仿的特性来助力商业模式的开发。

（3）商业模式必须能够确保正常启动。创业企业犯得最多的错误之一，就是理想过于完美，而实现理想的方法却没能设计好。而实现理想的方法——商业模式，正是企业能否生存下去的关键所在。因此，想要创业成功，理想固然很重要，如何实现你的理想则更为重要。你一定要确保你的商业模式是清晰的、明确的，可以正常启动的，而不是“镜中花、水中月”。

物联网的概念现在已经被炒得越来越热，相关的 RFID 识别技术、智慧地球、云计算、传感网、感知中国、M2M 等概念也常被人们提及。但是，真正借助物联网来盈利并创造市场的相关企业却并不多见。原因何在？中集集团智能安全研究主任周受钦博士对此明确指出，成本、标准、技术等问题可能都是影响物联网发展的因素，但找出多方共赢的商业模式才是物联网产业成功的关键所在。通俗而言，物联网是一个物品在网络下的可视状态。如今的物联网概念包罗万象，小到远程抄表、出租车 GPS 监控，大到智能电网、智能交通等俱包含在内，美国研究机构 Forrester 预测，物联网所带来的产业价值要比互联网大30倍，物联网将会形成一个新的万亿元级别通信业务。正因如此，才会引得众多企业兴致勃勃想要分得一杯羹，可惜在真正身处其中时却又茫然不知所措，觉得无从下手。这显然是因为他们虽然有借物联网创业的雄心壮志，却没能寻找出正确的商业模式所在。其实，要发展物联网，必须注意其两大特性：一是规模性，二是流动性。在规模性和流动性下，连入物联网的各类数据采集器、传感器将汇集出非常庞大的数据，而谁擅长利用数据，谁将是最大的赢家。成功的商业模式一定要建立在用户需求上面，谁能量体裁衣，针对用户需求提供出信息服务，同时兼顾物联网产业链各个环节的利润和最大限度地发挥这些数据资源的社会效应、经济效应，谁就找到了最成功的商业模式。

如已经有相当的经验或者资产雄厚的企业，可以考虑成为软件集成商，利用第三方数据运营商的数据，研究开发各类应用，为客户提供急需的服务。或许只需找到一个合适的切入口，成为新的物联网上市公司也有可能；而初入行业、规模和资源都较小的企业可以成为物联网的信息终端设备提供商，因为装备的智能化是实现物联网的基础。被联结的物体或者设备必须智能化，至少需要有RFID电子标签或者带有传感器和数据传输功能的终端来实现数据的识别、采集和上传。而世界各国、各方各业需要的信息终端各不相同，细分出了大大小小的市场，各企业可以发挥自身的特长成为特定领域的龙头，同样可以赚得盆满钵满。

8.3.2 商业模式的设计方法

根据商业模式的设计原则，企业商业模式设计最为关注的是企业的价值实现、独特性和可行性。成功的商业模式设计应该以本企业为出发点，充分考虑社会资源的集约利用和设计安排，创造企业价值、客户价值、伙伴价值和社会价值。商业模式设计方法学者研究得并不是太多，代表性的观点主要包括参照法、相关分析法、模块组合法、头脑风暴法。

（1）参照法（案例学习法）。这是商业模式设计的一种有效方法。该方法是以国内外商业模式作为学习的参照，然后根据本企业的有关商业影响因素，如环境、战略、技术、规模等不同特点进行调整，确定企业商业模式设计的方向。许多企业的商业模式设计都是通过参照法进行的，如被称为“剃刀与刀片”的诱钓型商业模式，由吉列首创，这种模式的关键是找到便宜或免费的初始产品（剃刀）和后续重复消费较昂贵产品（刀片）之间的紧密联系，企业可借助后者赚取高额利润，许多其他行业都参照其应用，如喷墨式打印机（打印机与墨盒）、移动通信行业（免费手机与手机套餐）等。

（2）相关分析法。即在分析某个问题或因素时，将与该问题或因素相关的其他问题或因素进行对比，分析其相互关系或相关程度的一种分析方法。利用相关分析的方法，可以找出相关因素之间规律性的联系，研究如何降低成本、增加价值。如亚马逊通过分析传统书店，在网上开办电子书店；eBay首创网上拍卖也来自传统的拍卖方式。

（3）模块组合法。前文分析过，商业模式包括六大要素，即价值主张、目标客户的选择、内在流程和能力、竞争战略、盈利模式以及未来成长目标，因此，在设计商业模式时，可以从个别模块着手。通过对个别模块的创新，找出实现目标所需的重要模块组合，以此确定新的商业模式。企业并不一定要创新所有的模块。如微软成功的关键是其软件系统与任何硬件的兼容性。

（4）头脑风暴法。召集创业团队成员或者创新专家，通过团队的力量，创新商业模式。头脑风暴法可分为直接头脑风暴法（通常简称为头脑风暴法）和质疑头脑风暴法（也称反头脑风暴法）。前者是在团队决策尽可能激发创造性，产生尽可能多的设想的方法，后者则是对前者提出的设想、方案逐一质疑，分析其现实可行性的方法。

8.3.3 商业模式的设计步骤

无论是设计还是完善企业商业模式，都必须遵循以下五个步骤。

第一步，界定和把握利润来源——客户和需求。在设计商业模式时，首先需要分析客户需求，目的就是要为产品寻找能够比较容易呈现价值的客户群。一般来说，企业盈利的难度并非在技术与产品端，而是在客户端。有时纵然只是把握好客户的一点点需求，也可能产生巨大的客户价值。如果商业模式无法找到相对明确的客户需求，那么这项新事业将会遭遇无法创造利润的潜在风险。例如，JVC 与 Sony 在 20 世纪 60 年代投入于录放机新事业开发，事先也无法掌握潜在的客户需求，因此只得不断推出新产品到市场上进行测试，直到 70 年代，在大致掌握客户对于这项新产品的需求后，才成功开发出 VHS 与 Beta 规格的产品。

第二步，不断完善企业利润点——产品或服务。好的利润点是顾客价值最大化与企业价值最大化的结合点，有些企业的产品和服务或者缺乏顾客的针对性，或者根本不创造利润，就不是好的利润点。微软的商业模式是国际公认最为成功的商业模式，但微软并不是一开始就能够设计出具有竞争力的产品。当微软推出 Windows 1.0 时，该产品比数字研究公司的GEM图形用户界面好不到哪儿去。评论家们甚至将它比作对施乐PARC所开发产品的苍白模仿；直到 1990 年发布 Windows 3.0 时，微软才在内存管理方面有了大的改进；1993 年微软又改进了与 Windows 95 界面类似的 NT，其强大的管理控制功能使得 WindowsNT 流行起来；在网络浏览器业务上，微软又努力了三次才赶上网景。微软建立了伟大的商业模式，原因是微软倾听客户反映，修复了产品中的漏洞，并不是因为它开发出了“轰动一时”的技术。

第三步，打造强有力的利润杠杆，构筑商业模式内部运作价值链。企业的利润杠杆主要包括：组织与机制杠杆、技术与装备杠杆、生产运作杠杆、资本运作杠杆、供应与物流杠杆、信息杠杆、人力资源杠杆等。设计良好的利润杠杆可以使商业模式极具竞争力。美国西南航空公司创下了连续 20 多年盈利的业界奇迹，能取得这样的成功，在于西南航空公司始终坚持“低成本营运和低票价”的竞争策略，在自己竞争对手不注意和不注重的内部价值链上下功夫，找到了属于自己的财富增长点。

第四步，疏通拓宽利润渠，构筑商业模式外部运作价值链。利润渠就是企业向顾客供应产品和传递产品信息的渠道，是商业模式得以正常运作必不可少的外部价值链。戴尔就是这方面的成功典范。该公司因直销减少了 20%左右的渠道成本；而且加快了资金的周转速度，一般的电脑公司从制造到销售一般需要 6～8 周的时间，但戴尔从订单到送货到客户手中的时间仅用 5 天，从发货到客户电子付款则在 24 小时以内，所以，它的资金周转天数得到了极大降低。

第五步，建立有效保护利润的屏障。利润屏障是指企业为防止竞争者掠夺本企业的目标客户，保护利润不流失而采取的战略控制手段，如建立行业标准、控制价值链、领导地位、独特的企业文化、良好的客户关系、品牌、版权、专利等。在 20 世纪 80 年代的大部分时间和 90 年代早期，苹果拥有一个图形界面的使用系统，比微软先进得多。然而竞争的结果是，1 000 亿美元的股东价值从苹果转移到微软，因为微软全力以赴使自己的操作系统成为行业的标准。

8.4　商业模式的验证

商业模式是否具有合理性，是创业能否成功的基本条件。同时，商业模式分析检验也是规避创业风险、完善商业模式的必然途径。创业企业应不断对商业模式运行的关键环节进行测评、跟踪，对商业模式的实施绩效进行评估，并检测商业模式的竞争优势，这样才能让企业高效运行、持续成长，不断提升竞争优势。

基本验证的方法之一是逻辑检验，即从理论分析的角度考察商业模式的逻辑性，考察隐含的各种假设是否符合实际，或在道理上是否说得通。如果商业模式所讲的“故事”没有意义，企业运营中必备的参与各方（顾客、供应商、分销商等）不会按照假设来行动，则该商业模式就不能通过逻辑验证。例如，2003 年，北京某科技发展有限公司发现许多大学生希望拥有属于自己的笔记本电脑但又无力购买，于是推出了一项“笔记本电脑分期付款高校巡展”的大型促销活动，即“Ecampus”计划。其商业模式很清晰：与某银行联手，为大学生提供消费信贷，该公司提供信用担保。同年 9 月，在清华大学西区食堂旁开了第一家 Ecampus 数码体验中心。起初，有很多同学来咨询，场面很热闹，但是不过 3 个月，Ecampus 数码体验中心就关门了。这个项目好似具备了成功的商业模式的所有元素：准确的目标顾客（在校大学生和老师）、合理的购买动机（想买但无力购买）、有价值的盈利模式（稳定的利息收入和可防止的信贷风险）。但是，该项目的商业模式存在严重的逻辑缺陷：第一，很多院系给教师配备电脑，他们购买笔记本电脑的意愿不高，再者，教师有支付能力，无须贷款；第二，学生在学校上机很方便，既便宜，时间也充裕；第三，该项目推出的时间为 9 月，正是学生最热衷的打工季，所以关注该项目的人群数量有限。由上可见，该项目的商业模式在经济逻辑上并不切实可行，并没有深入地了解大学生的实际消费情况和心理。

第二种验证的方法是数字检验，即对市场的规模和盈利率、消费者的行为和心理、竞争者的战略和行动进行分析与假设，从而估计出关于成本、收入、利润等量化数据，评估经济上的可行性。当测算达不到预期要求时，该商业模式就不能通过数字检验。

除了上述两种商业模式的验证方法，学者纪慧生等（2010）还从管理学的角度提出了五种商业模式验证的分析工具。

（1）价值链分析。美国哈佛商学院迈克尔·波特（M. E. Porter）教授认为企业每项生产经营活动都是其创造价值的经济活动，那么，企业所有互不相同但又相互关联的生产经营活动，便构成了创造价值的一个动态过程，即价值链。创业者可以通过审视一个产品或服务的价值链来发现价值链的哪个阶段能够以更有意义的方式增加价值。这种分析可以集中于价值链的某项基础活动（如营销），也可以集中于价值链某个部分与其他部分的结合处（如运营和外部后勤之间），还可以集中于某项辅助活动（如人力资源管理）。不管集中于价值链的哪一种活动，创业者都要确定自己在整个价值链中的地位和角色，并进一步明确合作伙伴以给新企业提供有效支持。

（2）价值流分析。价值流是指从原材料转变为成品并给它赋予价值的全部活动，包括从供应商处购买的原材料到达企业，企业对其进行加工后转变为成品再交付客户的全过程，也包括企业内以及企业与供应商、客户之间的信息沟通形成的信息流。一个完整的价值流包括增值和非增值活动，如供应链成员间的沟通、物料的运输、生产计划的制订和安排以及从原材料到产品的物质转换过程等。价值流分析可以绘制价值流图，从顾客需求开始，通过研究运作流程中的每一道工序，分析每个工序的增值和非增值活动，包括准备、加工、库存、物料的转移方法等，记录对应的时间，分析物流信息传递的路径和方法，分析判别和确定出问题所在及其原因，为持续改善提供目标，从而发现并消灭浪费、降低成本、赢取最高的边际利润。

（3）作业基础管理。它是帮助企业管理者制定企业战略以及为将战略落到实处所需要的行动及其与企业资源之间关系的一种管理方法。成功的企业能将外部的资源最大地整合到价值网络中实现价值拓展的最大化，为企业带来最大战略利益。作业基础管理对这种战略的筹划和实施是至关重要的，它辨别了关键作业、成本动因及为降低成本而改善业务流程的途径。作业基础管理能帮助管理者发现价值增加的机会，通过识别和分析关键作业、业务流程及改进方法，能够帮助发展客户战略、支持技术领先战略或者辅助支持定价策略的制定。作业基础管理关注的重点主要是在确定作业，找出成本动因，据此分配资源和作业成本。

（4）流程管理及其分析工具。流程管理理论认为，为客户创造价值的不是哪一个独立的部门或者个人，而是企业的流程。流程的变化或者通过“改进”或者通过“重组”，根据流程的增值性要求来配置资源，形成适应于流程需要的新的组织机构。业务流程是把一个或多个输入转化为对顾客有价值的输出的活动，或是一组将输入转化为输出的相互关联或相互作用的活动。“流程”的定义包括六个要素：输入资源、活动、活动的相互作用（结构）、输出结果、顾客、价值。企业的流程具有多个层级，是从个体员工、工作团队、业务单位到企业全景的多层级过程。流程管理中的流程分析工具有助于对流程层次结构有一个更为清晰的认识和理解。其中，最具有流程管理代表性的技术工具为IDEF 流程图分析法。

（5）价值链分析与作业基础管理的结合。价值链管理和作业基础管理都涉及流程。价值链管理是利益导向的战略思维观念；作业基础管理在思想理念上是属于成本导向的。两者在分析方法上都将视野集中于企业的业务流程、经营活动（作业），可以将两者有机结合，通过对企业所在产业链和企业内部整个价值链的分析，寻找出企业的优势和增值环节，通过对企业资源的战略性整合和集中配置实现价值增值，营造竞争优势。同时对微观作业活动进行成本价值分析，消除资源浪费、节省投入，实现投入/产出两个方面的价值增值。因此，从流程管理及其分析工具当中设计商业模式的价值创造来源不失为一条有效方法。

8.5　商业模式创新

商业模式创新不是什么新鲜事物，但近年来创新的商业模式在规模和速度上对当今行业格局的改变是前所未有的。说到底，商业模式创新是为公司、客户和社会创造新的价值，是为创造企业价值提供基本逻辑的创新变化，既可能包括多个商业模式构成要素的变化，也可能包括要素间关系或者动力机制的变化。通俗地说，商业模式创新就是指企业以新的有效方式赚钱。

成功的商业模式创新可能是对企业经营某一环节的改造，或是对原有经营模式的重组、更替，甚至是对整个游戏规则的颠覆。商业模式的创新方法贯穿于企业经营整个过程中，贯穿于企业资源开发、研发模式、制造方式、营销体系、流通体系等各个环节。每个环节的创新都可能塑造一种崭新的、成功的商业模式。

按照 IBM 商业研究所和哈佛商学院克利斯坦森教授的观点，一般而言，商业模式创新有四种方法：改变收入模式、改变企业模式、改变产业模式和改变技术模式。

1. 改变收入模式

改变收入模式指改变一个企业的价值创造模式或利润获取模式。这就需要企业从确定用户的真正需求入手，深刻理解用户购买你的产品需要完成的任务或要实现的目标是什么。其实，用户要完成一项任务需要的不仅是产品，而是一个解决方案。一旦确认了解决方案，也就确定了新的价值创造模式，并可依次进行商业模式创新。

国际知名电钻企业喜利得公司（Hilti）一直以向建筑行业提供各类高端工业电钻著称，但近年来，全球激烈竞争使电钻成为低利标准产品。于是，喜利得通过专注于用户所需要完成的工作，意识到它们真正需要的不是电钻，而是在正确的时间和地点获得处于最佳状态的电钻相关服务。然而，用户缺乏对大量复杂电钻的综合管理能力，经常造成工期延误。因此，喜利得随即改动它的价值成长模式，不再出售而是出租电钻，并向用户提供电钻的库存、维修和保养等综合管理服务。喜利得公司创新了其商业模式，从硬件制造商变为服务提供商，并把制造向第三方转移，同时改变盈利模式。

2. 改变企业模式

改变企业模式就是改变一个企业在产业链的位置和充当的角色，从而改变其创造价值的方式。一般而言，企业的这种变化是通过垂直整合策略或出售及外包来实现的。如谷歌在意识到大众对信息的获得已从桌面平台向移动平台转移，自身仅作为桌面平台搜索引擎会逐渐丧失竞争力，就实施垂直整合，大手笔收购摩托罗拉手机和安卓移动平台操作系统，进入移动平台领域，从而改变了自己在产业链中的位置及商业模式，由软变硬；IBM 在 20 世纪 90 年代初期意识到个人电脑业务无利可寻，即出售此业务，并进入 IT 服务和咨询业，同时扩展它的软件部门，一举改变了他在产业链中的位置和原有的商业模式，由硬件变软件。

3. 改变产业模式

改变产业模式是最激进的一种商业模式创新，它要求一个企业重新定义本产业，进入或创造一个新产业。如 IBM 通过推动智能星球计划（smart planet initiative）和云计算，重新整合资源，进入新领域并创造新产业，如商业运营外包服务和综合商业变革服务等，力求成为企业总体商务运作的大管家；亚马逊正在进行的商业模式创新向产业链后方延伸，为各类商业用户提供如物流和信息技术管理的商务运作支持服务（business infrastructure services），并向它们开放自身的 20 个全球货物配发中心，并大力进入云计算领域，成为提供相关平台、软件和服务的领袖。其他如 UPS、高盛等都在进行类似的商业模式创新。

4. 改变技术模式

正如产品创新往往是商业模式创新的最主要驱动力，技术变革也是如此。企业可以通过引进激进型技术来主导自身的商业模式创新，如当年众多企业利用互联网进行商业模式创新。当今，最具潜力的技术是云计算，它能提供诸多崭新的用户价值，从而提供企业进行商业模式创新的契机。

无论采取何种方法，商业模式创新都需要企业对自身的经营方式、用户需求、产业特征及宏观技术环境具有深刻的理解和洞察力。这才是成功进行商业模式创新的前提条件，也是最困难之处。

专栏：创业者感悟

商业模式创新的寻找

商业模式的创新并非发生偶然，而且这也从来不是创意商业天才的专属领域。商业模式创新的复杂性和不可预测性是摆在我们面前的秘密战。这需要我们具备处理混乱与不确定性的能力，还需要坚持不懈，直到令人满意的解决方案出现。这是需要投入时间的，参与者必须愿意投入大量的时间和精力去探索各种各样的可能情况。

我们必须做尽可能多的分析，但可能还是无法找到一种满意的全新商业模式。商业世界充满着歧义和不确定性，所以，保持一种探索和设计包含多种可能原型的设计理念就非常有可能带来强大的全新商业模式。这种探索可能需要在市场调查、分析和商业模式原型制作与创意产生之间来回不断地摸索，过程可能会杂乱无章，充满随机性。直到设计过程聚焦于清晰的单点，同时设计也就成熟了。

——商业模式创新专家　奥斯特瓦尔德 · 皮尼厄

专栏：大学生创业故事

卖“气味”的海归女孩娄楠石

每个人心里都会有一段或几段关于气味的记忆。它可能是儿时跌倒闻到的泥土香，可能是妈妈洗衣时的肥皂气息，也可能是果园里散发的清甜，或是挽着恋人的手在沙滩上散步时，大海带给你的那种潮湿中有点咸的独特味道。

可惜它离开你已经很久很久，假如某一天有人突然让你闻到了这种“原始”气味，会不会让你惊喜异常，马上回忆起一连串浪漫而美好的往事？

海归女孩娄楠石，如今就专做这种“卖气味”的生意。而且仅仅一年多就在北京、上海、成都等地开了16家分店，她还要把产品卖到新加坡和马来西亚。

留学新西兰，发现“气味”商机

娄楠石在新西兰留学时，课余常到外面打工，不仅放牧、挤奶，她更喜欢为农场主采摘奇异果。据说凡是在新西兰吃过这种水果的游人，回国后都非常怀念它那种奇特的香味。有一天，娄楠石突发奇想，如果能研制一种专门散发奇异果香味的香水，一定很畅销，可惜没有人能制出这种气味。

一位回国当老板的师哥告诉她，他非常难忘在新西兰当伐木工的生活，尤其是拉大锯时，新鲜木屑发出的那种气味，别人也许认为很刺鼻，但他和工友们却常常能从中闻到一种幽香。至今，他还很怀念那种气味。更有趣的是，一位在上海当设计师的新西兰网友告诉她，自己非常怀念在阳光下剪羊毛时，鼻子里闻到的那种独特气息。

娄楠石很快捕捉到了这个机会，做起了“嗅觉生意”——卖气味！

朋友听了她的想法惊讶得张大了嘴巴：怎么能把看不见、摸不着的虚幻“气味”落实到一个个产品上？其实，娄楠石早已心中有底。她从网上了解到，美国有两个大男孩已经研究出了这样的东西。2009年初春，她和两位朋友结伴赴美旅行，见到了这对兄弟。

有趣的是，这家生产“气味”的工厂仅有十几名员工，而且几乎是纯手工制作，每天仅能生产两三百瓶。别看规模小，他们打造的Demeter品牌，却以大胆创新在北美小有名气。娄楠石就果断地和那对美国兄弟签订了合作协议。

创办国内首家“鼻子餐馆”

2009年11月，娄楠石的第一家店在北京三里屯Village开张，名字时尚且有趣——“气味图书馆”。店内没有奢华的装修，一切显得质朴而纯净。一排排的白色格子，一个个造型独特又漂亮的小瓶子，还有许多不可思议的气味名字，几百个品种堆砌成一座“气味宫殿”，在这里帮你收藏回忆。大麻花、西红柿、青草、雨后花园、泥土、竹林、夏威夷浪花、卡布奇诺，甚至是雨水、洗衣间、棉花糖、木屑……这些生活中的气味，都被捕捉进小小的瓶中。

因为新奇，店里一下来了不少人，一小瓶30毫升的香氛，售价高达285元，与普通香水比算不上便宜。其间尽管参观和咨询的人很多，但真正购买的却没有。娄楠石介绍，虽然它和香水一样都是液体，但却是“真实的气味”，而且随便洒一点，这种香味就能在身上保留四五个小时。

一位年轻女孩买了一瓶“菩提树”，没想到闻到那味道，女孩顿时热泪盈眶。“那种感觉，很有点像《料理鼠王》里那个苛刻的食评家尝到了一口老鼠做的普罗旺斯炖菜后，瞬间回到温暖的童年那样。我喷了一点在袖子上，回来的路上边走边闻，我想起了儿时外婆家的山林，那里满是菩提的味道，所以我要送给我妈妈一瓶，她肯定也会想起她的童年。”第二天，女孩再次光临，留下了这样一段话。

还有一位穿着优雅的女士，看上了一款名为“粉色柠檬水”的产品。轻嗅之后顿时呆住。那种酸酸的、甜甜的，夹杂着麻麻的狡黠的味儿，一如儿时吃的零嘴“酸三色”！记忆的闸门一下打开，她说自己瞬间被拉回到了儿时牵着爸爸的手幸福地吃“酸三色”

的美好时光。虽然并不缺香水，但被情感牵扯住的她依然毫不犹豫地掏钱买下了一瓶。而另外的两个同伴，也分别买了一瓶“刚割过的草坪”和“调皮鬼的味道”。“也许有一天全世界都被污染，再也闻不到很多味道的时候，只有这些气味才能带我们回到过去。”看着手上没有一丝犹豫便一把拿下的“气味”，两个好友大笑着解嘲。

最好玩的是，这里的“气味”不仅迷人，更能为你找回过去遗忘已久的回忆。在店里，你可以闻到花草、水果的香气，还可以闻到食物、蔬菜甚至自然的味道。此外，这种香氛还有一套特别玩法叫“场景模拟”，如把香草冰激凌、蜡笔、培乐多彩泥混搭起来，会产生童年的味道。把爆米花、灰尘、泡泡糖、胶皮和铁锈混合起来，就会产生老式电影院的气味。

有人说，在酒店你可以拿起菜单点下红烧鲍鱼、土耳其烤肉之类，然后风卷残云过足馋瘾，在娄楠石这里，你却能享受到与之有异曲同工之妙的“嗅觉盛宴”。有媒体干脆称她卖“气味”的小店为“中国首家鼻子餐馆”。

因为实在有趣，短短两三个月这家个性店就在北京声名鹊起，不仅许多高鼻子、蓝眼睛的外国男女经常在这流连忘返，买东西、拍照、与娄楠石交朋友，就连在北外任教的湖南卫视“快乐大本营”王牌主持人何炅，大明星小S、周迅、钟丽缇等，都成了这里的常客。

资料改编自：海归女孩，我开“嗅觉餐馆”卖气味[EB/OL]. www. xiaogushi. com，2015-01-28.

本 章 小 结

（1）要成功创立一个企业，只有好的机会是远远不够的，如何让机会转化为适合企业竞争制胜的盈利模式，才是企业生存下去的基础。好的商业模式是企业盈利的坚实保证。因此，本章提出，商业模式的核心词汇有三个：体系、价值（利润）获取方式和管理方法，并围绕这三个核心词汇提出了本书对于商业模式的通俗易懂的内涵，也提出成功的商业模式应具备的三个特征：提供独特价值；要难以复制；有合理的财务预算。

（2）商业模式其实是创业企业的战略蓝图，本章列举了几种具有代表性的商业模式构成模型。基于此，也提出了商业模式的设计思路，并指出企业商业模式设计最为关注的应是企业的价值实现、独特性和可行性，由此也总结了几种商业模式设计方法。

（3）了解了商业模式的基本含义与设计方法后，商业模式创新的重要意义也凸显出来。商业模式创新作为一种新型创新形态，最终目的是为公司、客户和社会创造新的价值。成功的商业模式创新可能是对企业经营某一环节的改造，或是对原有经营模式的重组、更替，甚至是对整个游戏规则的颠覆。一般而言，有四种方法：改变收入模式、改变企业模式、改变产业模式和改变技术模式。

专栏：课后自我练习

1. 请根据开篇案例中Uber公司的做法，来尝试解释商业模式的概念，并说明本书定义与其他代表性定义的不同。

2. 请上网去找几个大学生创业成功的案例，并结合本章内容尝试说出令他们成功的商业模式是什么。

3. 根据上题的内容，你觉得商业模式构成复杂吗？为什么？

4. 从网上搜索材料来仔细了解阿里巴巴公司的创业之路。请你运用商业模式设计思路，来思考一下阿里巴巴是如何设计自己的商业模式的，阿里巴巴还有哪些商业模式创新的空间？

专栏：课后团队练习

1. 许多人家里都放有垃圾桶。但是对于电子产品和电池，人们却没有合适的回收方式，如果不能合理回收，通常都是将其丢弃。但是电子产品和电池如果随意丢掷的话，长此以往，对土壤污染的危害性很大。开一个电子垃圾回收点，回收电子垃圾，这可是一个有潜力的创业项目。但是，目前该创业团队却也面临一个关键性问题：他们还没有一个比较明确的商业模式。究竟应如何做才能创造价值获取利润，具体方式还有待思考。

请思考：

通过以上阅读，请每个小组尝试为该创业团队找出所有可能的创新商业模式。

2. 美国《纽约时报》（*The New York Times*）作为一份在全世界发行并具有相当影响力的报纸，从 1851 年 9 月 18 日创刊以来，一直以“可靠和真实”著称，由此也成为全球政要十分关注的媒体。

2007 年 9 月，该时报宣布其网站将终止“时报精选”（times select）等付费网站服务”，专栏作家和其他作者撰写的“时报精选”文章也将免费出现在网站上。此外，旧报纸的搜索查询业务也将免费开放。至此，《纽约时报》网站将不再设置收费内容。2005 年 9 月推出的“时报精选”对读者每年收费约 50 美元，或每月收费约 8 美元。而取消收费后，《纽约时报》每月将减少上百万美元的收入。

请思考：

通过以上阅读，请每个小组尝试为《纽约时报》找出网站免费后的商业模式所在。

3. 2011 年开始，美国《纽约时报》决定对在线读者征费。该报在线读者每月可免费阅读一定数量的文章，超过定量就需付费；不过，《纽约时报》线下订户将可继续免费在线阅读。

请思考：

通过以上阅读，请每个小组再次思考：在美国主流报纸中，只有新闻集团旗下的《华尔街日报》和《新闻日报》全面向读者征收在线阅读费用，其他报纸还在考虑这一做法，担心会促使其读者转向其他网站。《纽约时报》为什么要对顾客有选择性的收费，不怕顾客流失吗？这种商业模式的创新对企业盈利会有何影响？

专栏：课后学习材料

互联网时代的商业模式创新

互联网时代，商业模式逻辑下的新元素正在逐渐形成。互联网的世界是通透的，无法通过地理的距离形成区域市场，也无法对厂商进行人为区隔，加之互联网具有极强的不确定性，通常一个商业模式只能存活一个厂商，很少有完全相同的商业模式。与此同时，人与人之间的互动变得密切，知识溢出范围增大，知识生产难度下降，促使商业模式的创新不断，商业模式的更替速度加快。但是，互联网时代商业模式创新背后存在共同的逻辑，即以社群为中心的平台模式或称为社群逻辑下的平台模式，简称社群平台。互联网时代的商业模式有着自身独特的关键要素。

1. 社群

社群指聚集在一起的拥有共同价值观的社会单位。它们有的存在于具体的地域中，有的存在于虚拟的网络里。品牌与消费者之间的关系由单向价值传递过渡到厂商与消费者双向价值协同，在社群的影响下，传播被赋予了新的含义——价值互动。同时，厂商的品牌被赋予了社群的关系属性，转化为社群的品牌，融入顾客一次次价值互动下完成的体验当中。需要注意的是，在社群逻辑下跨社群营销是没有意义的，因为社群讲究的是个性，物以类聚。你不需要别人懂你，就像“果粉”不需要解释，要解释的必定不是“果粉”。

2. 平台

以前平台主要是指计算机的操作环境，后来引入经济领域，出现了产品平台、技术平台、商业平台。如今管理学中平台指的是商业模式中的重要一环。平台强化了在信息和沟通技术下商业模式的安排能力。据百度贴吧自己在发布会上公布的数据，目前百度贴吧有 10 亿注册顾客，近 820 万个主题吧，日均话题总量过亿，日均浏览量超过 27 亿次，月活跃顾客数近 3 亿人次。由于社群有天然的排他性，再加上人的从众心理和马太效应，往往成功平台的所有者很有可能就是该商业模式下行业的垄断者。

3. 跨界

跨界指跨越行业、领域进行合作，又被称为跨界协作。它往往暗示一种不被察觉的大众偏好的生活方式和审美态度。可以说，“跨界协作”满足了互联网模糊原有边界创造新价值的需求。例如，以时装闻名的乔治·阿玛尼与奔驰合作推出乔治·阿玛尼 CLK，阿里巴巴做起了金融，长虹电视做起了互联网，它们都是通过跨越不同的领域、行业乃至文化、意识形态而碰撞出新的事物。跨界协作使得很多曾经不相干甚至不兼容的元素获得连接，产生价值。

4. 资源聚合与产品设计

按照资源基础观角度，社群平台实现了挑选资源和聚合资源的功能。所以，作为一种异质性资源，社群平台在互联网时代是极其重要的。小米公司 CEO 雷军在“雷七诀”中提出的极致和专注就是针对产品设计而言的，在他看来只有超越了顾客的期望才能成就品牌，而在社群这个强调个性、突出偏好的平台上，目标顾客的需求和期望能被放大到极致，然后厂商配合 C2B 策略，根据需求提供生产，通过产品设计，使得顾客感知的使用价值最大化，满足顾客需求，从而最大限度实现了供需平衡，满足价值创造的需要。

资料来源：罗珉，李亮宇. 互联网时代的商业模式创新：价值创造视角[J]. 中国工业经济，2015（1）: 96-107.

参 考 文 献

纪慧生. 2010. 商业模式设计方法、过程与分析工具[J]. 中央财经大学学报，（7）：87-92.

刘世忠. 2012. 为企业设定赢利点[EB/OL]. http://blog.sina.com.cn/s/blog_60f2a0660100vm5j.html.

罗珉，李亮宇. 2015. 互联网时代的商业模式创新：价值创造视角[J]. 中国工业经济，（1）：95-107.

米内特・辛德胡特，迈克尔・H. 莫瑞斯，莱兰・F. 皮特. 2009. 创业营销——创造未来顾客[M]. 金晓彤，译. 北京：机械工业出版社.

沃尔特・艾萨克森. 2011. 史蒂夫・乔布斯传[M]. 管延圻，等译. 北京：中信出版社.

吴传宝，孙筱奇. 2006. 增值业务商业模式分析[J]. 通信管理与技术，（2）：10-12.

肖玮. 2007-09-19. 纽约时报网站阅读将免费[N]. 北京商报.

肖旭. 2013. 创业者要怎么找到自己的商业模式[EB/OL]. http://www.pingwest.com/steve-blanks-advice-on-building-business-model.

亚历山大・奥斯特瓦尔德，伊夫・皮尼厄. 2012. 商业模式新生代[M]. 毕崇毅，译. 北京：机械工业出版社.

尹一丁. 2012-06-29. 商业模式创新的四种方法[N]. 21 世纪经济报道.

第9章 商业呈现

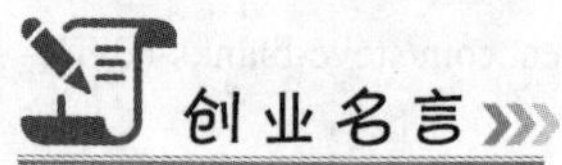

一个优秀的创业项目是做好而不是做大，更需要注重项目细节的可执行性。

——阿里集团董事局主席　马云

通过本章的学习，你应该能够：

1. 理解商业呈现的内涵与目的。
2. 熟悉商业呈现前的准备。
3. 了解商业呈现的内容框架。
4. 掌握商业呈现的技巧。

专栏：开篇案例

创业计划助推项目成功

如今在微信上做生意的不少，但能引来风险投资的不多。江北小伙林茂和朋友开鲜榨果汁店，第一次失败后，原地爬起来继续创业并引来了400万元风投注资，他们是如何做到的？

开店：半年烧完30万创业金

24岁的林茂读完香港理工大学人文学院的研究生回到重庆，寻思着自己干点什么。和留学回国的同学几经商议，决定开个鲜榨果汁店。于是，两人凑齐30万元。2013年12月，他们的鲜榨果汁店在渝中区临江门洪崖洞开业。“开店前，认为鲜榨果汁模式正好能填充国内市场的空白。可想法太高端，实际操作时，小店无法吸引人气。”林茂回忆着小店开业初期的日子，为了提升销量多接几单外卖，便不断在微信上宣传。

不久，林茂从外卖果汁中得到启发，推出鲜榨果汁月套餐，缩小目标人群范围，只针对写字楼里的白领，按月订购，定价320元/月，算下来大约16元/瓶。

在微信上推广的同时，林茂还跑到写字楼推销。“有顾客觉得我们鲜榨的哈密瓜太甜，怀疑加了糖。”林茂说，“哈密瓜从新疆来的货，甜是一定的。为了打消客户疑虑，我带着哈密瓜，到顾客办公室为他现榨。信任与好口碑自然建立了起来。”

通过网络和地推同时进行，林茂小店的订单量开始有所提升，仍然难抵高昂的装修和租金等成本。第 4 个月，30 万元创业金便花完了，小店自然也就关门了。

融资：计划书一周搞定风投

虽然洪崖洞的小店关门了，但林茂对这门生意的前景却没怀疑。经过大量调查求证，林茂与合伙人写出了一份 50 页的商业计划书。没有风投公司的人脉，他们选择广撒网的方式。先是在网上搜索“中国风投排名”“中国天使投资”，获取国内风投公司联系方式。随后，向 200 多家风投公司投送了他们的商业计划书，最终回信的有 21 家，约谈的 5 家，结果还不错。

2014 年 3 月，英飞尼迪基金公司两次找到他们长谈。对方在看过商业计划书后表现出浓厚兴趣，前后大约 1 周，就把事情定了下来：总共投资 400 万元。分四期投入，首期投资 50 万元，2015 年 1 月，最后一笔 200 万元资金已到账。

在林茂看来，之所以短时间就能打动投资人，靠的还是他们的商业计划书，这一点得到英飞尼迪基金投资经理许琳的证实。计划书里林茂与合伙人，从项目的财务预期、盈利模式、管理框架、产品本身四个方面，详细分析了果汁店的经营方式。

有了资金支持，他们在江北区观音桥（人流量大）和北部新区光电园（年轻人多）开了两家实体店，前者 10 多个平方米，后者面积达 200 平方米，卖的还是鲜榨果汁。两家店每月营业额共计 4 万多元，同时，他们还在北部新区光电园附近建立了一个中央工厂，用于为微信等渠道的写字楼预售客户进行鲜榨果汁生产配送。从 2015 年 6 月开始，林茂的生意已基本实现盈亏平衡，准备要在主城区多开几家店，还要进军成都等外地市场。“按照跟风投公司的约定，我们的最终目标是上市，所以压力不小，真是一刻也不敢放松啊。”

资料改编自：小伙创业失败后做 50 页商业计划书，引来 400 万元风投[EB/OL]. http://cq.cqnews.net/jjxw/2015-06/18/content_34529976.htm, 2015.

问题思考：

1. 通过阅读开篇案例，请你简要阐述一下的创业计划包含哪些关键内容。
2. 如果让你来开办一家鲜榨果汁店，你认为应该如何制订创业计划？

对创业机会仔细识别和商业模式反复思考后，创业者充满雄心壮志想要立刻采取行动创建属于自己的企业。那么接下来应该具体如何操作？通过什么样的方式说服投资者从中发现价值从而为自己的创业项目投入资金和技术支持？通过什么样的方式激励创业团队的创业热情，使其与你一样对即将创建的事业充满自信与激情？

想要达到以上的目的，就需要进行详细而有计划的商业呈现。也许很多创业者都觉得应该把有限时间投入到具体创业行动上才是明智之举，因为对于创业团队而言，时间极其宝贵，机会稍纵即逝，因而行动似乎重于规划。但是，这只是短时间内的看法。从长期来看，良好的商业呈现，不仅使得投资人看到项目的价值所在，为其发展能助一臂之力，而且在创业团队内部明确了任务和使命，可以在最短的时间内凝聚团队成员的理想和信念。商业呈现是整个创业项目在创业过程中的点睛之笔，它精练了你的创业思想。通过商业呈现，你可以看出创业价值是否明确、创业逻辑是否可行、产品是否合理、商业模式是否清晰、营销计划是否实际……就如同开篇案例一样，没有一份切实可行的创业计划，谁能想象一个小小的鲜榨果汁店能够融资 400 万元？

9.1 商业呈现的内涵和目的

当今世界掀起了一股创业热潮，特别是互联网和新兴科技的运用，使得很多人认为创业机会众多，怀揣着创业梦，想要尝试开创自己的事业，但是真正成功的创业者寥寥无几。失败的原因，一部分可能是创业项目本身没有价值，另一部分可能就是没有找到合适的价值呈现的方式。

9.1.1 商业呈现的内涵

如何将完整而详尽的创业思路呈现出来展示给投资人？如何将有价值的创业思想凝练出来让投资人或者评审听得懂并且深深折服？如何让创业“故事”动听而且在众多竞争对手当中脱颖而出？这都需要对创业项目进行完美的诠释，特别是对项目价值进行精彩的演绎。创业团队就需要进行商业呈现。

现如今创业团队进行项目展示的形式有很多。例如，由科技部、财政部、教育部和中华全国工商业联合会共同指导举办的“中国创新创业大赛”；专门针对大学生的“中国‘互联网+’大学生创新创业大赛”、“创青春创业大赛”、大学生大创项目；地方政府组织的“全球青年创新创业大赛”；中央电视台组织的全国性励志创业电视活动“赢在中国”，等等。

不论创业者以哪种形式赢得投资人的关注和资金投入，不论是通过视频媒体还是通过网络投标开始创业项目，都是创业项目呈现商业价值的表现形式或者表达方式。因此，我们认为，商业呈现就是指创业者或创业团队对创业项目的商业价值的集中体现，包括创业思路、创业准备、项目运作、团队管理等具体事宜的完整说明和解释。创业计划书正是所有创业者正确呈现商业价值的有效工具，也是创立企业前完整的思路描述和书面表达。

一份有效的创业计划书必须包括创办企业的全过程和诸要素，这是创业计划书的必备内容，因此，是“知彼知己”；而创业计划书还包括在变化的环境下和激烈的竞争中创立企业的整体战略和发展方向，因此，是“百战不殆”。这样看来，创业计划书不仅能帮助你知道自己和企业的定位，又能帮助你融资和找到市场成功的机会。

那么，一份完整的创业计划书应包含哪些内容呢？一般而言，创业计划书遵循着类似的标准化格式，但不同的计划书各部分的标题会有所不同。此外，写作的质量、计划的安排、计划的可信度、商业机会的可行性等都会造成创业计划书的内容差异。由于创业计划书的主要目的之一就是筹集资金，因此，创业计划书必须说明：一是创办企业的目的——为什么要冒风险、花精力、时间、资源、资金去创办企业；二是创办企业所需多少资金——为什么要这么多的钱？为什么投资人值得为此注入资金？对已建的企业来说，创业计划书可以为企业的发展定下比较具体的方向和重点，从而使员工了解企业的经营目标，并激励他们为共同的目标而努力。更重要的是，它可以使企业的出资者以及供应商、销售商等了解企业的经营状况和经营目标，说服出资者（原有的或新来的）为企业的进一步发展提供资金。以下是几种具有代表性的创业计划书内容安排。

（1）美国学者巴林杰（2011）认为，创业计划书的格式应由以下九方面组成：执行概览（创业计划书整体概述），企业描述（历史、使命陈述、产品和服务、现状、法律地位和所有权、企业名称），产业分析（产业规模、成长速度和销售计划、产业结构、市场参与者性质、关键成功因素、产业趋势、远期前景），市场分析（市场细分与目标市场选择、购买者行为、竞争者分析、预期年销售额与市场份额），营销计划（总体营销策略、价格策略、销售过程），管理团队与公司结构（管理团队、董事会、顾问委员会、其他专业人士），运营计划（运营模式与程序、商业区位、条件与设施、运营策略与计划），产品（服务）设计与开发计划（开发现状与任务、挑战与风险、成本、知识产权），融资方案（资金来源与用途说明、预测表、项目收益报表、资产负债表、现金流量、比率分析）。

（2）英国学者布莱克韦尔（2009）将创业计划书分为七部分，包括公司概况（公司介绍、经营财务历史、外部公共关系、公司经营战略）、产品及服务（创业贷款产品、服务介绍、创业贷款核心竞争力或技术优势、创业贷款产品专利和注册商标）、行业及市场[行业情况、市场潜力、行业竞争分析、收入（盈利）模式、市场规划]、营销策略（创业贷款目标市场分析、创业贷款客户行为分析、创业贷款营销业务计划、创业贷款服务质量控制）、财务计划（未来 3～5 年创业贷款项目资产负债表、未来 3～5 年创业贷款项目现金流量表、未来 3～5 年损益表）、融资计划（融资方式、资金用途、退出方式）和风险控制（技术风险、市场风险、管理风险、政策风险等）。

（3）大学生创业网则针对大学生创业指出，创业计划书应包含九方面内容，但具体内容与巴林杰提出的有所不同：公司摘要（主营产业、产品和服务、公司的竞争优势以及成立地点时间、所处阶段）、公司业务描述（公司的宗旨和目标、公司的发展规划和策略）、产品或服务（产品和服务的用途和优点、有关的专利、著作权、政府批文等）、收入（收入来源、预测收入的增长）、竞争情况与市场营销（现有和将来的竞争对手、他们的优势和劣势，以及相应的本公司的优势和战胜竞争对手的方向）、管理团队（公司的重要人物介绍，包括他们的职务、工作经验、受教育程度等；公司的全职员工、兼职员工人数；哪些职务空缺）、财务预测［目前的财务报表、5 年的财务报表预测、投资的退出方式（如公开上市、股票回购、出售、兼并或合并）］、资本结构（目前及未来资金筹集和使用情况、公司融资方式、融资前后的资本结构表）、附录（支持上述信息的资料：管理层简历、销售手册、产品图纸等）。

除此之外，其他国内外学者和创业专家也都在不同层面提出了关于创业计划书的内容安排，总体结构方面均大同小异。《创业者手册》则从另外的角度提出如何构建一个伟大的新企业，它并不认同传统的创业计划书模式，而是注重从客户的角度，旨在帮助企业创始人熟悉客户开发流程，它分为客户探索部分（包括明确描述企业商业模式假设、走出办公室检验问题——客户是否关注、检验产品解决方案、验证商业模式，调整或继续）和客户验证部分（做好销售准备、走出办公室销售、产品开发和企业定位、调整或继续）。虽然整体流程上也要涉及以上创业计划书的主体内容，但思维方式却发生了转变，不再是只注重纸上谈兵，而是一再强调通过走出办公室，将创业理念尽快演变为实际可行方案，并依据客户需求不断调整和修改。其中尤其强调商业模式的重要性，没有成功的商业模式确认，就不要进行实际创业。

9.1.2 商业呈现的目的

以创业计划书为主要工具进行商业呈现，是创业者迈向成功的重要一步，也是获得投融资的关键一步。其目的主要包括以下内容。

1. 帮助创业者理清创业思路、明确经营理念

每一位创业者或者准备创业的人在创业之初都会对创建企业的发展方向以及经营思路有一个粗略的设想，但如果把这一设想编写成规范的创业计划，则会发现自己要从事的事业并非所设想的那样容易。例如，你必须清楚市场机会究竟在哪儿？如何让人们更乐意购买你的而非竞争对手的产品？如何获取足够的客户资源和源源不断的销售收入？有没有一套适合的、能够赚钱的盈利模式？……

创业计划可以使创业者严格地、客观地、全面地从整体角度观察自己的创业思路，明确经营理念，以避免因企业破产或失败而可能导致的巨大损失。根据创业报道的数据，一年内所破产的新公司占比为19%，两年内所破产的公司占比为35%，5年内所破产的公司占比为60%。不同的行业和不同的公司类型所面临问题是不同的，可能发生决策层面，也可能发生在市场布层面，亦可能发生在新兴行业的吞并的战场局面。因此，创业计划的编写过程就是创业者进一步明确自己的创业思路和经营理念的过程，也就是创业者从直观感受向理性运作过渡的过程。

2. 帮助创业者有效管理创业企业

编制成功的创业计划可以增强创业者的创业信心。这是因为创业计划既指出了企业全部现状及其发展方向，又总结了良好的效益评价体系及管理监控标准，使创业者在管理企业的过程中对企业发展中的每一步都能做出客观的评价，并及时根据具体的经营情况调整经营目标，完善管理方法。

3. 宣传本企业，并为融资提供良好的基础

书面的创业计划是创业企业的象征和代表，它使创业者与企业外部的组织及人员得以良好地沟通，是企业进行对外宣传的重要工具，也能够递交给投资人，成为他们做出评判、获得融资的条件。几乎没有一家创业企业不在创业初期遇到资金问题，这时如能清晰地向潜在投资者和其他风险投资者描绘出本企业正在追寻的创业机会，以及实现这种机会的有效商业模式，则能够显著增加企业获取投资的机会，而创业计划书的好坏，

往往决定了投资交易的成败。目前中国企业在国际上融资成功率不高，不是项目本身不好，也不是项目投资回报不高，而是项目商业计划书编写得草率，策划能力让投资商感到失望。

4. 强迫自己为制订的计划和行动提供理由

在通常情况下，人们决定做某一件事情，也许很少考虑其中的原因，而商业计划则强迫你给出理由，或者至少说明你制订计划时的初衷，从而明确经营的目标。

5. 展示你的能力与决心

制订好的创业计划是一份令人赏心悦目的文件，它可以向局外人，如有关的领导人和供货商表明你怎么做生意，同时也表明你对企业的全力投入。

9.2　商业呈现前的准备

成功的商业呈现不论是对创业企业组织还是对创业团队成员，不论是对创业企业还是对投资人，都能起到很重要的作用。因此，在进行商业呈现之前，创业者应该做好充足的准备。

9.2.1　心理上、意识上或思想上的准备

创业者从最初创建团队开始一直到进行商业呈现，几乎完成了创立企业的前期工作。因此，要完美地体现前期艰辛的筹备工作，要获得皆大欢喜的结果，商业呈现就成为关键的一环。

（1）重要性认识。一切事物的发展都有一个过程，一切事物都是在过程中生成的。商业呈现就是创业过程中的重要一环。创业者包括所有团队成员都应该清醒地认识到商业呈现的重要性，都应该深刻地理解商业呈现在整个创业前期所起到的关键作用，都应该从主观意识上打心眼里彻底地明白商业呈现对每个人的重要影响。

（2）谨慎的态度。细节与细节相互组成、相互联系，就变成了事物的过程，每个细节汇聚成整个事物的发展。一个人做成一件事靠的就是细节。因此，在进行商业呈现时要秉持谨慎的态度。例如，编写一份 50 页的创业计划书，这 50 页我们要一页页地写，一页页地检查，写一页查一页就是在做细节工作，但是这些重复的细节我们不能省略，如果省略了，创业计划书就可能出现瑕疵，就可能导致这个创业计划功亏一篑。如果我们重视每一个细节，不放过每一个细节，提升每一个细节的质，我们就能加速创业项目的成功。

（3）良好的心态。拿破仑·希尔说："心态是命运的控制塔！你是对的，则世界就是对的！"创业者要保持积极的心态，在进行商业呈现时做到"胜不骄、败不馁"。如果商业呈现成功了，这只是万里长征第一步，只是建立了开创事业的良好平台，并不能解决开展事业之后遇到的工作问题，所以，不要太过骄傲；如果商业呈现不成功，也不必气馁失望，要从中寻找失败的原因，究竟是竞争对手太强？还是自己失误？还是具体呈

现中出现的偏差？结果很重要，但是也要学习享受过程。德国人爱说一句话："即使世界明天毁灭，我也要在今天种下我的葡萄树。"

9.2.2 组织方面的准备

商业呈现与创业本身一样是一个复杂的系统工程，既要对行业、市场进行充分的研究，也要有很好的文字功底；既要准备各类材料，也要对自身的现状及未来发展战略进行全面思索和重新定位。

（1）人的准备。人是所有创立企业要素中最活跃的因素，也是所有事务中最重要的要素，具有能动性和创造性。若能够很好地对员工进行起用、培训和监督，就会拥有无限的增值空间。创业者要知人善用、人尽其才。谁来编写创业计划书？谁来统领全责？谁来审核内容？谁来后期制作？谁来具体展示？谁来辅助后勤？这些问题都需要创业者思考和回答。这不仅要了解每个团队成员的原有能力，也要挖掘他们的潜能，最大化他们的能量；不仅要了解他们在各自岗位的匹配度，也要锻炼他们的团队凝聚力。

（2）财的准备。企业的财力，除了平常所说的资本金之外，还有财务部门获得的融资举借外债的能力，以及财务人员运用其资金的周转次数的能力。但是，对于大多数初创企业来说，在商业呈现成功前，很少能够得到融资，都是用的本金。所以，充分地用好企业的每一分"财"，不浪费每一分"财"，显得尤为必要。为进行商业呈现，有些支出是必要的，如创业计划书的制作费用、用于展示 PPT 的制作费用、咨询费用等。这些数额虽不巨大，但是也不能省略。因为制作得精美与否，会直接影响评审者或投资人的观感。连这些钱都要省着不花的企业如何能赚来更多的利润？这是格局问题，也是用到刀刃上的钱。有些支出视项目而定，如软件、展示物等。

（3）物的准备。商业呈现往往伴随着物的出现，这样更加生动，也更易于理解。例如，本章开篇案例提到的鲜榨果汁店，当购买者对水果新鲜度和甜度产生疑惑时，创业者林茂就在现场现时榨汁，而后来去见投资人时，为了呈现项目的创意和理念也是如此。再如，第 8 章提到的卖"气味"的娄楠石，在商业呈现时用到了大量的设计——格子、瓶子。当然，更重要的物，是创业计划书，所有的创业企业都要编写它。因此，物，可以是书面材料，也可以是辅助设施；物的出现，可以是项目的展示，也可以是妙趣横生之处。但是，物，绝不是不必要的存在，也不是画蛇添足的累赘。

9.3 商业呈现的内容框架

商业呈现的质量，往往会直接影响创业者能否找到合作伙伴、获得资金及其他政策的支持。而创业计划书正是商业呈现的书面表达，是创业者叩响投资者大门的"敲门砖"。一份优秀的创业计划书往往会使创业者达到事半功倍的效果，不仅可以节省创业者大量的时间、金钱和人力成本，还会为创业者寻找投资提供清楚而准确的书面保证。事实上，大多数创业者忽略他们的创业计划书，大概只有 1/3 的创业者在创业初期拥有自己的创业计划书。而且许多新创企业之所以失败，并不是创业者不努力，也不是对创业机会没有好好把握或缺乏创业的明确目标，而是忽略了创业计划书的认真撰写。

9.3.1 创业计划书的撰写要点

1. 创业计划书的撰写原则

通常，在评审创业项目时，特别是大学生创业项目时，专家们的判断依据是主题明确、结构合理、内容充实、重点突出、论据充分、论证严谨、方法科学、分析规范、文字通畅、表述准确等，那么，在撰写创业计划时，创业者为了符合以上的要求，达到获批的目的，就要遵循以下原则。

1）市场导向原则

创业项目有没有价值、能不能为双方带来利益，这些创业者说了不算，要由市场来检验。符合市场需求的项目，市场才也会使它成功；不符合市场需求的，则会被市场所淘汰。因此，没有明确的市场需求分析作为依据，所编写的创业计划将是空泛的、无意义的。这样的创业计划书也不会受人青睐。创业计划书应以市场导向的观点来编写，要充分显示对于市场现状的把握与未来发展的预测，同时要说明市场需求分析所依据的调查方法与实事证据等。

2）文字精练原则

创业者面对的不论是评审专家还是投资人，他们都没有多少时间和精力等待你絮絮叨叨、娓娓道来，特别是想在众多竞争对手当中脱颖而出，就必须在商业呈现方面表现出优势。创业计划书要开门见山、直切主题，清晰明了地把自己的观点亮出来，避免那些与主题无关的内容。文字精练，观点明确，才能较容易引起投资者的注意和兴趣，提高融资成功率。

3）前后一致原则

创业计划书的内容复杂繁多，从战略到策略，从产品到服务，从市场到投资人，从内部组建到外部竞争，林林总总，尤其当不同团队成员编写不同部分时，特别容易出现前后不一、自相矛盾、支离破碎的现象。如果出现这种情况，不仅让人看不懂创业计划书要表达的内容，甚至会对计划和创业团队的能力产生怀疑。所以，整个创业计划前后的基本假设或预估要相互呼应，保持一致。

4）呈现竞争优势原则

没有谁会假设参与竞标的企业只有自己企业一家。编写创业计划书的重要目的之一是为投资人或贷款人提供决策依据，借以融资。因此，创业计划书中要呈现出具体的竞争优势，为什么你的项目可以通过？你的项目比竞争对手的明显优势在哪里？要给评审者和投资人一个赞同的理由，要显示创业者创造利润的强烈愿望，并明确指出投资者可获得的预期回报。当然，也要说明可能遇到的风险或威胁，不能只强调优势和机遇而忽略不足与风险。

5）便于操作原则

创业计划书既是创业企业的思想纲领，也是创业者未来的行动指南。因此，它必须具有很强的可操作性，以便于实施。特别是其中的营销计划、组织结构、管理措施、应对风险的方法和策略等，必须具有可行性和可操作性。

6）通俗易懂原则

创业计划书的文字要接地气，要尽量避免技术性很强的专业术语，过多的专业术语会影响到读者的兴趣，让他们觉得太深奥。例如，现在有很多涉及高科技的创业项目，有许多技术术语不是谁都可以看明白的。如果以为运用这些专业术语显得高深莫测，有科技含量，有魅力，有竞争优势，那就大错特错了。风险投资人更关心的是该计划能为他们带来多大效益。所以，非到不得已，尽量不使用太晦涩难懂的文字，即使使用这些专业术语，也应在附录中加以解释和说明。

7）实事求是原则

创业计划书的所有内容必须实事求是，即使是财务规划也要尽量客观、实际。不要纯粹为了吸引评审专家和投资人而造假。特别是大学生的创业项目，在审批阶段有很多还处于构想期，即准备阶段，既没有开展大量的市场调研，没有客观的数据支撑，也没有对项目的具体财务指标分析。因此，不论是可行性分析部分，还是竞争对手分析，抑或财务测算，都是“拍脑袋”的结果，没有事实依据，纯粹为了完成而完成，为了编而编，为了参赛而参赛，这样的项目是很难通过的，也很难得到投资人的青睐。

2. 创业计划书的撰写要点

那些既不能给投资者以充分的信息也不能使投资者激动起来的创业项目计划书，其最终结果只能是被扔进垃圾箱里。为了确保创业项目计划书能“击中目标”，创业者应重视以下几点。

1）关注价值

投资人之所以会投资你的项目，评审专家之所以会推荐你的项目，都是因为“有价值”。你的项目能够给投资人带来价值，你的项目能够给社会或经济带来价值。价值的依托或是产品或服务，如前文中提到的鲜榨果汁或者气味瓶；或是一种商业模式，比如第 8 章提到的 Uber 打车软件、窦大海设计的以学生食堂为主的团体餐饮管理项目。不论是什么样的表现形式，创业计划书都应该围绕这一核心进行编写，不论是编写哪一部分的内容，都应该体现项目的价值。这样，当投资人或评审专家一看到你的创业计划书，一看到里面的文字描述，就立刻在脑海里浮现出三个字“有价值”。

2）关注顾客或需求

学过营销课程或者懂营销的人都知道，顾客在哪里，市场就在哪里；需求在哪里，市场就在哪里；市场在哪里，价值才可能在哪里。因此，要让投资人或评审专家看到创业项目的“价值”，就要在创业计划书中着重顾客或需求的分析。目标顾客在哪里？他们的特征如何？他们的消费偏好如何？他们现有的消费状况如何？他们有什么样的需求变化？他们有没有新的消费需求？他们对本项目的未来消费潜力如何？他们的消费持续力如何？这些问题都需要细致地研究和谨慎地分析，然后得到能够带来“价值”的结论。

3）关注文本规范

创业计划书的内容十分庞杂，单论页数来说，都要几十页，有些编写指南指出，计划书 PPT 的长度为 50 页左右为宜。如此大量的文字工作要保证不出错，是个很艰巨的任务。那么，是不是出点错就可以被谅解呢？例如，只是几个错别字、几个标点的错误、几个段落格式有误、几个符号标记不清……答案肯定是否定的。不论是实际操作工作还是文字编辑，都是非常严肃的事情。它不仅反映了创业项目的核心和思想，更体现了对待创业这件事的态度，对待投资人和评审专家的态度。如果连态度都没法端正，那言行又怎么可能万无一失？细节决定成败，也许只是因为几个不被重视的文本错误就葬送掉了大笔投资。所以，创业计划书的结尾工作——文本规范的检查也将影响创业筹备的前期工作能否有个完美的结局。

9.3.2　创业计划书的撰写模板

一份优秀的创业计划书究竟该如何编写呢？我们通过一个大学生创业项目案例来看一看创业计划书的标准写法吧！

1. 导读部分

导读部分包括封面、目录和创业计划概述（摘要）。导读部分主要目的在于使投资人或评审专家可以在较短的时间内读完全文，并做出是否有兴趣投资的初步决定；如果想要进一步明确投资，投资人就会继续详读整本创业计划书。所以，导言部分就是创业项目思想的浓缩，编写时必须信息充分且具有吸引力。

（1）封面。封面部分应包括以下内容（图 9-1）：

——茶元素弥漫社区
创业计划书

项目团队：天津商业大学 Teamers 茶抹思
代表学院：TUC-FIU 合作学院
联系人姓名：倪萍
联系方式：15122945161 15802217057
邮箱：tcnp@163. com

图 9-1　语茶友观创业计划书封面

企业名称、联络地址、电话传真、e-mail：越容易让投资人联络到创业者，后续联系就越可能发生。

联络人姓名及职称：联络人最好是创业者本人或是主要创业成员，必须能完全了解本创业企业现状，随时都能准确回答投资人的任何问题。

企业成立时间，并注明这本创业计划书的完成时间。

创业计划书的递送对象或筹资、融资对象：尽量使用该公司的完整全名。

（2）目录。语茶友观创业计划书目录如图 9-2 所示。

目录

图 9-2 语茶友观创业计划书目录

（3）创业计划概述。在介绍创业企业时，首先要说明创办项目的思路以及企业的发展目标和战略。描述要客观。因为中肯的分析往往更能赢得信任，从而使人容易认同企业的创业计划书。此外，还必须回答下列问题：①创业企业所处的行业，企业经营的性质和范围；②创业企业主要产品的内容；③创业企业的市场在哪里，谁是企业的顾客，他们有哪些需求；④创业企业的合伙人、投资人是谁；⑤创业企业的竞争对手是谁，竞争对手对企业的发展有何影响。

概述要尽量简明、生动。特别要详细说明自身企业的不同之处以及企业获取成功的市场因素。如果投资人了解你所做的事情，概述仅需两页纸就足够了；如果投资人不了解你正在做什么，概述就是 20 页也不够。因此，有些投资人就依照概述的长短来“把麦粒从谷壳中挑出来”。

语茶友观的创业计划概述如图 9-3 所示。

企业简介

中国茶文化源远流长，茶相关产业近年来有了长足发展，各省、市都在制定发展规划，给茶叶生产和经营企业带来很大机遇。其中茶饮消费市场的发展速度更是惊人，几乎以每年 300%的速度增长，占我国饮料消费市场份额的 13%。本产业的缺口之一是专为年轻消费群体设计的茶饮连锁品牌店尚属少见，他们与中老年消费群体的茶饮需求不同。语茶友观将专注于这一细分市场——它是一家专为年轻消费群体（18～30 岁）提供与茶有关服务的品牌连锁运营商家，以经营与茶元素有关的产品为主，辅以茶文化形象的重新塑造与传播，致力于推广新型茶理念，引导健康饮食生活习惯。致力于立足天津，全国连锁。

企业描述

语茶友观计划在天津繁华地段同时开两家茶饮店（初步选址滨江道、大悦城），底商租金在 50 000 元/月左右，面积约 100 平方米。滨江道与大悦城分别位于天津市居住密度最大的两个区——和平区与南开区的最繁华商业区内，人流密集、交通便捷、消费潜力大，是理想的店铺地址。本公司特色是茶饮、茶食、茶用品用具等均主打 18～30 岁人群，并开设 DIY 茶饮、特色茶用品、周六主题日活动、自我健康 APP 软件测评等典型特色活动。

针对年轻群体，本公司市场定位鲜明：①通过周到细致的服务为顾客提供优雅、舒适的饮用环境；②通过对原材料和渠道的严控为顾客提供健康、绿色、时尚的茶饮、茶点和茶用品；③通过主题活动的展开为顾客提供社交平台发扬传统茶文化，并促进顾客交流，休闲解压。

语茶友观——与茶有关，语：与人沟通，与己沟通；茶：含有茶元素的事物；友：此时此刻在你周围与你相伴的人；观：对事物新的定义、看法和观点。

产业（行业）分析

茶饮店对茶产品消费有重要拉动作用，可以将茶业产业链条进行连接和辐射；茶饮店通常开在人流繁华、游客众多的商业街区和旅游景点，可以相辅相成加强竞争优势；该行业平均利润率较高，可达 30%～65%，发展势头较快，但竞争激烈，格局呈枣核状：多数茶馆利润为 30%～45%，两头较少，较为稳定；茶为中国特色文化，顾客基础好，易于接受，但近年来却不敌咖啡、果汁、碳酸饮料等西方特色饮品；国家政策扶持、有明确的行业标准，前景看好。

市场调查和分析

就天津地区的考察与调研发现，消费者对饮料的需求主要由瓶装饮料（统一、康师傅、可口可乐等）和制作现调饮料（星巴克、COSTA、名流茶馆、鲜果时光）等商家予以满足。其中咖啡占 32.2%，果汁占 28.3%，碳酸饮料 21.4%，茶 18. 1%。在与“语茶友观”相类似能够提供座位和空间供顾客休息的品牌中，以出售咖啡类饮料为主的商家占市场份额的 47. 2%，茶类占 32. 6%，其他类占 20. 2%。以卖茶为主的茶楼茶馆主要针对的目标人群是高端商务人士，价格较一般饮品店高很多，并且数量较少，不够集中，质量参差不齐，未形成品牌效应。市场上尚没有一个主打中高端的茶饮店品牌。

年轻消费群体更喜爱鲜果时光为代表的茶饮店，其中女性多于男性、企业白领为主、追求个性和品味、口味，安全和服务最为看重。

营销目标：在正式营业第一季度预计销售额 40 万元，利润 20 万元，市场占有率实现 10%。

营销战略与策略

按照市场细分变量中的年龄与职业标准，将语茶友观的目标顾客选择为 18～30 岁的学生和职业人士（以年轻白领为主），市场定位为中、高端茶饮产品和相关服务。

产品策略：选材严格，通过 ISO 质量认证；品牌定位为“年轻人以茶会友、追求健康、放松心情的交流社区”；包装分店内（玻璃和瓷杯）和外带（可回收材质）两种，功能设计体现清新和个性的创意；服务理念为平等式的交友理念，了解顾客健康状态，有针对性地推荐适合的茶饮及茶食，打造交友平台。

价格策略：基于成本定价，强调性价比，中高端定位。附：老友卡。69 元一张，打 9 折；充值 50～200 元，8.5 折；200～400 元，8 折；400～600 元，7.5 折；600 以上 7 折。每月均有惊喜换购。

渠道策略：直营店，未来规模做大后考虑特许经营。

促销策略：网络营销，建立“语茶友观”官网，并通过 SNS、微博、微信大力宣传增强知名度；实体店内每月或每季可举办主题营销活动（如出生年代），推出“年代”折扣等活动。

商业模式

定价模式

产品名称	简介	价格
爷爷泡的茶	分为绿茶和红茶两大类，包括信阳毛尖、西湖龙井、安溪铁观音、云南普洱、大红袍、冻顶乌龙等各地名茶	28 元/杯
Mr. T&Ms. T	分别为适合男性和女性饮用的各类花、果茶	22 元/杯
十二星座茶	分别为性格不同的十二星座量身调配的复合花果茶	22 元/杯
DIY 茶饮	提供茶叶和多种不同的配料，由消费者根据自己喜好进行调配的茶饮	20 元/杯
常青饮品	加入牛奶、可可或咖啡的各式调味茶饮料	18 元/杯
茶点	结合店铺所在城市特色，适于在饮茶时品尝的各式茶点，主要分为点心类、水果类和干果类	价格区间为 10～25 元
周边产品	包括茶香笔记本、茶叶枕、茶叶标本和紫砂壶在内的多种茶产品	价格不等

销量预测

单位：杯

产品名称	第一季度	第二季度	第三季度	第四季度
爷爷泡的茶	5 940	7 200	8 640	11 250
Mr. T&Ms. T（包括十二星座茶）	3 060	3 780	4 500	5 760
DIY 茶饮	900	1 170	1 710	2 250
常青饮品	1 800	2 160	2 610	3 420

注：通过营销计划实施，公司知名度得到提高，前三个季度销售量稳步提升，第四个季度开始销售额有明显增加。

销售收入预测

单位：万元

产品名称	第一季度	第二季度	第三季度	第四季度
爷爷泡的茶	16.63	20.16	24.19	31.50
Mr. T&Ms. T（包括十二星座茶）	6.73	8.32	9.90	12.67
DIY 茶饮	1.80	2.34	3.42	4.50
常青饮品	3.24	3.89	4.70	6.16
茶点	4.81	5.78	6.84	9.00
周边产品	9.62	11.54	13.85	18.00

主要盈利方式：固定茶饮产品收入（茶饮）+茶点收入+茶周边产品收入。

管理团队

公司现有 5 人管理团队，由天津商业大学 TUC-FIU 合作学院 2010 级 5 位优秀的同学组成，由倪萍负责。他们是：首席执行官倪萍；人力资源总监蒋晓宇；财务总监张懿文；创意设计总监黄捷菲；市场营销总监顾林。

融资方案

本创业计划书包括筹资管理、投资收益分析（投资明细表）、利润分配管理等方案。本企业性质为股份有限责任公司，占股 40%，自有资本 30 万元，吸纳风投 60 万元，最初预计资金需求为 90 万元；公司预计平均每年投资收益为 15%，超过部分按照公司与投资方 4：6 分成。

投资明细表

单位：元

项目	明细	金额/元	折旧与摊销年限
固定资产	单人沙发 10 张（400 元/张）	4 000	5
	吧台凳 4 把（400 元/把）	1 600	5
	木质椅子 6 把（200 元/把）	1 200	5
	方桌 5 张（400 元/台）	2 000	5
	台式组装电脑 1 台（3 000 元/台）	3 000	5
	POS 收款机 1 台（10 000 元/台）	10 000	5
	保鲜柜 1 个（4 000 元/个）	4 000	5
	电开水器 2 台（400 元/台）	800	5
	消毒柜 1 台（500 元/台）	500	5
	小冰柜 1 台（700 元/台）	700	5
	微波炉 1 台（500 元/台）	500	5
	保温水壶 5 个（100 元/个）	500	5
	瓷杯碟 30 套（10 元/套）	300	5
	玻璃杯 30 支（5 元/支）	150	5
小计			
开办费	企业法人注册 800	1	企业法人注册 800
	商标注册费 1000	1	商标注册费 1 000
	网络服务器 5000	1	网络服务器 5 000
	场地租借 600000	1	场地租借 600 000
小计			
流动资金	营销费用	89 950	/
	营业费用（水电费）	3 000	/
小计	92 950		
合计	729 000		

风险分析

风险分析应包括政策风险、行业和市场风险、管理风险、人力资源风险、财务风险及其他风险（本创业计划缺失这部分分析）。

附录：

调查问卷（基于学生人群、职业人群和国外人群的三份问卷）、茶馆业企业经营规范（征求意见稿）及市内设计效果图。

附：学生人群问卷

1. 您的性别：A. 男　B. 女

2. 您更倾向于以下哪类饮品：A. 果汁类　B. 咖啡类　C. 碳酸类　D. 茶类

3. 您被一家茶饮店吸引的原因是（八选三）：

A. 知名品牌　B. 热情的服务　C. 精美的包装　D. 多样化的口味　E. 安全卫生　F. 清洁舒适的环境　G. 别人介绍　H. 交通方便

4. 您对喝茶的态度是：

A. 很健康，经常喝　B. 不好喝，不喜欢　C. 中老年喝的，年轻人很少喝　D. 无所谓，好喝就行

5. 您会在喝茶时搭配哪类茶点：

A. 中式糕点　B. 西式糕点　C. 蜜饯干果　D. 其他（请注明）

6. 您平均每个月在饮品店的消费额是多少：

A. 20 元以内　B. 20～50 元　C. 50～100 元　D. 100 元以上

7. 您觉得一杯 225ml 的茶饮料，以下哪个价位出售您更愿意接受：

A. 15 元以内　B. 15～25 元　C. 25～30 元

8. 您希望我们的营业时间段是：

A. 8：00～22：00　B. 9：00～24：00　C. 10：00～22：00　D. 11：00～24：00

9. 您通常最习惯于从何种渠道了解新鲜事物（双选）：

A. 网络　B. 电视广播　C. 报纸杂志　D. 朋友介绍　E. 其他（请注明）

图 9-3　语茶友观的创业计划概述

2. 企业描述

创业计划书的主体内容从企业描述开始。应详细介绍包括企业发展史、特色和差异化、市场定位和企业使命、企业向目标市场提供的具体产品和服务、企业名称和品牌来源等。如语茶友观有着明确的 LOGO 说明：如品牌上的“一期一会”，代表着茶道用语，“一期”表示人的一生；“一会”则意味着仅有一次的相会。即便主客多次相会，但也许再无相会之时，为此作为主人应尽心招待客人而不可有半点马虎，而作为客人也要理会主人之心意，并应将主人的一片心意铭记于心中，因此主客皆应以诚相待。此乃为“一期一会”也。

3. 产业（行业）分析

创业计划书的第二个主体是产业的分析。因为任何企业都身处所从属行业的大环境之中，行业的规模、竞争格局、背景、特征都会影响企业商机的把握和创业前景，因此，产业（行业）分析有助于未来市场调研和营销战略的制定。产业分析包括宏、微观环境分析，如政治法律环境、社会文化环境、技术环境、竞争对手、顾客需求、营销渠道等方面。如语茶友观通过分析发现，现阶段的中国茶饮行业缺乏一个较为核心的具有影响力的品牌；学生和职业人士人群对茶饮的需求量较大，这是由于他们存在特殊的心理特征，追求个性、追求时尚、讲究品位；如今消费者对茶饮的需求已由原先的功能上升到对精神层面的追求，新的产品应塑造“健康”“绿色”“时尚”理念来满足目标消费群的核心需求。

4. 市场调查和分析

创业计划书的第三个主体是市场调查和分析。充足的市场分析有助于确定企业的业务性质和种类，也有助于了解顾客需求和购买行为特点，从而可以提供相适应的产品或服务；此外，市场调查也有助于企业说服投资者相信自己对于创业机会的把握是准确的，因为它能够描述出企业预期的销售额和市场份额。市场分析主要涵盖需求调查、购买行为调查与销售预测等。如语茶友观通过调研发现整个茶饮市场进入成长中期阶段，具有三个特征：产品同质化；主题同质化；群体统一化。

5. 营销战略与策略

创业计划书的第四个主体是营销战略与策略。企业必须首先明确自己的目标顾客，因此需要首先制定营销战略（目标市场战略），通过市场细分来确定自己的目标顾客，并为其生产相应的产品和服务；为了实现营销战略，需辅以策略支持，即 4Ps 策略（产品、价格、渠道和促销）。如语茶友观通过年龄和职业细分，将目标顾客明确选定为 18～30 岁的学生和职业人士（以年轻白领为主），市场定位为中、高端茶饮产品和相关服务，并辅以相应的策略来实施自己的定位。

6. 商业模式

创业计划书的第五个主体是商业模式的选定，即收入定价假设。商业模式是投资者最为关心的主题之一，因为这关系到企业的投资收益率和投资者的利润回报，是否值得投资要看企业能否有足够的收入、利润和增长来证明商业模式可行。语茶友观根据市场调查设定了可售产品、定价模式和销售收入，并通过营销计划实施预测，认为公司知名度将得到提高，前三个季度销售量稳步提升，第四个季度开始销售额有明显增加。

7. 管理团队

企业管理的好坏，直接决定了企业经营风险的大小。而高素质的管理人员和良好的组织结构则是管理好企业的重要保证。因此，风险投资人会特别注重对管理队伍的评估。企业的管理人员应该是互补型的，而且要具有团队精神。一个企业必须具备负责产品设计与开发、市场营销、生产作业管理、企业理财等方面的专门人才。

在创业计划书中，必须对主要管理人员加以阐明，介绍他们所具有的能力，他们在本企业中的职务和责任，他们过去的详细经历及背景。此外，在这部分创业计划书中，还应对公司结构做一简要介绍，包括：公司的组织机构图；各部门的功能与责任；各部门的负责人及主要成员；公司的报酬体系；公司的股东名单，包括认股权、比例和特权；公司的董事会成员；各位董事的背景资料。如语茶友观的团队构成与分工明确：顾林负责调查研究项目背景及确立市场营销方案，蒋晓宇负责规划公司战略和建立管理体系；张懿文负责编写项目的全程预算和财务投资计划，黄捷菲负责调查市场了解需求以及分析竞争对手，倪萍负责撰写产品的创意研发以及执行总结，而公司组织结构为直线职能制。

8. 融资方案

创业计划书的第七个主体是融资方案的设定，包括融资计划和财务分析。创业计划书如果没有完整的融资计划和财务状况计划，则投资人很难知道这份计划书是否可行，投资是否会有收益。因此也就无法向你提供融资或资金所需信息。必备的财务信息包括资金明细表、预计利润表、资产负债表，现金流量表和比率分析等。语茶友观这部分内容还有待细化，目前只提供了一个投资明细表，还远远不够。

9. 风险分析

创业计划书的第八个主体是风险分析。任何创业都是机会和风险并存，只分析机会如何把握，而不思考可能产生风险的诸多因素，也是不客观的创业计划。风险分析应包括政策风险、行业和市场风险、管理风险、人力资源风险、财务风险及其他风险（语茶友观的创业计划缺失这部分分析）。

10. 附录

这是创业计划书中的辅助材料，可能包括调查问卷、相关政策法规、图表信息等，反映了创业计划书的写作依据与相关重要材料。

9.4 商业呈现的技巧

如果你呈现的创业计划有幸获得了投资人的青睐，那么请记住，你的工作才刚刚开始。编写创业计划书是第一步，如何去争取可能的商业投资则是第二步。你必须制作幻灯片（PPT）来进行口头宣讲，必须充满激情、口齿流畅地面对你的风险投资人侃侃而谈，以争取更多的机会来开创企业未来。如果介绍成功，那么你将无限地接近自己和团队的梦想；如果准备不足导致失败，那么你将与你的创业理想渐行渐远。

1. 幻灯片文本技巧

请看看有“中国第一天使投资人”之称的薛蛮子对幻灯片的制作提出的建议。他建议，团队介绍放在首页；核心竞争力讲清楚，放次页；别超过 15 页，且别太多图片与视频；财务预测自己没谱干脆先不提；产品分析要能细分到自己一年内做的事；竞争对手详细描述；等等。

此外，我们可以来看一个案例，是一个创业者（Tim Young）的经验总结。这个团队创造了一年内凭借 6 张幻灯片，通过 3 轮融资，为自己的企业获得 1 000 万美元的风险投入的传奇经历。Young 总结说，与投资人的首次会面通常持续 30 分钟至 1 个小时，时间非常宝贵。为了给投资人留出足够的时间提出他们关心的问题，创业者一定要确保用简洁有力的陈述向投资人展示你的公司，激发起他们的兴趣，然后才能进入下一步。演讲者应当尽量避免在介绍的过程中陷入讨论或者技术性漏洞。Young 通常的开场白是，“我用简短的 6 张幻灯片清晰地勾勒出我们的业务框架，跟各位分享一下”。做出这样的陈述之后，投资人立刻表现得十分感兴趣。接下来就是这 6 张神奇的幻灯片，它们介绍了创业公司的愿景、策略、价值观和潜力。幻灯片 0：封面（加公司 Logo 和日期）；幻灯片 1：公司简介，简要介绍公司的主要成员，包括创始人、投资人、主要员工、顾问、财务（包括已获得投资额和目前融资额）、技术、客户等；幻灯片 2：数据收入状况（净收入，目前每月支出等）；幻灯片 3：时间表（黄金页），这张幻灯片是最有价值的一页，也是要花费许多精力的一页。这是整个演示中的精华篇章！在这里建立起趋势模型，向投资人传达你所知道的未来，然后立即通过产品演示向投资人展示你所描述的未来，这将构成非常有力的陈述；幻灯片 4：客户概览；幻灯片 5：我们的方向（列出公司当前最重要的 3 个目标方向，同时要说明投资人在其中能起到什么作用）。

如果首次见面很顺利，就需要准备一些辅助性幻灯片来充实演讲过程，它对以后和投资人的再次面谈起到很大的作用。这些辅助性幻灯片内容可包括：每个团队成员的详细背景介绍，产生价值定位的现有用户群研究，用户获取策略，深层次技术概述，目标客户群特征，市场大小和机遇等。

专栏：创业者感悟

先做幻灯片再写创业计划书

著名投资人和企业家盖伊·卡瓦萨齐在创业计划书和幻灯片演示方面有一套有趣的理论。许多人先写好创业计划书再把计划书缩减成幻灯片，而卡瓦萨齐却认为应该先做幻灯片（PPT），然后再写计划书。他说最好是先做好幻灯片然后以此为大纲来撰写计划书。原因在于，诸事都应先试行。他告诉创业者要先写商业创意的提纲，用 PPT 或其他形式都可以，并把提纲展示给尽可能多的人看，最后再写计划书。因为修改几张幻灯片比修改 25～35 页的创业计划书要容易得多。而且幻灯片演示完，可以立即得到反馈，而创业计划书要读完以后才可能得到反馈。

卡瓦萨齐的方法很好。虽然计划书不一定要完全遵循提纲来写，但在写计划书之前能得到尽可能多的反馈的确是件好事。写计划书之前先做幻灯片演示，是收集反馈信息、试行推介创业计划的理想做法，也为创业计划书写好后做更完善的幻灯片奠定基础。卡瓦萨齐开了一个有关创业及相关问题的博客，题为"如何改变世界"，内容非常丰富。博客地址为：http://blog. guykawasali.com.

资料改编自：布鲁斯·R. 巴林杰. 2009. 创业计划——从创意到执行方案[M]. 陈忠卫，等译. 北京：机械工业出版社.

2. 说服或演讲技巧

说服或演讲技巧主要需要注意三个方面的内容。第一是要做充分的准备。正式发言之前要充分熟悉自己和团队的观点，要做好准备迎接投资人可能提出的各个角度问题。第二是要清楚时间如何把握，因此要反复练习演讲。许多有经验的创业者在各种人群（如团队、同学或其他观众）面前反复练习，并从中总结出成功和失败的经验。第三是要在真正演讲时口齿清晰、声音洪亮、富有激情并生动有趣。注意感染观众，鼓舞他们的精神，可以通过案例、故事等来使投资者产生共鸣。

另外，Young 提醒了其他注意事项。

（1）头像。在幻灯片中一定要使用公司成员的头像，不要只列出一堆人的名字。投资人很看重团队，所以要把每个人展示给投资人，加深印象。

（2）尽量简单，少用文字。Young 总是努力让每张幻灯片只包含一点重要信息。如果文字太多，投资人就会各自低头看手机去了。

（3）确保你的幻灯片能讲个好故事。你的产品和团队都很出色，但重要的是你要让投资人跟你一起分享并加入这个精彩的故事中。

（4）不要读幻灯片。潜在的投资人需要了解你，看你怎样推销自己的愿景。读幻灯片只能让演讲了无生趣；此外幻灯片提供的只是辅助性数据，你所说的才是最重要的。

（5）最重要的一点是要有眼神交流。用眼神交流来推销你的愿景、激情和热情，用眼神与投资人分享你的旅程。

专栏：大学生创业故事

何磊：帮手艺人回归手艺

何磊，一个24岁的小伙子，毕业于河南科技大学，毕业后创办了他的第三家公司，最近他们推出了一款叫作“美妞APP”的手机应用。据悉，该应用即将完成500万元的天使轮融资。

何磊介绍道，美妞APP是一款在线预约美容技师上门服务的应用，基于LBS提供地址和时间的精准预约。同时，用户足不出户即可了解到同城高品质的美容服务项目和动态，选择最喜欢的服务技师。他们正在改变传统的团购模式，把店内的技师和服务作品通过添加价格、评价、技师等参数标签呈现在顾客面前，而顾客则可以根据自身情况选择到店内服务，也可以预约技师上门，如上门做美甲、化妆造型、SPA、上门美容等。

延伸团购模式，帮手艺人回归手艺

和团购平台相比，美妞APP改变了店铺和活动展示的形式，而是更加深入地把店铺内的技师和创作作品通过移动应用展示在消费者面前，用户根据作品评价、价格、地理位置、精准服务时间和技师风格等标签来选择。

有一点很特别的是，美妞APP选择从CRM系统切入美业O2O，帮助独立的手艺技师进行日程管理和客户维护。对于手艺技师而言，最大的痛点在于缺少运营支持，每天都要花费不少时间在烦琐的预约沟通上；同时，服务O2O领域里供给端资源一直是撬动市场的重要支点。因此，美妞APP在成立之初就选择从供给端入手，打造一款帮助手艺人们实现时间管理和档期预约的CRM工具，进一步帮助手艺人有效地管理时间，并且腾出更多的精力倾注到自己的本职——“手艺”上面。

助力梦想，为手艺人搭建零成本技能创业平台

他们不仅自己创业，成就自己的梦想，还要助力梦想，为有手艺而没钱开店的手艺人搭建美容技能创业平台，解放天下手艺人。美妞APP致力于成为一个专业、开放和免费的美容平台，承诺永久不向用户、手艺人和商家收取提成、佣金费用。他们把盈利点放在了服务商耗材供应、美容培训和广告费用上。手艺人在这里可以创立自己的品牌，用自己的创新和服务赢得用户肯定。

增加用户黏性，开启新的利益分享机制

O2O平台都会面临一个普遍问题，就是老顾客们完全可以跳过平台，直接打电话同手艺技师约时间，绕过平台这个环节。对此，美妞APP创始人何磊从三个方面解除了这个难题：第一，客户通过美妞APP预约手艺技师，都需要预付定金。如此一来，在很大程度上避免了临时爽约的情况，给服务者们提供了保障，因此手艺技师都会自发鼓励自己的顾客使用美妞APP来预约他们的服务。第二，推荐顾客通过美妞APP预约手艺技师，手艺人可以获得佣金。推荐顾客下载美妞APP，并通过平台预约自己的服务，手艺人即可获得交易额4%的奖励佣金，这无形中也帮助美妞APP积累了C端的用户。第三，手艺人分工十分细化，个性造型多样。由于手艺人的分工已十分细化，每个手艺人都有他（她）明确的专长，同时，各种节日、派对、舞会繁多，对新造型的需求也大，因此大家都倾向于挑选不同的技师来打造自己个性化的造型。美妞APP某种程度上扮演的角色和淘宝很像：它动态地匹配了需求，将手艺人的专业化和消费者的个性化做了更好的连接。

资料改编自：美妞APP创始人何磊：从CRM切入美业O2O，帮手艺人回归手艺[EB/OL]. http://www.studentboss.com/html/news/2015-08-13/162068. htm, 2015.

专栏：行动指南

创业企业产品的价格制定

创业企业在制订营销计划时，通常感到最为棘手和困惑的就是定价问题。作为营销组合之一的价格，是4Ps中最为敏感和难以控制的因素。毕竟，价格是企业与消费者沟通的一种方式，直接关系着消费者对产品的接受程度。虽然现今企业开始重视非价格竞争因素，消费者也会对自己喜爱的品牌表现出一定的忠诚从而淡化对价格的敏感度，但在很多不发达国家或地区，价格几乎还是决定购买与否的决定性因素。因此，企业在定价时总会面临这样的难题：提高价格虽然也会增加企业的盈利，提升品牌知名度，但却会吓跑顾客；降低价格虽然会引来大批顾客，但又势必会带来利润的减少甚至是无休止的价格战，无益于品牌的培育，如国内家电业、网络电商等的价格大战。

究竟应如何进行价格决策才能使创业企业获取到最合理的利润呢？一般而言，企业不能随心所欲地制定价格。产品定价区间，上限取决于市场需求，下限取决于成本费用，而由竞争者同种产品的价格水平来进行上下限之间的调节（图9-4）。因此，创业企业在定价方法上有以下三种可供选择。

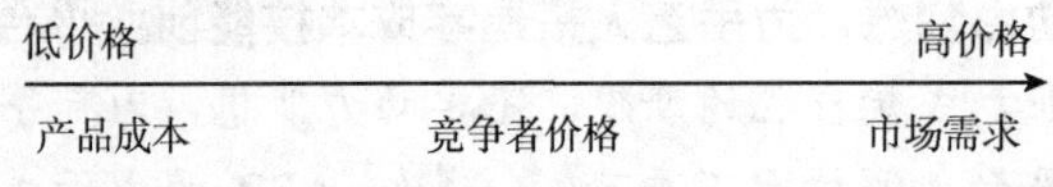

图9-4 创业企业定价区间

资料来源：黄聚河，等. 市场营销学[M]. 北京：清华大学出版社，2013：217.

1. 基于成本导向的定价

成本导向定价法是一种以产品成本为主要依据的定价方法，主要包括成本加成定价

法和目标利润定价法。

1）成本加成定价法（cost-plus pricing）

成本加成定价法是在产品成本的基础上加上一定比例的加成后所制定出来的产品价格。加成即毛利，其公式为

产品价格=产品单位成本×（1+加成率）

举例来说，假设某儿童玩具制造商的成本和预期销售量为：单位可变成本为 10 元，固定成本为 30 万元，预期销售量 50 000 件，则该制造商的单位成本为：

单位成本=单位可变成本+单位固定成本（固定成本÷销售量）

=10+300 000÷50 000

=16（元）

如果制造商希望毛利为 20%，则加成后的价格为

产品价格=产品单位成本×（1+加成率）

=16×（1+20%）

=19.2（元）

在这种定价方法中，加成率的确定是定价的关键，加成率的高低一方面与产品有关，另外，还与某一时期的政治经济环境有关。如房地产商品，一般高档次住宅的加成比例要高于普通住宅；房地产高速发展时期的加成比例要高于平稳发展时期。

成本加成定价有其不合理之处。因为它忽视了当前的需求、预期价值和竞争因素。在上例中，假设实际销售数量不是 50 000 件而只是 30 000 件，这时由于固定成本的分摊单位减少（由 50 000 件变为 30 000 件），单位成本上升至 20 元，此时基于成本加成的价格实际应为 24 元，若设为 19.2 元，显然企业将会亏损。只有当价格确实能带来预期的销量时，成本加成定价法才有效。

尽管如此，在实际中这种定价方法依然颇受欢迎，原因是：①企业对成本的了解比对需求的了解多，将价格和成本挂钩便于企业简化定价工作。②当行业内各企业均采用这种方法时，它们的价格趋于一致，可避免企业间价格竞争。③人们认为成本加成定价法对买卖双方来讲都比较公平，在买方需求强烈时，企业不会乘机抬价，同时仍能获得合理收益。

2）目标利润定价法（target profit pricing）

目标利润定价法也是一种基于成本的定价方法，也叫作盈亏平衡定价法（break-even pricing）或保本分析。保本分析是指一个公司在设定目标利润率（或投资收益率）和预期销量的基础上，通过计算而得出为了保证该利润率所需设定的目标价格，以及在达不到预期销量时，为了保本所必须具有的最小销量，其中保本是由损益水平而定的。

为了进一步理解保本分析过程，我们来看一个简单的例子。假设你对开快餐店感兴趣，那么使用保本分析可以看出开快餐店是否合理。如果开这个店的固定成本是 85 000 美元/年，你卖快餐的每份价格为 4.5 美元，每份快餐的可变成本为 2.1 美元，则该快餐店盈亏平衡产量（保本量）是：

85 000/（4.5–2.1）=35 417（份）

这个数字意味每年你必须卖 35 417 份快餐才能保本。按一年 360 天算，平均每天卖

98.5 份。为了验证开这个快餐店是否合理，能否赚钱，这个销售量可以与其他快餐店销售量相比较。此外，假设你为了增加销售量，而搬迁到繁华地段，你的房租可能会提高。总固定成本每年将从 85 000 美元上升到 112 000 美元。如果可变成本和每份价格不变，搬迁将会把保本点提高到：112 000/（4.5–2.1）=46 667，这意味着搬迁把你的保本点从每天 98.5 份提高到每天 130 份。所以必须注意搬迁到新地段后增加的销售量是否可能达到，以此来判断搬迁是否合理。

2. 基于需求导向的定价

需求导向定价法是以市场上消费者的需求强度和价值感受为基础的定价法，包括感受价值定价法、价值定价法和差别定价法三种。

1）感受价值定价法

定价能力是保护利润的关键。但调查发现，仅有约 1/3 的受访者认为自己有足够的能力将产品价值转化为财富，而 2/3 的企业则承认自己的定价能力很弱，甚至根本没有。而企业不可避免地要为其低下的定价能力付出惨重代价，25%的利润会因此流失。

定价能力的强弱之分究竟源自何处呢？产品价值与品牌是关键。如果一家企业致力于通过创新为客户提供更具价值的产品和服务，而且价值能够通过高端品牌传达出来并让客户感知到，就完全可以比同行业竞争者定更高的价格且说服客户接受。如软件行业的微软、手机行业的苹果、时尚行业的 LV……然而，许多管理者却忽视了消费者感受价值的意义所在。众所周知，在影响客户购买的决定因素中，最重要的因素恰恰莫过于“物有所值”。

这就给了创业企业一个定价的好机会：本书在上文提到，企业都知道定价的最低标准是不能低于成本，这是价格的下限。在这个基础之上，当然是越高越好，而价格上限就是顾客的市场需求所在，即顾客能够接受。因此，现代市场条件下，越来越多的企业开始根据顾客感知价值来制定价格。它们认为定价的关键是顾客对价值的认知，而不再是销售成本。企业认识到，只要顾客认为产品或服务物有所值，则完全可以订一个高价在消费者心目中确立感知价值。

购买者所期望的是从购买的产品和服务中寻求最大化的价值。通常他们不会在意销售商的成本是多少，他们在意的是价格与价值的关系。只有当产品或服务所提供的利益同顾客认同的价值一致时，才会实现顾客的价值。在发展以感受价值为导向的定价战略时，最重要的是掌握顾客的感受，可以避免定价相对于价值过高或过低的错误。市场将会让在感受上具有更高价值的产品或服务获得更高的价格。

感知价值由几个因素构成，如消费者对产品和品牌的印象、交付渠道、质量保修、客户支持，以及一些软属性，如供应商的声誉、可信度和评价美誉度。公司必须实现其向顾客所承诺的价值，而顾客也必须感知这一价值。例如，全球工程机械制造业老大——美国卡特彼勒公司运用感受价值定价法以每台拖拉机高出竞争对手同型号产品 4 000 美元的价格，成功销售了它的产品。该公司在宣传中影响用户价值观念的主要内容是：

A. 本企业产品与竞争者产品一般质量相同，应定价 20 000 美元；

B. 耐用性高于竞争者产品，应加价 3 000 美元；

C. 可靠性高于竞争者产品，应加价 2 000 美元；

D. 维修服务措施周到，应加价 2 000 美元；

E. 零部件供应较长，应加价 1 000 美元；

F. 为顾客提供价值折扣，企业减利 4 000 美元；

所以，拖拉机实际售价为 24 000 美元。这样一算，加深了客户对该公司产品价格性能比的理解，使众多客户宁愿多付出 4 000 美元也不愿放弃购买，结果其拖拉机在市场上十分畅销。

2）价值定价法

价值定价法与感受价值定价法不同，如果说后者是"高质量、高价格"的定价哲学，强调"物有所值"，它要求企业的价格水平与顾客心目中的商品价值相一致；而前者则要求价格对消费者来说，代表着"较低（相同）的价格，相同（更高）的质量"，即"物超所值"。

价值定价法不仅是制定的产品价格比竞争对手低，而且是对企业整体经营的重新设计，造成企业接近大众、关怀民生的良好形象，同时也能使企业成为真正的低成本制造商。如本书之前所提及的戴尔电脑、亚马逊网上书店等。

3）差别定价法

在实际中，企业经常根据顾客、产品、地点和时间等差异来调整其产品或服务的价格。差别定价是指企业以两种或两种以上的并不反映成本费用差异的价格销售产品或服务的一种定价方法。

例如，美国大陆航空公司每天大约有 2 000 趟航班，每趟航班都有 10 ~ 20 种价格。公司允许提前 330 天预订飞机票，而每一个飞行日的票价都与另一天不同。结果，在市场的任何一个时点，大陆航空公司都有将近 700 万种票价，这是一项令人畏惧的营销任务——所有的价格每时每刻都需要管理。但是大陆航空公司非常清楚，这是必需的一项任务，因为这不是公司在制定价格，而是市场在制定价格。试想一下，航空公司确实可以很容易地卖掉所有座位，如定低价、提前全部预订出去等方法。但这也意味着航班起飞前 2 ~ 3 周就肯定没有空位了，那些临时有事或提前 2 ~ 3 天想飞去某个城市的顾客会有多么愤怒？尤其是某些人在起飞前一小时必须坐飞机而且愿意支付任何价格的时候，那对航空公司而言，就是要价最高的座位。因此，航空公司通常都是名正言顺地将同一航班座位进行差别定价以利润最大化。

差别定价反映了企业定价的灵活性。但这种定价方法的使用必须具备一定的条件：①市场必须是可以细分的，且各细分市场表现出不同的需求程度；②应保证低价市场上的商品不会流向高价市场；③竞争对手不可能在企业以较高价格销售产品的市场上以低价竞销；④差别定价的收益高于实施这一策略的成本；⑤差别定价不会引起顾客的不满。

3. 基于竞争导向的定价

基于竞争导向的定价是以竞争者的价格为主要依据来确定本企业产品的价格。本企业产品价格可以与主要竞争者的价格相同，也可以略高或略低。它主要包括领导定价法、挑战定价法和随行就市定价法。

1）领导定价法

处于市场领导地位的企业可采用领导定价法。一般来说，由于该企业在行业中处于龙头老大的地位，实力雄厚，声望极佳，故其产品价格可以定位在行业最高水平。

2）挑战定价法

与领导定价法不同，采用挑战定价法的企业，其产品价格一般稍低于或大大低于市场领导者的价格，但其产品在质量上与领导者相近。如果企业具有向市场领导者挑战的能力，如具有技术专利、能以低成本生产、资金实力雄厚等，则企业可以采用挑战定价法。这一定价方法虽具有一定的风险，但如果挑战成功，企业将上升为市场领导者。

3）随行就市定价法

采用随行就市定价法时，企业在很大程度上是以竞争对手的价格为定价基础的，而不太注意自己的成本或需求。企业的定价可以高于、等于或低于主要竞争对手的价格。在钢材、造纸、化肥等寡头垄断市场上，小企业会追随市场领导者，一般将其产品价格定得低于市场领导者的产品价格。当市场领导者的价格发生变化时，它们也会随之变动，而不管自己的需求或成本是否发生了变化。

随行就市定价法是中小企业定价中经常使用的方法。当成本难以估计，或竞争对手的反应难以确定时，企业可以考虑采用这种定价方法。

资料改编自：黄聚河. 市场营销学[M]. 北京：清华大学出版社，2013.

本章小结

（1）一份优秀的创业计划书完美地呈现了整个创业过程的灵魂，它既可以在最短时间内凝聚起创业团队的梦想和目标，为其指明发展方向，又可打动风险投资人的心，让其为创业者的理想实现提供更多的资金支持。

（2）为了编写一份好的创业计划书，本章分别给出了创业计划书的撰写原则、要点以及撰写模板。本章特别通过天津商业大学 TUC-FIU 合作学院一个大学生创业团队所撰写的创业计划书实例（茶饮企业：语茶友观），为创业者展示出创业计划书的撰写模板。模板共包含九大内容，最后是附录部分（辅助材料等）。

（3）创业计划书最为重要的一个内容是企业的创业计划概述，它类似于一篇论文的详细摘要，主要目的是吸引战略合伙人或风险投资者的注意和兴趣。而获得风险投资者的青睐远不止编写创业计划书这一步，接下来是要通过口头宣讲和幻灯片（PPT）展示为专业投资人或银行家成功描绘你的创业蓝图。本章在这一部分中详细介绍了怎样才能准备一篇吸引人的幻灯片文本，并通过一个实际案例说明幻灯片的制作过程需要注意什么。此外，本章也详细说明了怎样发表精彩的创业计划书演讲，需注意三个方面的内容。第一是要做充分的准备；第二是要清楚时间如何把握；第三是演讲时口齿清晰、声音洪亮、富有激情并生动有趣。

专栏：课后自我练习

1. 请根据本章所讲的几个案例，来分析一下什么是商业呈现？有什么目的？
2. 请以语茶友观为例，分别说明创业计划书共包含几个部分。

3. 在语茶友观的创业计划书中，哪部分是不完整的？请你尝试进行补充。

4. 以语茶友观为例，分析其市场营销计划包括哪些内容？你认为其中的关键点是什么？

5. 请结合语茶友观的创业计划概览，分析一下它的优缺点。你认为他们可能创业成功吗？为什么？

专栏：课后团队练习

材料 1：网易新闻：中牟果农水果滞销（2017-09-19）

1 200 亩优质苹果大丰收，本该是果农最开心的时刻，可河南省中牟县北堤村村民却高兴不起来：由于大量苹果成熟较早，销售渠道尚未形成规模，出现滞销情况。

材料 2：新蓝网：万斤水果滞销（2017-08-15）

夏季是水果丰收季，身为果农的余来药却一筹莫展。由于今年气温偏高，水果成熟快，往年销售期有近 2 个月，今年只有 1 个月，余来药家的 15 000 斤葡萄和 4 000 斤黄桃面临滞销。这对果农而言无疑是一个重击。

材料 3：大渝网：石柱三河镇大量梨子葡萄滞销果农犯愁（2017-08-05）

"等到下半月，梨子的采摘期就要过了，按照目前的速度，估计到时候还有 3 万斤梨子卖不出去，这可咋办？"8 月 3 日，在石柱土家族自治县三河镇川主社区北岭山果园，业主陈清龙满脸焦急。

请思考：

这类消息不绝于耳，各地每年都会发生类似的事件。所以，通过以上阅读，请每个小组结合案例构思一个创业计划，并按照本章的内容编写一份完整的创业计划书。

专栏：课后学习材料

大学生创业计划书写作及其成功展示

大学生创业计划书是一份全方位的商业计划，其主要用途是递交给投资商，以便于他们能对企业或项目做出评判，从而使企业获得融资。创业计划书有相对固定的格式，它几乎包括反映投资商所有感兴趣的内容。从企业成长经历、产品服务、市场、营销、管理团队、股权结构、组织人事、财务、运营到融资方案。只有内容翔实、数据丰富、体系完整、装订精致的商业计划书才能吸引投资商，让他们看懂你的项目商业运作计划，才能使你的融资需求成为现实，商业计划书的质量对创业者的项目融资至关重要。融资项目要获得投资商的青睐，良好的融资策划和财务包装，是融资过程中必不可少的环节，其中最重要的是应做好符合国际惯例的高质量的商业计划书。目前大学生创业融资成功率不高，不是项目本身不好，也不是项目投资回报不高，而是大学生创业计划书编写得草率，策划能力让投资商感到失望。大学生创业计划书的起草与创业本身一样，是一个复杂的系统工程，不但要对行业、市场进行充分的研究，而且还要有很好的文字功底。对于一个发展中的企业，专业的创业计划书既是寻找投资的必备材料，也是企业对自身的现状及未来发展战略全面思索和重新定位的过程。

总之，大学生创业计划书体现出了创业的整体过程，在创业过程中计划是一个创业主题的灵魂。学者任屹云提出了创业计划书的6C规范。

第一是concept（概念）。概念即让别人知道你要卖的是什么。

第二是customers（顾客）。顾客的范围要很明确，如认为所有的女人都是顾客，那50岁以上、5岁以下的女性也是你的顾客吗?

第三是competitors（竞争者）。需要问，你的东西有人卖过吗？是否有替代品？竞争者跟你的关系是直接还是间接等?

第四是capabilities（能力）。要卖的东西自己懂不懂？譬如说开餐馆，如果师傅不做了找不到人，自己会不会炒菜？如果没有这个能力，至少合伙人要会做，再不然也要有鉴赏的能力，不然最好是不要做。

第五是capital（资本）。资本可能是现金，也可以是有形或无形资产。要很清楚资本在哪里、有多少，自有的部分有多少，可以借贷的有多少。

第六是continuation（持续经营）。当事业做得不错时，将来的计划是什么。

一般来说，创业计划书有三大部分。第一就是事业本体的部分，就是事业的主要内容。第二是财务数据，如营业额、成本、利润如何，未来还需要多少资金周转，等等。第三是补充文件，如有没有专利证明、专业的执照或证书，或者是意向书、推荐函。

在将计划书向投资者展示的过程中，若要投其所好，需注意以下三个问题。

（1）正式陈述。一是产品/服务介绍：全面且客观地介绍和评价产品/服务的特点、性质和市场前景。二是市场分析：对市场进行了细致的调查，并对调查结果加以严密和科学的分析。三是公司战略及营销战略：公司拥有短期和长期发展战略及应对不同时期的营销战略。四是团队能力和经营管理：对本公司的团队能力有清晰的认识，掌握并熟知本团队经营管理的特点，明确公司经营和组织结构情况。五是企业经济/财务状况：公司不同经营时期的经济/财务状况均清晰明了，经济/财务报表具有严密性。六是融资方案和回报：有完善且符合实际的企业融资方案，并进行企业的资本回报率的测算。七是关键的风险及问题的分析：对企业在经营中可能遇到的关键风险和问题进行过先期考虑和分析，并附有实质性的对策。

（2）回答提问。一是正确理解投资方提问：对其问题的要点有准确的理解，回答具有针对性而不是泛泛而谈。二是及时流畅做出回答：能在投资者提问结束后迅速做出回答，回答内容连贯、条理清楚。三是回答内容准确可信：回答内容建立在准确的事实和可信的逻辑推理上。四是特定方面的充分阐述：对投资者别指出的方面能做出充分的说明和解释。

（3）团队整体。一是整体答辩的逻辑性及清晰程度：陈述和回答提问的内容具有整体一致性，语言清晰明了。二是团队成员协作配合：团队成员在陈述时有较好的配合，能协调合作，彼此互补，对相关领域的问题能阐述清楚。三是在规定时间内有效回答：在规定时间内回答投资者提问，无拖延时间的行为。

资料改编自：

[1] 任屹云. 创业计划书的6C规范[EB/OL]. http://www. sunbus. cn/static/a219056e 3157. html, 2012.

[2] 夏侃. 大学生创业计划的可拓优度评价[J]. 科技管理研究，2007（10）：97-99.

参 考 文 献

爱德华·布莱克韦尔. 2009. 创业计划书[M]. 褚芳芳，闫东，译. 北京：机械工业出版社.

布鲁斯·R. 巴林杰. 2009. 创业计划——从创意到执行方案[M]. 陈忠卫，等译. 北京：机械工业出版社.

洪涛，陆晨波，陈涛. 2014. 大学生创业计划书撰写要点与原则［J］. 文教资料，（17）：122-123.

克劳斯·席乐克，乔治·泰克，陈凡，等. 2013. 大多数企业不懂定价[J]. 中欧商业评论，（2）：138-143.

任屹云. 2012. 创业计划书的 6C 规范[EB/OL]. http：//www. sunbus. cn/static/a219056e3157. html.

史蒂夫·布兰克，鲍勃·多夫. 2013. 创业者手册——教你如何构建伟大的企业[M]. 新华都商学院，译. 北京：机械工业出版社.

夏侃. 2007. 大学生创业计划的可拓优度评价[J]. 科技管理研究，（10）：97-99.